경호실무론

이명찬

도서출판 진 영 사

경호실무론

이명찬

2016년 02월 11일 초판 인쇄
2016년 02월 17일 초판 발행
2019년 02월 26일 초판 2쇄 인쇄
2019년 02월 28일 초판 2쇄 발행

발행인 박 진 영
발행처 도서출판 진영사
인천광역시 부평구 갈산동 185번지 풍진빌딩 303호
전화 : 032)505-4207
팩스 : 032)505-4206
E-mail : 0183734207@hanmail.net
등록 : 122-91-77317

ISBN 978-89-6541-250-2 93350
값 17,000원

들어가는 글

경호는 정부요인과 국내외 중요인사 등 피 경호자의 신변에 대하여 직접 또는 간접으로 가해지려는 위해를 미연에 방지하고 위험요소를 사전에 제거하는 한편 피 경호자의 안전을 도모하기 위한 호위와 경비를 의미하는 경찰활동을 말한다.

특히 사회가 다원화되면서 범죄가 더욱 흉포화, 조직화, 국제화, 첨단화되고 있으며, 현재 전 세계적으로 테러의 위협이 증가하고 있어, 보안관리 수준이 비교적 낮고 공격을 통한 상징적 효과가 큰 주요시설과 다중이용시설 등이 테러리스트의 공격대상이 되고 있다. 이에 국민들은 삶의 질 향상과 더불어 안전적 욕구가 증가하고 있으나 정작국가공권력에 의한 범죄예방 및 치안유지 활동은 한계에 달하고 있어, 민간 보안 산업은 지속적으로 증가 하는 추세에 있다.

2015년 12월 31일자 기준 경찰청 통계자료에 따르면 경비업체 수는 3,836개이고 경비원 수는 150,030명으로10년 전과 비교해 볼 때 그 수는 2배 이상 증가하고 있는 실정이다. 이렇듯 경호경비산업은 1950년대 이래 경호 경비 관련 법률의 제정과 각종 국제행사 등의 안전을 일부 담당하고, 최근에는 물리적인 시설물 경비를 비롯해 산업보안, 공항만 보안 등 광범위한 분야로 확산되면서 첨단 시큐리티 기능을 통해 국가와 국민의 안전을 위해 꾸준히 발돋움하고 있다. 따라서 경호·경비 체제는 이러한 역할의 중요성에 합당한 위상과 역량을 갖추기 위해 경호경비산업의 광범위한 분야에 대한 인식을 제고해야 할 것이다.

그러나 대부분의 경호 관련 학과에서는 보안업무 와 관련해 출입통제, 방문객관리 등의 물리 적 보안에만 치중하고 있다. 이는 학문의 융합과 통섭이라는 측면에서 보면 매우 미흡한 사항이다. 따라서 물리적 보안뿐만 아니라 IT와 관련한 정보보안 또는 기술적 보안 등 산업체에서 요구하는 기술, 방법, 도구의 산업체 맞춤형 교육과정을 위해 교육기관에서는 이러한 내용들을 반영해 경호경비산업의 광범위한 보안시장을 주도해야 할 것이다. 본 저서는 이러한 점을 감안하여 경호·경비실무 현장에서 필요한 내용을 중심으로 관련내용을 정리 하였다.이 책을 통해 경호경비업무 종사자들과 전공 학생들의 직무지식 향상에 작은 도움이 되길 기대해본다.

2016년 정초에

이 명찬

목 차

제1장 경호일반

제2장 경호의전

제3장 경호의 원칙 및 실행

제4장 경호계획

제5장 경호안전

제6장 수행경호

제7장 경호운전

제8장 테러 및 폭발물

제9장 무기 및 장비

제10장 권총사격술

제1장 경호일반

제1절 경호의 의의

1. 경호의 개념

가. 법률적 개념

(1) 경호의 사전적 의미는 "경계하고 보호함" 이며, 여기에서의 경계란 "적으로부터 피해를 예방하기 위하여 취하는 감시수단" 이고, 보호란 "돌보아 잘 지킴" 이란 뜻이다.

(2) 대통령 등의 경호에 관한 법률(제2조 1, 2항)

경호를 경비와 호위의 개념으로 구분하며, 이법에서 "경비"란 생명 또는 재산을 보호하기 위하여 특정한 지역을 경계, 순찰, 방비하는 행위이고 "호위"라 함은 신체에 대하여 직접적으로 가해지는 위해를 근접에서 방지 또는 방어하는 행위로 정의 하고 있다.

(3) 경찰관 직무집행법(제2조 3항)

경찰관은 경비, 주요인사(人士) 경호 및 대간첩, 대테러작전을 수행한다고 직무범위에 포함시킴.

(4) 군사보안업무시행 규칙, 각 군 헌병 실무 규정

군경호란 신변 보호 대상자에게 대하여 직 · 간접적으로 가해지는 위험을 방지 또는 제거하고, 경호활동에 필요한 정보 · 첩보 수집 및 인원, 장비운영 등의 경계 활동을 포함한 일체의 안전도모 활동이다.

나. 일반적 개념

경호란 정부요인이나 국내에 체류 중인 외국요인 등의 신변에 위해가 미치는 것이 국가 안위에 염려가 있는 자, 즉 경호대상자에 대하여 정치, 사회, 군사적 배경의 돌발적 폭력, 불법행위, 교통사고 등의 인위적 위해와 화재, 건조물 손괴, 산사태 등의 자연발생적 위해 등으로부터 그 신변을 지키고 안전을 확보하기 위한 작용이다.

2. 경호의 중요성

탈냉전의 국제 변동과 대한민국의 경제성장, 적극적인 외교활동 및 세계화 운동으로 북한은 대·내외적으로 입지가 더욱더 좁아지고 있고 또한 내부적으로는 극심한 경제난과 기아 발생으로 자체의 위기에 내몰린 나머지 그들의 기본전략인 대남 무력적화 통일의 야욕을 버리지 않고 각종 도발사태조장, 무장공비남파, 잠수함침투 행위 등을 일삼아 왔으며, 김정은 체제하에서는 남북 대립이 더욱 악화되고 있어 북한이 여전히 국가안보 및 군사적으로 중요한 국내 주요요인들에 대하여 납치 · 테러 등의 행위를 획책할 가능성이 더욱 높아지고 있다. 이러한 시기에 국내 주요 요인에 대한 신변보호 활동은 한 개인의 생명 자체를 보호하는 것이 아니라 국가 기밀 보호와 국가 안전 보장을 도모함에 있어 매우 중요하다고 할 수 있다.

3. 경호의 목적

적 또는 불순분자들의 사회불안 획책 및 기타의 목적으로 중요 신변보호대상자들의 외부 이동시 납치 · 테러 등 위해행위를 기도하는 등의 각종 돌발적인 사태로부터 보다 안전하게 신변을 보호하고 얼굴 없는 적의 접근을 차단 및 그들 스스로가 공격감행을 포기토록 유도하여 신변안전 위해요소를 미연에 방지함으로써 주요인사 신변보호 및 국가기밀 보호 등 국가 안전 보장에 기여함에 있다.

▶ 일반목적

경호의 목적은 크게 ① 신변안전의 확보, ② 권위유지, ③ 질서유지 및 혼잡방지, ④ 대중과의 친화도모, ⑤ 국위선양 등 다섯 가지로 구분할 수 있다. 그러나 일반적으로는 다음3가지를 경호의 목적으로 한다. • 경호 대상자의 신변 안전을 보장 • 경호 대상자의 자유로운 활동을 최대한 확대 • 경호 대상자에게 품위 및 편의 제공으로 위상 제고

제 2 절 경호원

1. 경호원의 정의

경호원(警護員) 또는 보디가드(Bodyguard)는 경호에 종사하는 직업이다. 정부요인, 저명인, 기업 중역 등 중요인물의 신변을 경호해 유괴, 암살과 같은 위협으로부터 지키는 사람을 말한다. 즉 경호원은 신변보호를 받아야 할 대상자를 보호하고 지켜주는 사람으로 정부기관 및 민간기관에서 국가재산의 보호 및 국민의 신체, 생명, 재산(물적, 시설, 정보 등)을 보호하고 국민의 생활안전과 법질서 유지 및 사회공공안녕을 위한 공동의 목적을 가지고 경호활동을 수행한다.(한국직업사전, 2011. 12. 30., 고용노동부 한국고용정보원 워크넷)

2. 경호원 의 임무

(1) 경호원의 1차적 임무는 경호 대상자의 신변보호에 있지만 궁극적으로는 국가의 안위 및 질서 유지 활동에 있다. 2015년도에 발생한 '리퍼트' 美대사 피습사건 계기로 본 경호의 최우선 목표는 要人대피위험이 발생한 쪽으로 두 팔을 벌려 몸을 날려 한다. 따라서 무술실력에 못지않게 관찰· 시각능력도 중요하다. 그래서 경호는 머리싸움이 필요하며 필요시에는 비서·운전사 역할 겸임도 하여야 한다. 또한 경호 업무란 특수 임무에 속하는 것으로 최근접 경호에서 주변의 원거리 경비가 동시에 이루어지는 것이므로 대단히 어려우며, 따라서 경호원의 활동은 그 스스로가 중심 업무이며 자체 업무가 된다. 2차적 임무는 이러한 1차적 임무가 완성될 때 간접적으로 성취되는 것이며, 따라서 경호원은 임무를 수행함에 있어서 신변보호 대상자를 위해서는 자신을 돌보지 않고 보호하려는 헌신적인 자세가 요구된다. 즉 자신을 희생해 요인을 살리는 건 경호원의 임무이자 존재 이유로, 반복 훈련을 통해 인체기억으로 반사적인 동작이 나올 수 있도록 하여야 한다. 목숨을 건 위험에 맞서는 것이 쉬운 일이 아니기 때문에 경호원들은 확고한 사생 관과 가치관 정립이 필요하다.

(2) 수행경호, 의전비서 등 경호업무를 수행한다. 국가 및 민간의 주요시설, 기계, 물품 등을 경호하고 경비한다. 주차유도관리, 출동순찰경비, 교도경비 등 경호경비를 한다.
통신장비, 감지 · 탐지장비, 방호장비, 호송 · 수송장비, 호신장비 등을 배치 · 지급하며 회수한다. 방어운전, 긴급피난운전, 미행추적 이탈운전 등을 한다.
인질석방, 납치석방, 공갈협박 위해 감소 및 손실 축소 등에 대해 협상한다. 인원, 시설, 문서, 정보통신, 산업정보 등의 경호보안 업무를 한다. 안전진단, 취약요소에 대한 대응기술 자문 등 경호에 대해 자문한다.(한국직업사전, 2011. 12. 30., 고용노동부 한국고용정보원 워크넷)

3. 경호원의 자세

1981년 3월 30일 미 워싱턴DC 힐튼호텔 앞에서 발생한 레이건 대통령 암살 기도 사건 당시, 총성이 나자 주변 사람들은 일제히 자세를 낮췄으나 티머시 매카시 경호원은 총소리가 나는 쪽으로 사지를 활짝 펼쳐 레이건 대통령을 향하던 총탄을 몸으로 막아냈다. 당시 복부에 총을 맞아 부상한 매카시는 이후 경호팀에 복귀했다. 경호원들은 사격 훈련을 할 때도 몸을 숙이지 않고 꼿꼿이 서서 하는데, 이는 테러범들의 총탄을 피하지 않고 몸으로 막아내겠다는 자세다. 경호는 공격 개념이 아니라 방어 개념이며, 경호의 최우선 목표는 상대방을 공격해 제압하는 게 아니라 요인을 보호하고 신속히 대피시키는 데 있다. "1974년 8월 15일 서울 장충동 국립극장에서 발생한 문세광 사건은 요인 보호라는 경호의 제1원칙에 실패한 경호"라 할 수 있다. 이는 문세광이 두 번째 총탄을 발사한 이후 박종규 경호 실장은 문세광을 제압하기 위해 앞으로 뛰어나왔는데, 문을 제압하는 동안 단상은 무방비 상태였다. 육영수 여사를 먼저 신속히 대피시켰어야 했다. 이처럼 경호 현장에서는 경호원이 총을 뽑을 시간에 재빨리 몸을 날려 요인을 보호하는 게 훨씬 빠르고 효과적이다. 그래서 경호원들은 사격술 연마에 매달리기보다 무술 훈련을 하는 게 더 효과적이고, 도식적인 무술 훈련보다는 언제 어디서나 몸을 날릴 수 있는 태클 연습을 많이 하는 게 중요하다. 레이건 대통령 암살 기도 사건 때도 범인은 2초간 실탄 6발을 발사했지만, 경호원들은 총 한 발 쏘지 않고 대통령을 대피시키고 범인을 제압했다.

가. 정돈된 자세 유지

경호원은 자세에 있어서 항시 정돈되어야 함은 매우 중요한 기본적 자세이다. 자세는 정신적인 상태를 나타내는 것이며, 자세를 정돈하여 갖는다는 것은 마음가짐이 이완되거나 나태해짐을 방비하는 것을 의미한다. 따라서 경호원은 품위유지에 있어서 언행과 복장을 항시 단정히 하여 경호대상자에게 피해가 되는 일이 없도록 해야 한다.

나. 철저한 보안유지

경호업무에 있어서 보안을 유지해야 함은 기본이다. 즉 경호란 얼굴 없는 적으로부터 경호대상자의 보호막이기 때문이다. 따라서 경호원의 신변노출, 그리고 경호 대상자의 이동경로, 방향, 방법 등의 보안유지는 경호원의 기본자세에서 생명처럼 유지되어야 한다. 이는 인가된 자 이외의 사람에게 정보가 유출되는 것은 완전무결해야 할 경호임무에 불리하게 영향을 미칠 수 있기 때문이다.

(1) 가족에게도 알리지 않는다.

경호업무에 있어서 경호대상자의 이동계획이나 그에 따른 시간과 장소는 모두 비밀에 속할 수 있으므로 이러한 비밀사항의 중요성을 인식하지 못하는 가족에게 말했을 경우 그것은 그 가족에게서부터 이웃으로 전해질 수 있으며, 다시 호기심 등으로 더 넓게 전파될 수도 있다.

이러한 세심한 문제까지 신중해야 함이 경호원의 기본자세이다.

(2) 메모지는 세절 또는 소각한다.

경호 대상자의 이동계획 등 또는 기타 하달된 계획 등을 불필요하게 배포, 복사하거나 또는 경호에 관한 사소한 사항의 메모지라도 아무 생각 없이 버려 외부에 유출된다면 경호업무에 커다란 지장을 초래하게 된다. 따라서 경호원은 필요한 모든 사항들을 철저하게 파기하는 습관을 가져야 한다.

(3) 총기 휴대의 일상화

경호원의 총기 휴대는 법(대통령 경호실 법, 경찰관 직무 집행법)으로 명시되어 있거나 군내 무기 휴대 허가권자에 의하여 허가된 자에 한한다. 경호원의 총기 휴대는 필수적이며, 이런 자세는 경호임무를 떠난 개인 활동일 경호를 제외하고는 일상적 이여야 한다. 경호 임무 중에 얼굴 없는 적과 대치하고 있는 상황에서 그들로부터의 선제공격을 효과적으로 제압할 수 있는 것은 사격에 의한 것일 수 있으며, 이러한 이유로 총기의 항시 휴대는 경호원의 생명과 같다.

(4) 무전기에 대한 주의 집중

총기 이외의 항시 휴대할 장비로는 무전기가 있다. 경호임무를 수행함에 있어 이동 및 행사 시 단독이 아닌 경호조 및 대상자의 경호 요원과 꾸준한 정보 교환이 있게 된다. 이러한 상황에서 무전기에 대한 주의 집중은 간접적인 유일한 통신 수단이기 때문이다. 휴대폰 역시 무전기를 보완 할 수 있는 통신수단이다.

(5) 돌발 상황 시 민첩한 전환을 위한 준비성

2015년 3월 5일 마크 리퍼트(Mark Lippert) 미 대사가 민족화해협력범국민협의회(민화협)가 주최한 조찬 강연회에 참석하던 중 문화운동단체인 우리마당의 대표인 김기종 씨의 습격을 받은 사건이 발생한 바 있다. 당시 김 씨가 휘두른 과도로 리퍼트 대사는 오른쪽 턱 위 12cm 자상 등 총 5곳에 상처를 입고 병원으로 이송돼 봉합수술을 받았으며, 3월 10일 퇴원했다. 범인인 김 씨는 현장에서 체포됐으며, 이후 조사에서 군사 훈련과 관련해 미국 대사에 항의하기 위해 범행을 저질렀다고 진술했다.

이 사건은 미국을 대표하는 최고위 외교관에 대한 공격이라는 점에서 경호 문제는 물론 한-미 간 관계에 악영향을 끼칠 것을 우려하는 목소리가 높았다. 특히 리퍼트 대사는 버락 오바마 미국 대통령의 핵심 측근 중 한 명으로 2014년 10월 역대 최연소(41살) 주한 미국대사로 부임한 바 있다. 이 사건을 계기로 주한 미국대사의 흉기 피습사건과 관련 경찰이 미 대사관 경호에 적절히 대처했는지가 도마 위에 올랐었다. 이에 경찰은 미 대사가 요인(要人)보호 대상이 아닌 데다 대사관 측의 경호 요청도 없었다고 해명하였으나 최근 웬디 셔먼 미 국무부 차관의 '과거사 발언' 등으로 반미 기류가 있는 점을 고려해 사전에 대비했어야 했다는 지적도 나왔었다.

서울지방경찰청에 따르면 경찰이 경호하는 인물은 경호편람 1장4조에 따라 경찰청장이 경호 필요성을 인정하는 외빈으로 선정된다. 테러, 납치 등으로 국가안전보장에 중대한 침해가 우려되는 인사 중에서 선정된다. 이렇게 선정된 경호 대상들은 주로 안보 관련 정부 주요 인사나 황우석 전 서울대 교수 등 과학계 중요 인물 등이었다. 현재 수십 명이 요인보호 대상으로 지정돼 경호를 받고 있다. 외국인이 우리 경찰의 경호나 요인보호 대상자로 지정된 사례는 없었다. 다만 최근 IS 등과 관련해 테러 우려가 제기됨에 따라 경찰은 시설보호 요청을 받고 주한 대사관 건물 외곽에 경력을 배치한 바 있다.

리퍼트 대사의 경우 미 대사관 보안과 에서 자체 경호를 담당하고 있었다. 경찰 연락관이 대사관에 파견돼 근무하면서 대사관이 요청하면 이를 한국 경찰에 전달, 경비 인력을 파견하는 식으로 운영됐다. 피습 사건이 벌어진 민족화해협력범국민협의회 주최 행사의 경우 종로 경찰서장이 자체 판단에 따라 기동대 1개 제대와 정보·외사 형사를 세종홀 안팎에 배치했다.

사전에 민화협 행사에 미국 대사가 참석한다는 사실을 파악, 우발 상황을 대비해 경비 병력을 준비시켜 놓은 것이다. 단, 각국 상호주의에 기초한 외교상 관례와 독자적 외교활동 보장 기조에 따라 경호 증강 조치를 독자적으로 판단할 수 없었다고 경찰 측은 해명했었다. 통상 대사관 측에서는 대사의 동 선 노출을 우려해 한국 경찰과 일정 공유를 꺼리는 것으로 알려졌다.

실제로 미 대사의 민화 협 행사 참석 사실을 대사관 측이 이날 새벽에서야 공식적으로 경찰에 알린 것으로 전해졌다. 그러나 이 같은 경찰 설명에도 경찰의 보다 적극적인 조치가 필요했다는 지적이 나왔었다.

그러면 위와 같은 유사사례를 방지하기 위해 경호원은 군중과 얼마나 떨어져 있는 게 좋을까. 2m 정도다. 인간이 외부 자극에 위협을 느끼고 신체 반응을 할 때까지 걸리는 시간은 0.3초. 20대 성인 남성의 50m 달리기 속도는 평균 7.55초(한국체육과학연구원 조사). 성인 남성이 0.3초에 달릴 수 있는 거리는 1.99 m 정도가 된다. 따라서 경호원은 2m 정도 군중과 떨어져 있어야 누군가 공격을 해오더라도 자신이 있는 위치에 도달하기 이전에 그를 제재할 수 있게 된다.

경호가 다수의 경호이든 1인에 의한 경호이든, 경호의 성격상 전환 시 순발성을 필요로 한다. 적으로부터 경호대상자를 보호하기 위해서는 언제든지 대응을 할 수 있는 준비를 갖추어야 하고, 이를 위해서는 각종 상황별 훈련과 함께 정신집중의 자세가 필요하다.

4. 경호원의 수칙

경호는 행사장 특성에 따라 요인 앞에 한 사람, 뒤에 두 사람을 배치하는 삼각대형(경호원 3명), 도로 양편에 군중이 밀집한 경우 구성하는 박스형(4명), 군중에 둘러싸여 있을 경우 적용하는 원형 등이 많이 적용된다. 경호원들이 가장 긴장하는 상황은 VIP가 대중과 만나 악수하는 경우다. VIP가 사람들과 악수를 할 때 경호원들이 주시하는 것은 사람들의 손이다.

모든 공격은 손에서 시작하기 때문이다. 손에 무엇인가를 들고 있거나 주머니에 손을 넣고 있는 사람들을 발견하면 바짝 긴장한다. 사람들의 눈과 표정도 주시한다. 주변을 두리번거리거나 부자연스럽게 시선을 고정하고 있으면 불안하고 초조한 마음을 숨기고 있다는 증거다.

유난히 소란을 피우거나 군중 속에서 앞으로 무리하게 헤집고 나오려는 사람도 눈여겨봐야 한다. 요인을 공격하려는 사람은 대개 대열의 첫째 줄보다 둘째 줄이나 셋째 줄에 서있던 경우가 많았다. 마음속으로 정한 공격 목표를 주시하는 이들의 몸과 얼굴은 굳어 있기 마련이다.

따라서 경호원들은 빠르게 눈을 움직여 많은 대상을 관찰할 수 있는 시각 능력을 갖는 게 중요하다. 인파가 많은 거리를 걸으며 2초 이내 주변을 세밀하게 관찰하는 훈련을 반복하여야 한다.

가. 경호임무에 필요한 제반 지식과 기술의 습득 및 육탄 경호정신에 충실하고 어떠한 형태의 돌발 상황에도 대응할 수 있도록 준비를 갖추어야 한다.

나. 경호임무에 투입되는 조원과 서로 합심단결하고 상호노력 하여 최대의 경호능력을 발휘할 수 있도록 해야 한다.

다. 경호원은 신변보호요원인 동시에 비서 또는 의전요원으로서 경호대상자의 행사성격과 일정 등을 사전에 파악하여 준비하는 능력을 갖추어야 한다.

▶ 경호 5대 정신

경호원으로서 갖춰야 할 가장 근본적인 정신은 무엇일까? 바로 희생정신이라 할 수 있다. 물론 희생정신은 다른 공공 안전 서비스 분야에서 일하는 모든 사람의 기본자세라고도 할 수 있으나, 신변 보호가 주 임무인 경호원에게는 가장 중요한 것이라고 할 수 있습니다.

다음으로 중요한 경호원의 자질은 바로 준비정신이라고 할 수 있다. 준비되지 않은 자는 언제나 한 번의 기회가 더 필요하기 마련이라고 할 수 있으나 경호에서 한번 의 실수란 피 경호인의 피해와 직접적인 관련이 있기 때문이다. 즉 경호의 실패는 곧바로 생명과도 같기 때문이다. 아울러 자신 또는 팀의 존속에도 큰 영향을 주게 된다. 더구나 점점 극단적으로 변해가는 범죄 성향의 변화와 진화하는 범죄경향에 따른 경호임무를 수행하기 위해서는 전문적이고 질적으로도 우수한 경호원들이 요구가 되는 시대라 할 수 있다.

순간적 사태 대응에 관한 경호요원 각 개인의 전문적인 지식에 바탕을 둔 순발력과 고도의 판단력이 요구가 되어 진다고 할 수 있다. 특히 경호라는 임무는 하나의 잘 짜여 진 팀을 중심으로 개인적 능력을 발휘할 수 있어야하기 때문에 아무리 자신의 능력이 뛰어나다고 하더라도 경호활동이란 팀플레이 라는 협동정신이 가장 중요하다는 사실을 명심하여야한다. 경호 5대정신은 다음과 같다.

(1) 의전정신 : 최고의 예의를 갖춘다. (2) 삼불문률 : 보고, 듣고, 말하지 않는다. (3) 긴장자세 : 방심하지 않는다. (4) 보호관찰 : 시선을 집중한다. (5) 초인정신 : 육탄 경호임무를 수행한다.

5. 경호원 선발

지난 2013년 미국 오바마 대통령은 미국 대통령을 경호하는 비밀경호국(Secret Service) 국장에 줄리아 피어슨(53)이라는 비밀경호국 국장 비서실장 '30년 경력'의 여성을 사상 처음으로 임명하였다. 비밀경호국은 대통령과 가족, 최고위 인사들의 경호를 책임지며 위조지폐 조사 등도 담당한다. 비밀경호국 국장은 상원 임명동의가 필요 없는 직책이다. 이 여성 국장은 1983년 플로리다주 마이애미에서 경호원으로 비밀경호국 생활을 시작했다. 이후 30년간 경호와 인재 훈련 등 다양한 업무를 두루 거친 베테랑이다.

여성이 비밀경호국장으로 임명된 것은 2014년 4월 백악관 경호원들이 콜롬비아에서 벌인 집단 성매수 사건과 관련이 깊다. 당시 경호원 11명은 미주기구(OAS) 정상회의에 참석하는 오바마 대통령의 경호를 위해 선발대로 콜롬비아에 도착한 뒤 호텔로 성매매 여성을 불러들였다.

이런 사실이 발각돼 비밀 경호 국에 대한 대대적인 조사가 시작됐고, 결국 8명이 사임했다. 비밀경호국의 전례 없는 위기 이후 미국 상원을 중심으로 남성 중심적인 비밀 경호국 문화에 대대적인 변화가 필요하다는 지적이 제기되어 왔다. 이 사례처럼 경호원은 다음과 같이 정신과 신체가 모두 건전하고 충성심이 강한 자질이 요구되는 엄격한 자리이다.

가. 사상이 건전하고 신원이 확실한 자
나. 희생정신과 충성심이 강한 자
다. 신체 건강하며 태도 및 용모가 단정한 자
라. 긴급 상황에서 신속, 정확한 판단과 조치를 할 수 있는 자
마. 무술 유단자 및 사격 능력이 우수한 자

6. 경호원의 현행범 체포권한

형사소송법 제212조(현행범인의 체포)와 헌법 제12조 3항에는 현행범인은 누구든지 영장 없이 체포할 수 있다고 명시되어있다. 경호임무 수행 중 대상자에 대한

위해를 기도하는 자에 대하여는 경호원으로 하여금 범인을 체포하게 하여 긴급히 수사 할 필요성이 증가되고 있는 현실에서 경호원들은 직무 수행 상 경호대상자를 위해 하려는 현행범을 영장 없이도 체포할 수 가 있다.

즉 현재 범죄의 실행중이거나 실행의 직후인 자를 발견하였을 경우에는 범행사실이 뚜렷하기 때문에 체포해도 인권침해가 되지 아니하므로 현행법은 현행범을 영장 없이 체포할 수 있음을 규정하고 있으며 누구든지 영장 없이 체포할 수 있는 권한이 있다고 하고 있다. 이는 범인임이 명백하여 과오를 범할 우려가 있고 체포에 있어 긴급을 요하기 때문에 일반인도 현행범인의 체포를 인정한 것이다.

▶ 인도, 증거보존

제211조(현행범인과 준현행범인) ① 범죄의 실행 중이거나 실행의 즉후인 자를 현행범인이라 한다.

② 다음 각 호의 1에 해당하는 자는 현행범인으로 간주한다.

1. 범인으로 호창되어 추적되고 있는 때
2. 장물이나 범죄에 사용되었다고 인정함에 충분한 흉기 기타의 물건을 소지하고 있는 때
3. 신체 또는 의복류에 현저한 증적이 있는 때
4. 누구임을 물음에 대하여 도망하려 하는 때

제212조(현행범인의 체포) 현행범인은 누구든지 영장없이 체포할 수 있다.

제213조(체포된 현행범인의 인도) ① 검사 또는 사법경찰관리 아닌 자가 현행범인을 체포한 때에는 즉시 검사 또는 사법경찰관리에게 인도하여야 한다.

② 사법경찰관리가 현행범인의 인도를 받은 때에는 체포자의 성명, 주거, 체포의 사유를 물어야 하고 필요한 때에는 체포자에 대하여 경찰관서에 동행함을 요구할 수 있다.

7. 경호원의 무기사용

1981년 3월 30일 미국레이건 대통령이 한 호텔에서 연설 후 나오는 중 힝클리라는 청년이 '조디 포스트'라는 미인배우를 만나기 위하여 관심을 끌기위해 레이건 을 암살 하려다 실패한 사건이 발생 하였다. 이 사건으로 경호원과 공보비서관 경찰관 1명이 현장에서 사망하고 대통령은 왼쪽 심장 밑에 1발 명중 후송하여 수술 완쾌 되었다

피격당시 경호원들은 민첩한 행동으로 대통령을 차속으로 밀쳐 넣고 사후범인 체포를 위해 재빠른 행동을 하였지만 이미 대통령은 왼쪽가슴(심장밑)에 한방 맞은 상태였다. 경호원들이 아무리 빨라도 총알보단 늦기 때문에 사전 주변 경호 위험요소제거 등이 그 당시 논란이 되었었다.

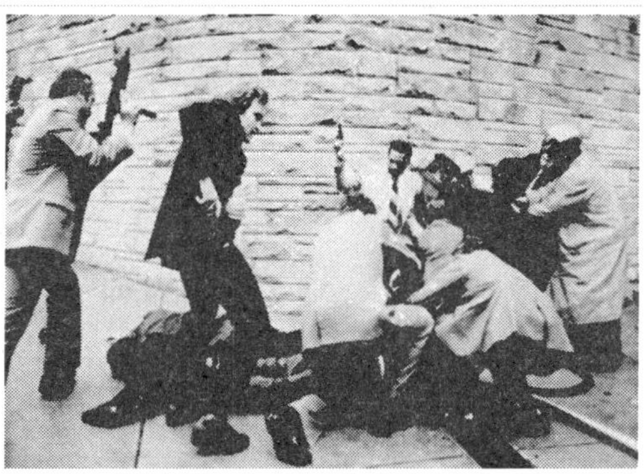

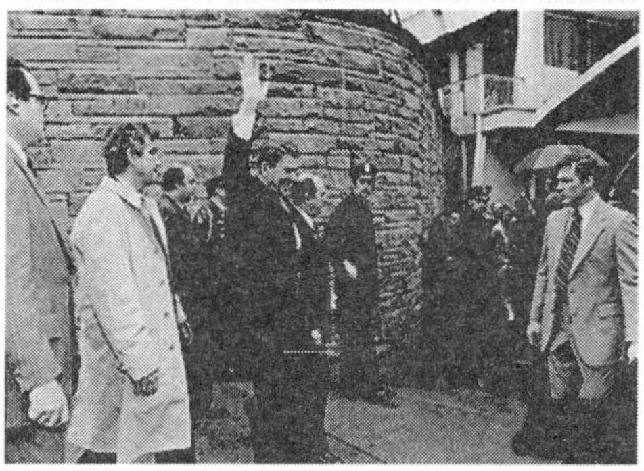

※ 출처 세계뉴스 2009.7.7

〈레이건 전대통령 총격피습 당시 긴박했던 상황 당시 현장 사진〉

대통령경호원의 무기 사용과 관련해서 대통령경호실법 제19조에 규정되어 있다. 제19조 1항은 '경호실장은 직무를 수행하기 위하여 필요하다고 인정할 때에는 소속공무원에게 무기를 휴대시킬 수 있다'고 명시하고 있다. 이어 2항에서 '제1항에 의하여 무기를 휴대하는 자는 그 직무를 수행함에 있어서 필요하다고 인정하는 상당한 이유가 있을 경우 그 사태에 응하여 부득이하다고 판단되는 한도 내에서 무기를 사용할 수 있다'고 명시하고 있다.

그러나 경호 현장에서는 경호원이 총을 뽑을 시간에 재빨리 몸을 날려 요인을 보호하는 게 훨씬 빠르고 효과적이다. 그래서 경호원들은 사격술 연마에 매달리기보다 무술 훈련을 하는 게 더 효과적이고, 도식적인 무술 훈련보다는 언제 어디서나 몸을 날릴 수 있는 태클 연습을 많이 하는 게 중요하다. 레이건 대통령 암살기도 사건 때도 범인은 2초간 실탄 6발을 발사했지만, 경호원들은 총 한 발 쏘지 않고 대통령을 대피시키고 범인을 제압했다.

그러나 경호원은 직무를 수행하기 위하여 필요하다고 인정되는 범위 내에서 총기를 사용할 수 있으며, 휴대가 적법하고 사용경위가 타당한 경우에는 위법성이 조각된다. 총기사용은 실력행사의 가장 강력한 수단으로 공공의 안녕질서를 위해 최종적으로 행사하는 비상수단이므로 관계법상 인정되는 엄격한 요건과 한계 내에서 이를 사용하여야 하며, 그 한계를 일탈하면 위법한 것이 되므로 책임을 면할 수 없다.

즉, 공·사적으로 임무를 수행함에 있어서 총기의 휴대가 허가된 경호원은 경호대상자는 물론 경호원 자신에 대하여도 커다란 도덕적 책임을 갖는다.

총기는 경호대상자나 경호원의 생명에 대한 위협을 격퇴시키는데 그 어느 것도 충분하지 못할 때만 총기가 사용되어야 한다. 항복의 표시가 보이면 총기를 사용하던 경호원은 즉시 사용을 삼간다. 또한 총기는 보이지 않게 휴대하여야 하며 사용하지 않을 때는 절대로 노출 되어서는 안 된다. 그리고 자신의 권위를 표출하는 수단으로 총기를 자랑 해서는 안 된다.

특히. 항상 총기를 취급하는 경호원이 임무 중 무분별한 총기 사용 또는 개인적으로 바르지 못한 용도로의 총기 사용으로 커다란 사회적 문제점을 발생시켜 경호대상자나 소속기관의 위상을 저하시키거나 당혹케 하는 결과를 초래해서는 절대로 안 된다. 따라서 경호요원들은 업무의 본질상 어떠한 극한 상황에 인내의 한계 초월 법을 스스로 구사하고 숙달 시켜야 함을 잊지 말아야 하며 또한 무리한 힘에 동요되지 않는 냉정한 판단기준의 자기주관성을 길러야 됨을 철저히 인식하여야 한다.

▶ 경호원무기의 사용요건 (경찰관 직무집행법 제10조의4, 대통령경호실법 제19조)

◆ 경찰관은 「경찰관 직무집행법」 제10조의 4에 따라 위해를 수반하지 않는 무기의 사용(무기를 위협적 수단으로만 사용)이 가능하다. 즉 ⓐ 범인의 체포, 도주의 방지를 위해 필요한 때, ⓑ 자기 또는 타인의 생명, 신체에 대한 방호를 위해 필요한 때, ⓒ 공무집행에 대한 항거를 억제하기 위해 필요한 때. 다만 다음과 같은 때에는 위해를 수반하는 무기의 사용이 가능하다.: ⓐ 형법에 규정한 정당방위와 긴급피난에 해당하는 때, ⓑ 사형·무기 또는 장기 3년 이상의 징역이나 금고에 해당하는 죄를 범하거나 범하였다고 의심할만한 충분한 이유가 있는 자의 항거·도주방지를 위해 필요한 때, ⓒ 체포·구속영장과 압수·수색영장 집행시 항거·도주의 방지를 위해 필요한 때, ⓓ 무기·흉기 등 위험한 물건을 소지한 범인 또는 소요행위자가 경찰관으로부터 3회 이상의 투기명령·투항명령을 받고도 불응하면서 계속 항거할 때, ⓔ 대간첩작전수행에 있어 무장간첩이 경찰관의 투항명령을 받고도 이에 불응할 때

◆ 대통령경호원의 무기 사용과 관련해서 대통령경호실법 제19조에 규정되어 있습니다. 제19조 1항은 '경호실장은 직무를 수행하기 위하여 필요하다고 인정할 때에는 소속공무원에게 무기를 휴대시킬 수 있다'고 명시하고 있습니다. 이어 2항에서 '제1항에 의하여 무기를 휴대하는 자는 그 직무를 수행함에 있어서 필요하다고 인정하는 상당한 이유가 있을 경우 그 사태에 응하여 부득이하다고 판단되는 한도 내에서 무기를 사용할 수 있다'고 명시하고 있습니다.

▶ 대통령 경호실법에 규정한 경호원의 무기사용

대통령 경호원 임무의 특성상 무기를 휴대, 사용하는 것은 필수적인 것으로 생각되나, 무기의 무분별한 사용 역시 큰 문제점을 발생 시킬 소지가 있으므로 대통령 경호실법에서는 경호원의 무기사용 및 한계에 관하여 상세하게 규정하고 있다.

대통령 경호실법 제 9조 제 1항에 의하면 경호실장의 명을 받은 경호실 소속 공무원은 총기를 휴대할 수 있다고 되어 있다.

첫째, 총기를 휴대하는 경호원은 공식 업무를 수행함에 있어서 필요하다고 인정하는 상당한 이유가 그 사태에 응하여 부득이하다고 판단되는 한도 내에서 총기를 사용할 수 있다.

따라서 총기를 사용하지 아니하고서도 충분히 위해를 기도하는 자를 제압할 수 있는 경우에는 총기를 사용해서는 아니 되며, 이러한 경우 총기를 사용하게 되면 총기 사용의 남용이라는 책임을 부담하여야 할 우려가 있는 것이다.

둘째, 총기를 소지한 대통령 경호원이 그 임무 수행 상 총기를 사용하여야 할 부득이한 경우에 있어서도 ㉠정당방위 및 긴급피난 (형법 제 21, 22조), ㉡직무수행 중 인지하는 소관에 속하는 범죄에 관하여 사형, 무기 또는 장기 3년 이상의 징역 또는 금고에 해당하는 죄를 범하고 또는 범하였다고 의심할 만한 충분한 이유가 있는 자가 경호원이 직무수행에 대하여 항거 하거나 도피 하려고 할 때 또는 제 3자가 그를 도피시키려고 경호원에게 항거 할 때에 이를 방지 또는 체포하기 위하여 무기를 사용하지 아니하고는 다른 수단이 없다고 인정되는 상당한 이유가 있을 때, ㉢야간이나 또는 집단을 이루거나 흉기 기타 위험한 물건을 휴대하여 경호업무를 방해하기 위하여 경호원에게 항거할 때, 이를 방지 또는 체포하기 위하여 무기를 사용하지 아니하고는 다른 수단이 없다고 인정되는 상당한 이유가 있을 때 이외는 사람에게 위해를 가하여서는 아니 된다.

제 3 절 경호분류

1. 대상에 의한 분류

경호의 종류라 하면 크게 공 경호와 사 경호(민간경호)로 구분한다. 먼저 공 경호는 국가경호이며 대표적으로 청와대 경호 처를 들 수 있는데, 경호 처는 대통령 및 대통령 당선자 ,전직대통령 및 그의 가족 등을 경호한다. 군 관련해서는 헌병 경호요원들이 경호실에 파견되어 경호지원업무를 수행하기도 하며 주요 장성 및 국방장관, 합참의장, 각 군 참모총장 등 국방관련 주요 인물에 대해서도 경호업무를 시행한다.

군 관련을 제외하고는 경찰청에서도 이루어지는데 대통령경호를 지원하기위해 경찰특공대가 운영되기도 하며 기타 주요인사의 신변보호를 담당하기도 한다. 사 경호는 공 경호를 제외한 경비 업 법에 의거하여 민간업체에서 이루어지는 것을 말한다. 다음으로 광의적 분류로 직접경호와 간접경호가 있는데, 직접경호는 근접경호와 행사장, 현장요원이 실질적으로 배치되어 운영 되는 것이며. 간접경호는 사전준비(정보수집, 계획수립)및 활동에 관련된 각종 지원과 행사 및 활 동 후 분석등과 사후 안전 대책에 대한 수립을 하는 것이다.

성격에 의한 분류로는 공식경호와 비공식경호 및 약식경호가 있다. 공식경호는 관계자의 사전 통보에 의해 계획되고 준비하여 실시되며. 비공식경호는 사전 통보 없이 이루어지는 비공식행사시 이루어지며 고도의 보안이 요구되며 약식경호는 출 퇴근이나 일정에 맞추어 이루어지는 것이다. 형태에 따른 분류는 노출경호와 위장경호, 혼합경호가 있는데, 노출경호는 대상을 공개적으로 경호, 경호원임을 인지 시켜주는 것이며 위장경호는 자유복장이나 행사 복장 등으로 신분노출을 하지 않는 것이며 혼합경호는 노출과 위장을 적절히 사용하는 것이다.

대상에 따른 분류로는 경호 대상(피 경호인)의 직위에 따른 분류로 공 경호 (1.갑: 대통령(당선자),대통령 가족, 외국원수, 국왕, 2.을: 수상, 국회의장, 대법원장, 국무총리 3.병: 국회의원, 정치인 사 경호 4.1급:국회의원,지방단체장이상,대기업총수,유명연애인,종교사회 단체장 5.2급:시구군정치인,대기업이사급,중소기업

대표 6.3급: 일반인 이동수단에 따른 분류로 보행, 차량, 열차, 선박 ,항공기 경호대상자의 직종에 따른 분류로 정치인,연애인,경제인,가이드,종교인,가족경호등 경비의 종류는 공경비와 사경비가 있으며 그 대상이 경호처럼 사람이 아니라 물건이다. 일반경비와 기계경비가 있는데 쉽게 말하자면 일반경비는 단순경비이며 인력(사람)이 투입되는 것이다.

가. 일반

구 분	대 상 자
1급 (A. 갑)	① 대통령, 가족 ② 이에 준하는 귀빈
2급 (B. 을)	① 국무총리 ② 국회의장 ③ 대법원장 ④ 외국의 대사, 공사 ⑤ 이에 준하는 귀빈
3급 (C. 병)	① 각부 장관급 ② 국회의원 ③ 군 장성급 장교 ④ 외교사절 ⑤ 국내 저명인사

나. 군 (군장성급 장교)

구 분	대 상 자
가 급	① 국방부 장관 ② 4성 장군 ③ 이에 준하는 귀빈
나 급	① 국방차관 ② 3성 주요지휘관 ③ 이에 준하는 귀빈
다 급	① 2, 1성 주요지휘관 ② 부대 방문 주요인사

2. 장소에 의한 분류

구 분	형 태
행사장 경호	• 경호대상자가 행사에 참여하거나 주관하는 장소를 경호하는 것
숙소 경호	• 경호대상자가 평소에 거처하는 공관(관저) 뿐만 아니라 임시로 외지에서 머무는 장소를 경호하는 것
연도 경호 (노상 경호)	• 육로경호 : 경호 대상자가 행·환차할 것으로 예측되는 도로에 대한 제반 위해 요소를 사전에 제거하는 작용의 경호 • 철도경호 : 철도 주변에 대한 경호로서 철도관계기관과의 긴밀한 협조로 실시하며 육로 경호요령에 준하여 실시하는 경호

3. 성격에 의한 분류

구 분	형 태
공식 경호	• 경호관계자의 사전 통보에 의해 계획, 준비되는 공식 행사 때의 경호
비공식 경호	• 경호관계자간의 사전 통보나 협의절차 없이 이루어지는 비공식 행사 때의 경호
약식 경호	• 일정한 규격적인 방식에 의하지 않고 실시하는 경호

4. 이동수단에 의한 분류

구 분	형 태
보행 경호	• 경호대상자가 근거리를 도보로 이동할 때 실시하는 경호
차량 경호	• 경호대상자가 차량으로 대개 중거리를 이동할 때 실시하는 경호
열차 경호	• 경호대상자가 열차를 이용할 경우 열차 내에서 이루어지는 경호
선박 경호	• 경호대상자가 선박을 이용할 경우이며 열차경호요령과 같음
항공기 경호	• 경호대상자가 항공기를 이용하는 경우 항공기내에서 이루어지는 경호

5. 경호 수준에 의한 분류

구 분	형 태
1 (A) 급	• 행사 보안이 사전에 노출되어 경호 위해가 증대된 상황하의 각종 행사와 국왕 및 대통령 등 국가 원수급의 1등급 경호 대상으로 결정된 행사 경호
2 (B) 급	• 행사 준비 등의 시간적 여유 없이 갑자기 결정된 상황하의 각종 행사와 수상, 총리급의 경호대상자로 결정된 행사 경호
3 (C) 급	• 사전에 행사준비 등 경호조치가 전무한 상황 하에서 이루어지는 것으로 장관(총장)급 행사 경호

제2장 경호의전

제1절 예절의 의의

1. 예절의 개념

예절이란 예의범절의 합성어로서 "예의라 함은 인간 상호간의 사귐에 있어서 서로 상대방에게 예를 나타내는 말투나, 용모, 복장, 행동이며, 범절이란 이치와 법도에 맞는 모든 질서나 절차"를 말한다. 따라서 예절은 사회 질서 및 윤리 확립의 기초이며, 모든 도덕의 원천이고 사회 기강을 바로잡는 기준이 된다. 그러므로 생활 속의 예절은 사회인 또는 직업인으로서 대인 관계를 원활히 하기 위하여 지켜져야 하는 최소한의 규범이라고 할 수 있다. 그러나 요즘의 다변화된 사회에서 많은 사람들은 예절을 지키는 것이 귀찮고 까다롭고 시대에 뒤떨어 진 것이라고 여기며 외면하려 하고 있다. 그러면서도 에티켓이나 매너라고 하면 이것이야말로 현대인이 꼭 알아서 실행해야 하는 것으로 여기고 있으니 실소를 금할 길이 없다. 알고 보면 에티켓이나 매너가 예절인데도 마치 서로 다른 것으로 혼돈하고 있으니 말이다. 예절은 수학의 원리처럼 우리가 이해하고 실천하기에 까다로운 것이 아니라 생활을 함에 있어서 자기 인격의 표현으로 서로 불쾌감을 주지 않고 서로 존중하며 신뢰하고 인간관계를 원활히 하기 위한 가장 바람직한 생활방법이라고 할 수 있다.

2. 예절의 필요성

우리는 물질문명의 회오리 속에서 금전만능과 이기주의의 확산으로 혼돈의 사회에 살고 있으며 이러한 물질과 정신의 갈등기에 서 있는 현대인들은 그나마 도덕적, 예절의 빈곤으로 인간 존중의 정신, 가치관, 공동체정신, 법과 사회질서 등을 준수 하는데 방향감각을 잃고 있다.

예절은 서로 존중하고 신뢰하며 자신이 속한 사회 질서의 확립으로 혼돈을 극복할 수 있는 아름다운 생활 규범이므로 모두가 지켜야 할 사항이다.

3. 구사, 구용의 예절

전통예절의 기본이 되었던 구사(九思)란 "아홉 가지의 생각하는 법"이고 구용(九容)이란 아홉 가지의 기준 된 몸가짐을 말하며, 이것은 동양의 고전인 "소학"에서는 마음가짐과 몸가짐의 기준예절로 제시되었고 우리나라의 명현이신 율곡 이이 선생이 저술한 "격몽요결"에도 인용된 것으로 그 개념을 현대에 맞게 고친 예절은 다음과 같다.

가. 행동은 자연스러워야 한다.
나. 극기하는 마음으로 양보한다.
다. 대화를 할 때에는 필요한 이야기만 한다.
라. 사람을 대할 때는 거리개념에 유의하여야 한다.
마. 행동은 상황에 맞아야 한다.
바. 모든 예절은 인사로 시작해서 인사로 끝난다.
사. 행동은 선(線)을 살려 반듯하게 한다.
아. 행동의 크기에는 음양을 살린다.
자. 옷차림은 단정하게 한다.

4. 사람의 일반적 평가기준

호감을 사는 사람	미움을 사는 사람
• 예절이 바르다. • 인간적으로 밝다. • 성격이 깨끗하다, • 지시나 회답이 명확하다. • 책임감이 강하다, • 믿고 따라준다. • 업무능력이 탁월하다. • 긍정적 사고의 소유자다.	• 예절을 모른다. • 이기적이다. • 고집스럽고 자기주장적이다. • 우유부단하고 판단력이 흐리다. • 책임을 전가한다. • 공적을 가로챈다. • 허위사실을 유포한다. • 부정적이고 기회주의적이다.

제 2 절　직장예절

직장은 출생, 성장, 교육, 취미, 소질, 가치관 등이 각기 다른 이질적인 타인들이 집단을 이루어 그 집단 자체가 지향하는 공동목표를 성취하기 위하여 노력하는 곳이다. 일반 사회예절과 조직사회의 직장예절이 서로 다른 점은 사회예절은 인간으로서의 자기관리와 사회인으로서의 대인관계를 원만히 영위하기 위한 것이며, 직장예절은 사회예절에서의 목표와 함께 조직 나름대로의 규정과 질서를 따라 행하여야 한다는 것이다.

1. 직장인의 자기관리

가. 조직 내에서 해서는 안 되는 일

(1) 상급자가 찾아올 때 의자에 앉은 채로 맞는 일

(2) 주변의 동료에게 신경질을 부리는 일

(3) 상관에게 아첨 및 동료에게 열등의식을 보이는 일
(4) 업무와 무관한 불필요한 행동이나 이야기를 하는 일
(5) 진급욕심으로 동료에게 피해를 입히는 일

나. 마음가짐

(1) 자기와 가족과 가정을 위하여 선택한 직업이라는 확고한 정신이 필요하다.
(2) 자기가 필요해서 선택한 직장과 경호대상자를 위해 무엇을 할 것인가를 생각한다.
(3) 직장 및 경호대상자에게 필요한 존재가 되어야겠다는 신념으로 창의력을 발휘한다.
(4) 경호대상자의 안전이 자기의 안전이라는 연대의식을 갖고 임무에 전력을 다한다.
(5) 항상 온화한 감정과 밝은 표정으로 즐겁게 일한다.
(6) 자신의 능력과 솜씨를 믿고 일하지 말고 정성스럽게 임무에 임한다.

다. 용모/복장

(1) 용모와 복장은 그 사람의 정신 상태를 표현하는 것으로 남과 어울려야 한다.
(2) 용모와 복장은 개성을 돋보이기보다 전체와 어울려야 한다.
(3) 자신의 용모, 복장이 경호대상자의 품위를 의미한다고 생각한다.
(4) 복장은 직종에 따라 정해진 복장으로 단정하게 착용한다.

라. 몸가짐/동작

(1) 직장에서는 계급의 상하와 동료 간의 교류가 빈번하다. 따라서 자세와 동작에 각별한 주의를 기울인다.
(2) 항상 공손하고 진지하며 단정한 몸가짐을 갖는다.
(3) 상급자에 대한 자세는 가정에서 어른을 모시듯 한다.

(4) 보행 중 상급자를 만나면 걸음을 멈추고 거수(목례)로 인사하며, 상급자가 지나간 다음에 계속하여 걷는다.
(5) 휴게실, 식당 등의 장소에 상급자가 들어오면 일어나서 맞이한다.
(6) 타부서 방문 시에는 최 상급자를 향해 인사를 한 다음 용무를 본다.

2. 직장에서의 대인관계

가. 상급자와의 관계

(1) 호칭은 직책명에 "님"을 붙인다.
(2) 언어는 "OO습니다" 의 높임어와 존대어휘를 사용한다.
(3) 상급자가 자기를 알아보지 못하더라도 자기가 알면 인사한다.
(4) 상급자에게 뒷모습을 보이지 말고 부득이한 경우에는 2~3보 뒷걸음 후 돌아선다.
(5) 상급자보다 편안한 자세를 취하지 않는다.
(6) 어떠한 경우라도 상급자보다 상위의 자리에 위치하지 않는다.
(7) 상급자가 호명하거나 용무가 있어 다가오면 일어나서 맞이한다.

나. 동급자와의 관계

(1) 동급자간에는 먼저 본 사람이 인사한다.
(2) 편안하고 사위의 좌석은 상대에게 양보하고 권한다.
(3) 부득이하게 상대에게 불편을 주거나 불이익이 되는 일을 할 경우에는 반드시 양해를 구하거나 사과 한다.
(4) 칭찬이나 공적을 가로채지 말고 어려움이나 수고는 나누어 한다.

다. 하급자와의 관계

(1) 직책 있는 하급자는 직책 명을 부르고, 직책명이 없는 하급자는 성씨 뒤에 계급을 붙여 부른다.

(2) 하급자라도 자기보다 연장자는 나이에 대한 대우를 한다.
(3) 하급자가 인사할 때, 바쁘다는 이유로 지나치지 않고 친절하고 바르게 답례 한다.
(4) 하급자가 지나치게 불편해 하거나 경색되어 있으면 빨리 편안한 자세와 마음을 갖도록 권한다.
(5) 책임은 하급자에게 미루지 말고 자기 책임 하에 처리한다.
(6) 책임은 자기가 지고, 공적과 칭찬은 하급자에게 돌린다.
(7) 하급자는 자녀를 사랑하듯이 또는 동생 대하듯이 대한다.

라. 내방객과의 관계

(1) 바른 태도와 상냥한 인사로 방문자를 맞이한다.
(2) 방문자는 불편함이나 주저함이 없도록 자리를 권하고 편의를 제공한다.
(3) 바쁘다는 이유로 방문자를 오래 기다리게 하거나, 곤란하게 해서는 안 된다.
(4) 10분 이상 지체할 경우 계절에 따라 온도에 맞는 차나 음료를 대접한다.
(5) 자신에게 용무가 있는 손님으로 인해 상급자나 동료가 불편해하거나 수고를 끼치지 않도록 한다.
(6) 방문자를 맞이함과 접대도 중요하지만, 전송도 그에 못지 않게 중요하다는 것을 인식해야 한다.

3. 직장에서의 근무예절

가. 신입 근무자의 예절

(1) 업무에 임하는 정신자세를 바르게 하여 흔들리지 않도록 한다.
(2) 마음가짐, 용모, 복장, 몸가짐을 바르게 하고 상급자에게 좋은 인상을 갖도록 점검하여 행한다.
(3) 조직, 담당업무, 전통, 분위기 등을 빨리 파악하여 익힌다.
(4) 모든 비품, 사무용품 등을 파악해 절약하며 바르고 정결하게 사용한다.

(5) 모든 분야에서 남들보다 많은 노력을 한다.

나. 출 · 퇴근 예절

(1) 출근 전 용모와 복장을 스스로 점검한다.
(2) 출근은 상급자보다 먼저 하여 근무에 필요한 준비를 한다.
(3) 상급자에게의 아침인사를 꼭 한다.
(4) 퇴근시간이 되었더라도 하던 업무를 끝맺는다.
(5) 주변정돈(서류, 사무용품)을 깨끗하게 하고 전등, 냉 · 난방시설 등을 점검한다.
(6) 상급자, 동료, 하급자에게 하루의 수고를 위로, 격려하는 인사를 한다.

다. 근무태도 예절

(1) 주변의 사무용품, 비품, 기구 등을 바르게 정돈해 사용 한다.
(2) 의자를 바르게 놓고 몸을 곧게 앉아 근무 한다.
(3) 업무 중 잡담이나 하품 · 기지개를 하지 않는다.
(4) 업무와 무관한 책을 읽거나 나태하고 흐트러진 자세를 취하지 않는다.
(5) 자리를 비우거나 외출할 때는 상급자의 승낙을 받도록 하고 돌아와서는 반드시 보고한다.
(6) 자신의 업무처리 방식으로 다른 사람이 방해받지 않도록 배려한다.
(7) 근무 장소에서는 타인을 염두 해 두고 호혜의 원칙을 지킨다.

라. 직장전화 예절

(1) 외부에 전화를 할 때는 “어느 부서의 누구입니다” 라고 자기소개를 한다.
(2) 걸려오는 전화를 받을 때도 전화를 걸을 때와 같이 자기소개를 한다.
(3) 상대가 확인되면 계급에 상응한 인사를 한다.
(4) 통화는 평온한 감정으로 예의바르게 한다.

(5) 상급자와 통화 시 절대로 먼저 전화를 끊지 않는다.
(6) 말씨와 용어는 직접 대화 시와 같이 예의바르게 한다.

마. 휴식, 점심시간 예절

(1) 규정된 휴식, 점심시간이라도 주변을 정리한 다음 한다.
(2) 자신의 휴식이 남에게 불쾌감이나 방해를 주어서는 안 된다.
(3) 휴식이나 점심을 끝내고 다시 근무에 임할 때는 출근 시와 같게 한다.

바. 출장 등 외부근무예절

(1) 출장 및 기타 업무상의 명령을 받았을 때는 착오 없도록 분명하게 인식한다. 반드시 복창해서 확인한다.
(2) 출장지, 방문 전, 업무내용 등에 대해 빠짐없이 점검하고, 사전자료 및 지식을 익힌다.
(3) 출발 시에는 명령자나 상급자에게 보고하고 떠난다.
(4) 출장근무 및 외부 근무 중 명령자가 궁금하지 않도록 중간보고를 하며 자신의 소재지를 밝힌다.
(5) 외부근무가 끝나면 즉시 귀대한다.
(6) 귀대 즉시 명령자에게 보고하고 필요시 서면으로 작성한다.
(7) 모든 경비를 실비로 정산하며, 영수증을 첨부한다.
(8) 출장을 빙자하여 자신의 업무를 지체하거나 미루지 않는다.

4. 기타 예절

가. 첫인사/명함교환

(1) 자기소개는 상대가 충분히 인식되도록 간결하고 분명한 어조로 한다. "저는 OO에 근무하는 OO입니다."

(2) 상대방의 인사와 소개를 받았을 경우 자신도 정중하게 자기소개와 인사를 한다.
(3) 명함을 건넬 때 두 손으로 정중하게 건네고, 받는 사람은 사람을 대하듯 정중하게 다루며, 확인 후에 공경스럽게 간수한다.
(4) 상대의 명함을 받았으면 반드시 자신의 명함을 건넨다. 만일 명함이 없으면 죄송스럽게 양해를 구한다.

나. 초대예절

(1) 손님을 초대할 경우에는 그 목적이 분명해야 한다.
(2) 초대를 하려면 상대에게 불편이 없도록 충분한 시간적 여유를 두고 미리 연락한다.
(3) 초대대상을 정할 때는 합석하기가 거북한 사람을 동시에 한 장소로 초대하지 않는다.
(4) 초대 장소에 대한 소개 (약도, 교통편, 주차시설)나 손님이 꼭 알아야 할 사항을 초대장에 명시한다.
(5) 사전 준비관계로 필요하면 상대에게 정중히 참석여부를 미리 묻는 방법도 좋다.
(6) 주인(주최)측이 손님을 맞이함에 있어서 좌석배치 등이 실례가 되지 않도록 한다.

다. 초대에 응하는 예절

(1) 초대를 받으면 참석여부를 미리 연락한다.
(2) 초대의 목적과 상황에 맞는 복장을 준비한다.
(3) 초대시간에 늦지 않도록 교통편 등을 미리 점검한다.
(4) 초대받지 않은 사람을 임의로 동행하지 않는다.
(5) 어떠한 경우라도 주인에게 불편이나 불쾌감을 주지 않도록 한다.
(6) 초대 목적이 사례나 축하의 자리이면 자기의 형편에 알맞도록 검소하게 선

물을 준비한다.

(7) 초대 장소에서 목적 이외의 화제나 행동으로 분위기를 흐리거나 어지럽게 하지 않는다.

(8) 초대 장소에 지나치게 늦게까지 머물지 말고, 초대행사가 끝나면 빨리 물러난다.

라. 방문 예절

(1) 방문 시에는 방문목적, 시간, 방문자 등을 미리 연락하여 상대가 불편하지 않게 한다.

(2) 상대가 환영하지 않는 방문은 안하는 것이 예의이다.

(3) 방문 시에는 상대에게 불편이나 불쾌감을 주지 않도록 용모와 복장을 단정히 한다.

(4) 예정 된 방문 시간이 10분 이상 지연될 것 같으면 상대에게 전화로 알려주어야 하며, 반대로 너무 일찍 방문해도 곤란하다.

(5) 꼭 필요하지 않은 아이들을 동행하여 소란을 피우지 않도록 한다.

(6) 현관에 들어갈 때는 외투, 목도리, 장갑 등을 벗는다.

(7) 상대의 안내 없이 이곳저곳을 기웃거리거나 돌아다니지 않는다.

(8) 다과를 대접받으면 "감사 합니다" 하는 인사 정도면 충분하고 지나치게 사양하여 여러 번 다과를 권하지 않도록 한다.

(9) 용무가 끝나면 지체 없이 일어난다.

마. 방문 후의 예절

방문 후에 감사의 편지를 보내는 것이 예의이나 편지가 아니더라도 전화 또는 후일 만났을 때 감사의 말을 전한다.

제 3 절 경호원의 근무자세

1. 예의와 친절

예의와 친절은 우리생활에 있어서 꼭 지켜져야 할 행위규범이며, 성공으로 가는 지름길이다. 즉 예의란 별다른 투자 없이 최대의 이익과 가치를 부여한다.

가. 예의와 친절한 마음

(1) 마음에서 우러나오는 친절함을 지닌다.
(2) 기꺼이 남을 돕는 봉사정신을 기른다.
(3) 항상 상대방을 이해하는 자세로 대한다.
(4) 항상 여유 있는 마음가짐을 지닌다.

나. 적극적인 태도훈련

(1) 반갑게 맞이하는 태도를 보인다.
(2) 여유 있고 즐거운 자세를 보인다.
(3) 몸에 배인 예의(친절)을 보여준다.

다. 반가운 미소훈련

(1) 웃으며 상대방을 맞이한다.
(2) 표정은 의식적으로 노력한다.

라. 예의와 친절한 언어훈련

(1) 한마디의 친절하고 반가운 말이 천냥 빚을 갚는다.
(2) 부드럽고 친절한 대답을 한다.
(3) 너무 딱딱하거나 차가운 말씨는 고치도록 노력한다.

(4) 거절할 때의 어투는 더욱 예의를 갖추어야 한다.
(5) 유머와 센스 있는 말을 한다.

마. 예의와 친절한 전화통화 훈련

(1) 전화예절은 현대인이 갖추어야 할 기본 예의이다.
(2) 상대방이 안보일수록 더욱 친절하고 겸손하게 대한다.
(3) 통화를 시작할 때와 마칠 때를 주의한다.

바. 예의와 친절에 맞는 성격훈련

(1) 기계적인 동작보다는 마음을 전달한다.
(2) 언제나 밝고 희망찬 모습을 보인다.
(3) 상대방의 이야기를 잘 들어주는 사람으로 보여야 한다.

사. 자기 평가와 반성

(1) 좀 더 예의를 갖춘 친절한 방법을 연구한다.
(2) 솔직한 상호평가와 반성을 한다.

2. 경호원의 매너

경호원의 예의는 그 행위에 따라 일반시민이나 타 기관 및 인원들로부터 평을 받게 되어 대단히 중요한 비중을 차지한다. 따라서 경호원은 예의를 지킴에 있어서 일거수일투족이 경호대상자의 품위를 지켜주는 이미지 효과로 직결된다는 사실을 명심하여야 한다.

가. 경호원의 필수예의

(1) 용모예의

첫인상을 결정하는 용모는 옷차림과 머리, 수염, 신발, 액세서리 등 외모와 관련된 모든 것을 가리킨다. 용모는 예로부터 사람을 평가하는 기준 네 가지 중 '신언서판(身言書判)'의 '신(身)'에 해당하는 것으로 첫인상에 결정적인 영향을 미친다는 점에서 매우 중요하다. 잘 손질된 머리와 수염, 깨끗하게 닦인 구두, 단정한 옷차림은 청중에게 연사에 대한 좋은 인상을 심어준다. 나아가 용모는 겉으로 보이는 것을 넘어서 그 사람의 인품과 성격, 마음가짐을 가늠하게 하는 수단이기도 하다.

(가) 용모는 항상 주변과 조화되는 복장을 착용한다.

- 의전이 중요시되는 공식 행사는 신사복을 착용한다.
- 비공식 행사(운동, 등산, 부대방문, 농촌)시는 주변 환경과 어울리는 점퍼, 사파리, 운동복 등을 착용한다.

(나) 두 발은 항상 단정히 하고 머리가 귀를 덮지 않도록 깎는다.

(다) 신발은 항상 손질하여 행사장소, 성격에 따라 구분하여 착용한다.

(2) 차량예의

(가) 차량 내 · 외부를 항상 청결하게 유지한다.

(나) 지나친 고성이나 행동으로 타인에게 불쾌감을 주지 않는다.

(3) 음식예의

(가) 테이블에 앉은 대로 질서 있게 식사한다.

(나) 종업원에게의 식사독촉을 지양한다.

(다) 식사 시 음식물의 청결을 유지한다.

(라) 서열을 무시한 식사행위를 하지 않는다.

(마) 음식에 대한 불평을 하지 않는다.

⑷ 사무(전화)예의

(가) 자신을 밝힌다.

- (안녕하십니까) 군인 경우 필승 등 구호
- OO님의 경호원OOO입니다.

(나) 상대방을 확인 후

- 용건을 묻거나 간단히 말한다.
- 자신이 판단할 수 없을 때
  - 대단히 죄송합니다.
    저로서는 알 수 없음으로 담당(경호관, 비서)을 바꿔 드리겠습니다.
- 용건을 듣는다.
  - 잘 알겠습니다. 반드시 전해 드리겠습니다.
  - (감사합니다)군인 경우 필승 등 구호
- 바꿀 때
  - 지명인이 있을 때 : 잠시만 기다려 주십시오, 곧 바꿔드리겠습니다.
  - 지명인이 없을 때 : 지금은 부재중이십니다. 메모 남기시면 전달 해 드리겠습니다.

⑸ 도보예의

(가) 급한 상황이 아니면 뛰거나 달리지 말 것.

(나) 상급자가 앞서갈 때 추월하지 말 것.

(다) 신체적 접촉(동물)을 방지할 것.

(라) 팔자걸음 또는 소리 내어 걷지 말고 활기차고 바르게 걸을 것.

⑹ 언어예의

(가) 욕설, 은어, 고성금지.

(나) 근무 관련 외 언행을 금지한다.

(다) 타인으로부터 거부감을 야기하는 행동을 금지하고, 반대세력의 고함, 야유 등에 경각심을 갖되 반응하지 말고 의연하게 대처한다.

(7) 대인관계 예의

(가) 악수 또는 인사를 할 때 상대의 눈에 부드러운 시선을 보내야 하며 그러나 상대의 눈을 뚫어지게 보거나 한 눈을 팔아서는 안 된다.

(나) 악수는 손을 앞으로 자연스럽게 내밀고 해야 한다.
황송하다고 또는 존경의 표시로 두 손으로 상대의 손을 잡는 행위, 세게 흔드는 행위, 굽실거리는 행위는 금지한다.

(다) 악수는 윗사람이 먼저 청하고, 남녀 간에는 여자가 먼저 청한다.

(8) 숙소대기 시 예의

(가) 숙소(호텔, 여관) 사용 시 청결 유지

- 침구 정돈 및 화장실, 세면기 사용 시 청결을 유지한다.
- 종업원에게 친절히 대하고 불필요한 요구나 심부름을 지양한다.
- 숙소입구의 신발을 단정히 정돈한다.

(나) 숙소에서 나올 때 사용한 물건 분실방지 및 원위치 정리정돈

나. 경호원의 일반적 예의

(1) 근무 예의 (2) 안내 예의 (3) 언어 예의

다. 생활적 예의

(1) 대인관계 예의 (2) 직장 예의 (3) 음식 예의 (4) 복장 예의 (5) 친절 예의

3. 경호원 근무태도의 수칙

가. 대화 및 신상파악

(1) 대화는 간결하며 정확한 방법으로 하고 자만, 독설, 한탄, 자찬, 거짓말, 아는 체, 찬성, 반대의 표현을 금한다.

(2) 이름을 외우고 주변 인물에 대한 신상파악을 한다.

나. 용 모

(1) 얼굴

(가) 얼굴색은 밝고 건강하게 보이도록 한다.
(나) 수염이 길지 않도록 매일 면도하고 코털이 밖으로 나오지 않아야 한다.
(다) 눈꼽이 끼지 않도록 유의한다.

(2) 머 리

(가) 청결하고 단정한 모습을 갖춘다.
(나) 머리카락이 귀나 와이셔츠 깃을 덮지 않도록 한다.

(3) 손/치아

(가) 손은 때가 끼지 않도록 하며 손톱은 짧고 청결하게 가꾼다.
(나) 치아는 청결하게 유지하며 악취가 나지 않도록 유의한다.

(4) 복 장

(가) 양복

① 양복은 상하 짙은 색상으로 유지하되 가능한 밝지 않은 색상(곤색, 검정색)으로 한다.
② 양복주머니는 덮개가 밖으로 나오지 않게 한다.
③ 목덜미나 어깨에 비듬이 없도록 한다.
④ 단추나 지퍼는 잘 잠그고, 바지는 주름을 잡아 구겨져 있지 않도록 한다.
⑤ 방문 시에는 정장차림을 한다.

(나) 와이셔츠

① 흰색이 원칙이며 줄무늬 있는 것은 피한다.
② 윗 단추와 소매단추는 항상 채운다.
③ 깃과 소매의 청결에 유의하고 음식물이나 이물질이 묻어있지 않도록 유의한다.

(다) 넥타이

① 단체 경호 시 넥타이를 통일하는 것은 유사시 요인이 누구인지 식별을 용이하게 하기 위한 것이다. 그러나 넥타이를 전부통일하면 근접경호 시 에는 공식수행원으로서 노출이 필요하기 때문에 상관없으나 비노출 경호 시에는 넥타이로 인해 경호원의 신분이 노출 될 수 있기 때문에, 보안을 고려한 위치 및 임무별 넥타이색깔구분을 고려하여야 한다.

(라) 구 두

① 가능하면 검정구두를 착용한다.
② 매일 윤기가 나도록 한다.
③ 끈을 잘 맨다. (가능한 끈이 없는 것을 착용)

(마) 양 말

① 구두나 양복과 같은 색으로 하며 흰색 양말을 신지 않는다.
② 매일 갈아 신도록 한다.

(바) 기 타

① 혁대는 튼튼하고 잘 풀리지 않는 것으로 한다.
② 손수건은 꼭 지참한다.
③ 펜과 메모지는 항시 휴대하여야 한다.
④ 치아는 항시 청결하게 유지한다.
⑤ 귀 속에 귀지가 보이거나 때가 끼지 않도록 청결하게 유지한다.
⑥ 매사 행동은 위엄 있고 빈틈없으며 그러나 웃음을 잃지 않는 부드러움을 유지한다.

4. 근무(의전) 서열

가. 국무총리, 국회의장, 대법원장, 헌법재판소장이 만나면 누가 상석에 앉을

까? 식당, 자동차, 집에서도 나이·직위·'갑을' 관계 등에 따라 상석부터 윗사람이 앉는 것이 한국 문화다. 한국 '넘버원'부터 '넘버식스'는 이날 어떻게 앉았을까. 카메라로 촬영했을 때 가장 중심에 나오는 상석은 국가 의전(儀典)서열 1위 대통령 몫이었다. 바라보는 입장에서 대통령 왼쪽에는 서열 2위 국회의장이, 오른쪽에는 3위 대법원장이 앉는다. 4위인 헌법재판소장은 대통령과 한 좌석 떨어져 국회의장 왼쪽에, 5위는 국무총리는 대법원장 오른쪽에 앉는다. 6위인 중앙 선거관리위원장 으로 헌법재판소장 왼쪽에 앉는다. 행정자치부가 2014년 펴낸 〈정부의전편람〉에는 의전을 '공식적인 예절'이라고 표현했다. 일상생활이나 개인들 사이에서는 예절이라 하고, 조직 단위, 국가 또는 국제단위에서는 의전이라 부르는 것이다.

각종 의식에서 누가 상석에 앉고, 먼저 들어설 것인지 등이 의전서열에 따라 결정된다. 하지만 모든 공직자 서열이 명쾌하게 나열돼 있지는 않다. 〈정부의전편람〉에는 주요 5부 요인, 국회 부의장·상임위원장, 군 수뇌부 등을 '주요 참석 대상자'로 지정해뒀지만 이들의 구체적 서열을 모두 나열해두진 않았다. 〈정부의전편람〉을 바탕으로 외교부가 발간한 〈의전실무편람〉에 나온 의전서열이 공식적인 자료지만 포함된 대상의 수가 적다.

행자부 관계자는 "의전서열이란 게 공식적인 것은 없다. 규정에도 나와 있지 않고, 관례적으로 해왔다"며 "누가 주최했는지, 행사 성격이 어떤 것인지 등에 따라서도 달라질 수 있다"고 말했다. 정부가 바뀌면서 정부 부처가 개편되는 경우에도 자연스럽게 바뀐다. 의전서열 5위까지는 경호원의 경호를 받는 특혜가 주어진다.

국내에서 경찰 등이 경호를 하는 인사는 대통령과 전직 대통령 외에는 국회의장 · 대법원장 · 헌재소장 · 국무총리뿐이다. "경호 대상자, 경호 규모는 상급비밀"이며, "(대통령 외에) 전직 대통령, 4부 요인 등까지 경호한다.

하지만 '의전서열=권력서열'은 아니다. 실제로 2위인 국회의장 경호원보다 국무총리의 경호원이 2배 이상 많다. 대법원장·헌재소장도 경호원인 의전비서관 등이 있지만 모두 숫자는 다르다. 보안을 이유로 경찰은 의전서열에 따른 경호원 수를 밝히지 않지만 서열이 높다고 경호원 숫자가 많지는 않은 것이다.

대규모 행사에 급히 참여해야 할 경우 의전 인사들에게는 신호 통제로 차가 원활하게 이동할 수 있도록 돕기도 한다. 주요 20개국(G20) 정상회의, 핵 안보 정상회의 등 참가자가 많고 중요도가 높은 행사는 주변 도로를 통제하는 만큼 전용도로를 제공하거나 교통신호 등을 조정해준다. 기본적으로는 신호 준수가 원칙이다.

하지만 대규모 급한 행사가 있을 경우 통제를 해서 차가 원활하게 갈 수 있게 한다. 일반적인 행사에서는 신호를 준수한다. 의전서열에는 대통령제인 한국을 지탱하는 '3부', 입법·사법·행정부의 우선순위가 반영돼 있다. 3권을 중심으로 서열을 정리한 것이다.

행정부 수반인 대통령이 1위, 입법부 수장인 국회의장이 2위다. 하지만 나이 많은 학교 후배와 어린 선배 사이처럼 서열 정리가 언제나 명쾌하지는 않다. 바로 사법부 최고기관이라고 할 수 있는 대법원과 뒤늦게 출범한 또 다른 최고기관 헌법재판소가 그렇다. 두 기관은 명확히 선후배를 가리기 어렵다.

1998년 헌법재판소가 출범한 뒤 헌법재판소장의 의전서열은 고민(?)의 대상이었다. 1988년 8월5일 제정된 헌법재판소법 제15조 1항에는 '헌재소장의 대우와 보수는 대법원장의 예에 준 한다'고 규정돼 있다. 얼핏 보면 동등하다고 해석되지만 '예에 준 한다'는 표현이 '수정되어 적용이 가능하다'는 의미로도 해석됐다. 이 때문에 여러 국가 행사에서 헌재소장이 대법원장보다 낮은 대우를 받았다.

1991년 11월 이런 문제점을 인정해 헌법재판소법을 개정하면서 헌재소장이 대법원장과 동일한 지위에 있음을 강조하기 위해 '예에 의한다'로 고치기도 했다. 출범 후 10여 년간 헌재소장의 지위는 대법원장보다, 그리고 행정부 '넘버 투'인 총리보다 낮은 서열 5위였다. 총리보다 서열이 낮은 것은 사법부 최고기관 권위에 어울리지 않는 것이었다.

헌법과 헌법재판소법에 의거해 대법원장과 동일한 국가 서열에 있는 헌재소장에게는 맞지 않는 위치였던 것이다. 이 때문에 헌법재판소가 반발,

2001년 11월 헌법재판소가 재정경제부에 "헌재소장의 의전서열을 국무총리 앞으로 정해 달라"고 요청하며 서열 정리가 시작됐다.

실제 2003년 5월 노무현 전 대통령이 방미 결과를 설명하는 오찬행사장에서는 헌재소장이 대법원장 다음인 국무총리 앞좌석에 앉도록 정했다. 서열 4위로 올라선 것이다. 이후 '대법원장=헌재소장 〉 국무총리'의 공식이 적용되기 시작했다.

2005년 11월에는 행자부가 상훈법 제18조를 개정해 국무총리 앞으로 서열을 이동시켰다. 2006년 3월에는 청와대가 '국회의장 · 대법원장 · 헌법재판소장 · 국무총리 · 중앙선거관리위원장' 순으로 의전서열을 수정 발표해 헌재소장의 서열 순위가 공식적으로 올라가게 됐다.

나. 의전서열은 '예절'의 하나인 만큼 공식적으로 광범위하게 나열된 순위는 없다. 하지만 어느 집단에서도 자연스레 서열이 정해지듯 관례는 있다. 2012년 출간된 〈경찰학사전〉은 "의전서열은 경호의전의 하나. 공식 서열과 비공식 서열을 정함에 명문의 규정은 없으나 각국마다 관행적으로 적용하고 있는 실정"이라며 1위부터 70위까지 의전서열을 나열했다. 의전서열 순위에 대한 관례를 엿볼 수 있다. '보통' 국회의원은 70위, 3선급 상임위장은 30위권장관은 12~31위, 여야 원내대표 15 · 16위, 군 수뇌부는 59~69위'가 일반적 기준이다.

다. 〈경찰학사전〉이 정리한 대한민국 의전서열을 보면 최말단(?)인 70위는 '보통' 국회의원이다. 하지만 3선급 국회의원이 주로 맡게 되는 상임위원장은 32위 국회 운영위원장을 시작으로 49위 윤리특별위원장까지로 잡고 있다. 의원 중 가장 높은 의장은 서열 2위까지 올라간다.

장관은 국회 상임위원장보다 위인 12~31위에 위치했다. 장관 중 '우두머리'는 기획재정부 장관으로 12위이고, 장관 중 최하위는 해양수산부 장관으로 31위다. 이 사이에 여당 원내대표가 15위, 야당 원내대표가 16위, 청와대 비서실장이 17위를 차지하고 있다. 국회의원들이 장관 등 국무위원들에게 호통을 치는 모습은 뉴스에서 흔히 볼 수 있는 장면이지만 의전서열대로

‘만’ 한다면 어려운(?) 일이 될 수도 있다.

하지만 장소가 의전서열을 뛰어넘기도 한다. 국회의원은 각 부처 장관보다 후순위지만, 국회에서 주최하는 행사에서는 국회의원이 앞서는 것이 관행이다. 축사는 국회의장(불참 시 부의장), 당 대표, 원내대표, 국회 상임위원장, 국회의원, 각 부처 장관 순으로 한다. 같은 ‘보통’ 국회의원이면 선수를 기준으로, 선수까지 같다면 연장자가 먼저 한다.

라. 감사원장, 국가정보원장은 각각 의전서열 10위, 11위였다. 9위는 국회 부의장, 그 위로는 여당 대표(6위), 야당 대표(7위)가 차지했다. 검찰총장은 58위로 하위권을 차지했다. 합동참모의장, 육군참모총장 등 군 수뇌부는 59위부터 69위를 차지해 ‘평’ 국회의원 바로 위였다.

사회 전반적으로 서열을 강요하는 풍토는 ‘권위적’이라는 비판을 받으며 점차 없어지고 있지만, 정치권과 정부 부처에서 의전은 사라지지 않고 있다. 의전은 국내 의식을 넘어선다. 국가 간 교류가 활발해지고 정치권, 정부 고위 관계자 등이 외국 사절 등을 만나면서 ‘세계어’로 활용되기 때문이다.(경향신문, 2015.4.10.자 ‘의전서열의 세계화’기사참고)

5. 근무(의전) 복장 및 자세

가. 복 장

(1) 피복은 구겨져 있지 않게 하고 수시로 세탁하여 청결유지
(2) 단추 잠김 상태 수시확인
(3) 복장 착용 후 부착물 유무 및 정위치 상태확인
(4) 구두는 항상 윤이 날 수 있도록 손질

나. 근무자세

(1) 단정하고 깨끗한 복장 및 용모 구비

(2) 의연하고 친절하며 예의바른 근무자세 유지
(3) 근무지 이탈이나 불필요한 행동 금지

다. 근무 중 준수사항

(1) 임무 및 책임구역 숙지
(2) 혼자 처리하기 곤란하거나 의문점 발생 시 즉시 상급자에게 보고하여 처리
(3) 근무 중 주변정돈 및 청결유지
(4) 근무 교대시간이 늦어지더라도 위치이탈 금지
(5) 보안유지 철저
- 경호 경비근무 및 근무지동정, 경호대상자에 관한 사항
- 무전기, 유·무선전화 등 통신기 사용 시 각별히 유의

라. 근무 교대 시 인수인계 사항

(1) 근무 등 의 제반 주요사항 및 특이사항
(2) 상부로부터 강조 및 지시 된 사항
(3) 계속적으로 추적 및 확인이 필요한 사항
(4) 주변에서 획득한 첩보

마. 내국인 접촉요령

(1) 임무수행에 자신감을 갖는다.
(2) 반복되는 질문에 인내심을 가지고 친절히 대한다.
(3) 타인에게 혐오감이나 불쾌감 주는 행위 금지
- 코풀기, 하품, 침 뱉기, 기지개, 구취, 땀 냄새 등

바. 외국인 접촉요령

(1) 필수 기본 영어를 익히자

⑵ 외국어 회화 곤란 시

- 외국어를 모른다고 당황하여 회피하거나 수치심을 갖지 말 것
- 간단한 인사말을 교환 후 의사 교환을 시도
- 가능한 손짓, 몸짓을 최대한 동원하여 의사소통에 힘쓸 것
- 외국인의 말을 이해하지 못할 시 임의로 적당히 추측하여 행동하거나 답변하지 말 것
- 주변의 통역 가능한 요원에게 안내하거나 통역 요원의 지원을 받을 것

⑶ 외국어 회화 가능 시

- 친절히 용건을 묻고 임무에 지장을 초래하지 않는 범위 내에서 답변하며, 안내 지리나 장소를 문의할 시 약도를 그려주거나 메모지에 기록해 준다.
- 분실, 도난 등 전문 지식이 필요한 질문은 상부에 보고하여 조치를 받는다.

사. 안 내

⑴ 예의바르고 명랑하며 친절, 봉사하는 자세

⑵ 상대방의 말을 중간에 가로막는 행위 및 퉁명스러운 답변금지

⑶ 문의 사항에 친절하고 구체적으로 답변

⑷ 말을 듣는 중에 의문 나는 사항은 메모

⑸ 경박한 언어 사용을 금하고 교양 있는 언어 사용

⑹ 대화 중 결례 금지

- 기지개, 하품, 머리를 긁적이는 행위
- 시선을 피하거나 대화도중 이탈하는 행위

⑺ 외국인과 대화 시 유의사항

- 상대방의 눈을 주시하며 침착하게 대화
- 조용하고 간결하게 설명
- 우리말로 욕을 하거나 조롱하는 행위 금지

▶ 경호 요원 숙지 용어

• 검문검색	Inspection
• 금속 탐지기	MAGNETIC Eye
• 경기장	Stadium
• 귀빈 관람석	VIP Stand
• 등록 센타	Accrdeitation Center
• 숙소 지역	Lodging Area
• 안전요원	Security Personnel
• 안전담당관	Security Manager
• 안내센타	Information Center
• 기자촌	Press Village
• 임시 출입증	Temporary Pass
• 주차장	Parking lot
• 주차증	Parking pass
• 출입통제 담당관	Entrance & Exit Manager
• 출입구역	Access Zone
• 통행증	Access Pass

제 4 절 경호보디랭귀지(Body language : 무언의 대화방법)

1. 중요성

보디랭귀지는 언어에 의하지 않고, 몸짓·손짓·표정 등 직접적인 신체의 동작으로 의사나 감정을 표현·전달 또는 이해하는 행위로 육체언어·신체언어·사일런트랭귀지(침묵의 언어)라고도 하며, 학문적으로는 키니식스(kinesics)라고 한다. 미국의 인류학자 R.L.버드위스텔의 정의에 의하면 '사람과 사람 사이의 비언어적 커뮤니케이션의 시각적 측면에 관하여 연구하는 학문'이라고 한다. 경호원의 보디랭귀지 운용의 필요성은 매우 중요한 부분이라 할 수 있다. 첫째 경호 대상에 대한 의전, 둘째 용의자 색출, 셋째 경호원 상호 신호전달방법 등으로 업무의 효율성을 높일 수 있다. 임무 중에 무언의 대화방식은 긴급 상황에 대처할 수 있어 보다 긴밀한 경호작전이 가능하기 때문이다. 경호대상과 상황에 따라 유무선 통신기를 사용할 수도 있지만 사실상 보디랭귀지가 더욱 중요시된다 하겠다. 따라서 테러 및 일반 범인의 특이한 행동을 감지하고 이를 구성원들에게 전달할 수 있는 무언의 전달방법인 경호보디랭귀지를 경호요원들의 필수교육과정으로 철저히 익혀야 한다.

2. 목적

경호임무 중 경호원 상호 간 의사전달의 필요성과 신속 정확한 방법으로 팀장에 의한 지시와 첩보 및 정보를 교환하는 매우 중요한 요소이며 경호 중 필요 불가결한 요소로써 이를 위하여 사용되는 전달방법에는 손과 발, 어깨, 턱, 목, 눈을 이용하는 신호가 있다. 또한 경호보디랭귀지는 노출된 범죄 심리를 감지할 수 있는 유일한 방법이라 할 수 있으며, 경호 대상에 대한 격조 높은 의전서비스에 매우 중요한 요소로서 경호보디랭귀지에 대한 효력이 중요시되고 있다.

가. 보디 랭귀지 전달

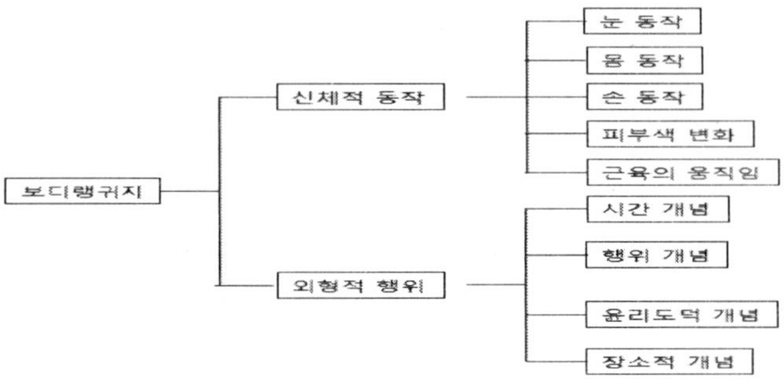

3. 운용 및 방법

신호방법은 경호형태, 즉 경호 대상과 규모 및 지형, 용도에 따라 그 종류가 다양하고 많으나, 여기에서는 경호원 상호 수신신호 방법만 간단히 기술하기로 하고 경호보디랭귀지의 완성은 오랜 실무 경험을 통한 전문가적인 감각으로 체험과정에서 이루어진다.

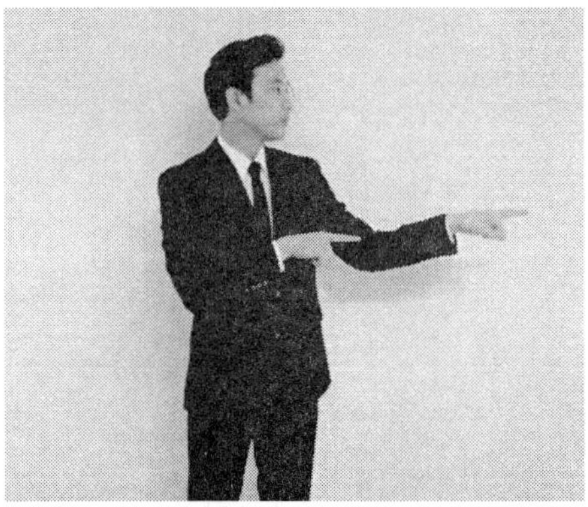

▶ 경호 정위치
양손을 정위치 방향으로 가볍게 올려 중지만을 편 상태에서 가리킨다.

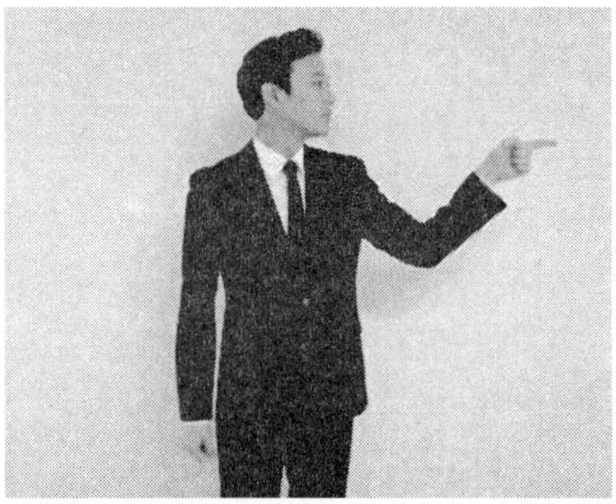

▶ 경호수색
인지를 편 상태에서 수색방향을 가리킨다.

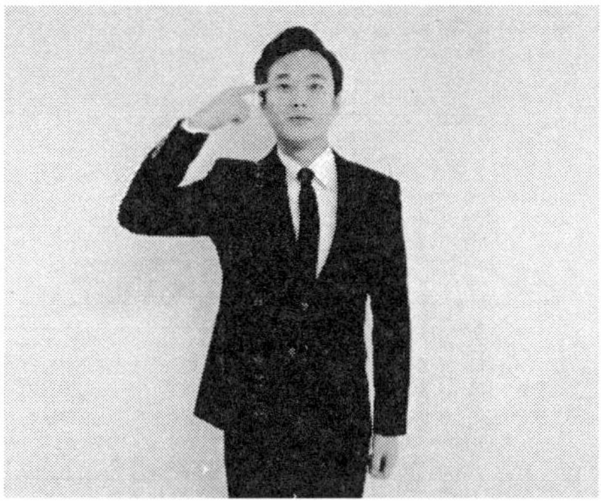	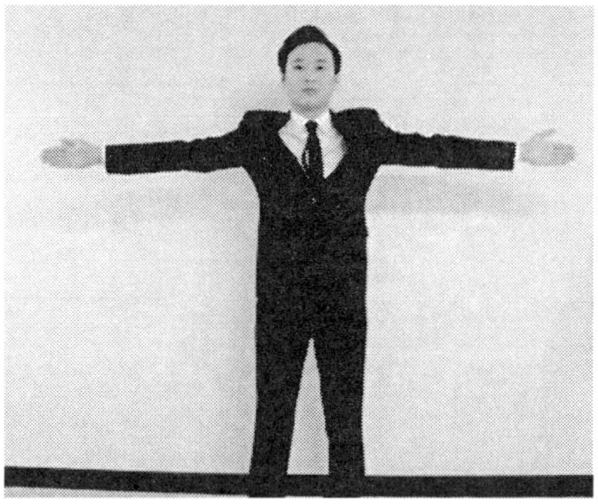
▶ 위급상황 왼손만을 올려 인지로 관자놀이에 갖다 댄다.	▶ 피경호원 육탄방벽 양팔을 수평으로 벌려 신호한다.

▶ 손을 이용한 방법

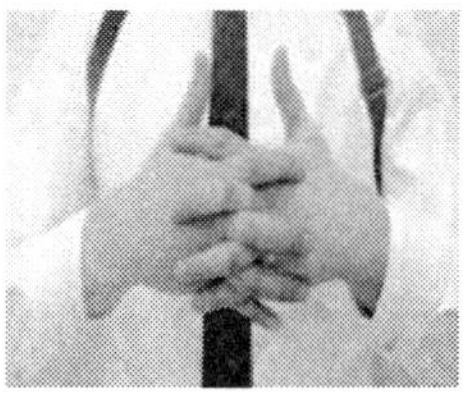	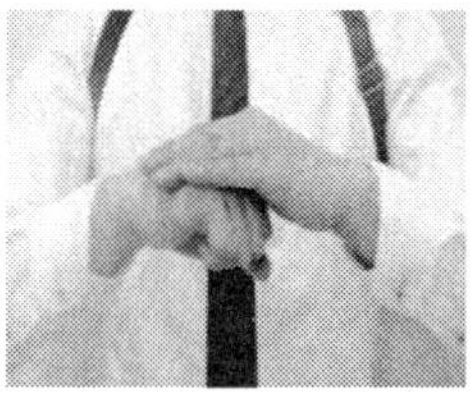	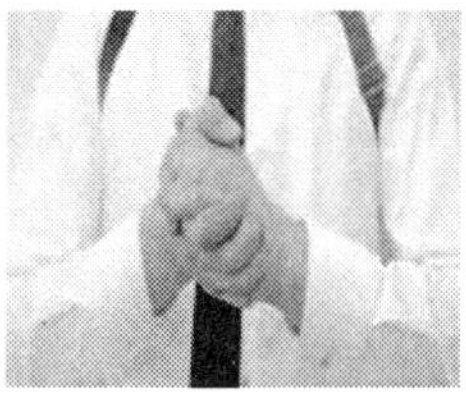	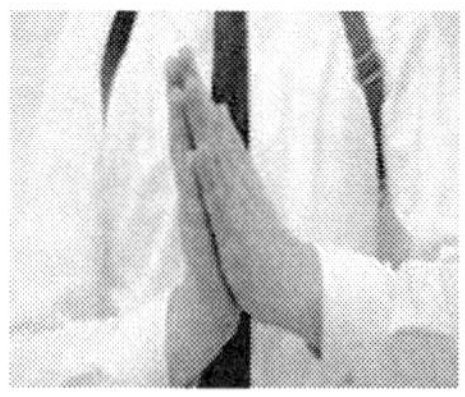
회의진행	보관(보호)	잘되다	합치다
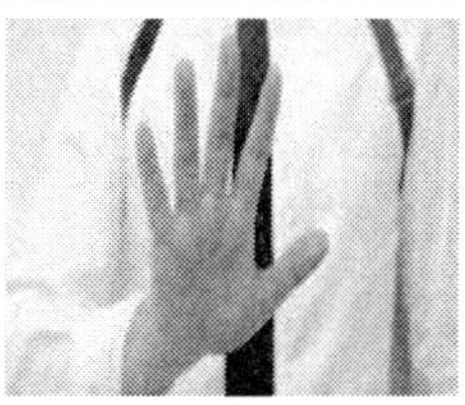	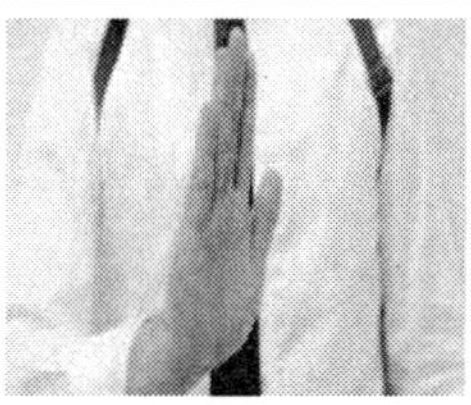	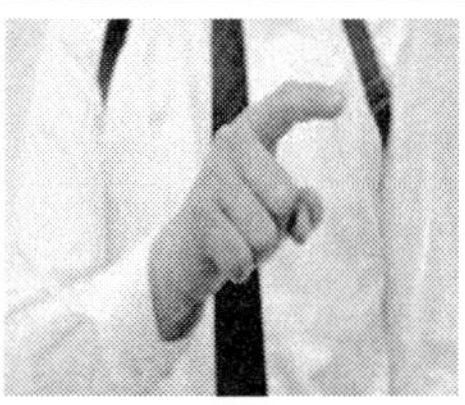	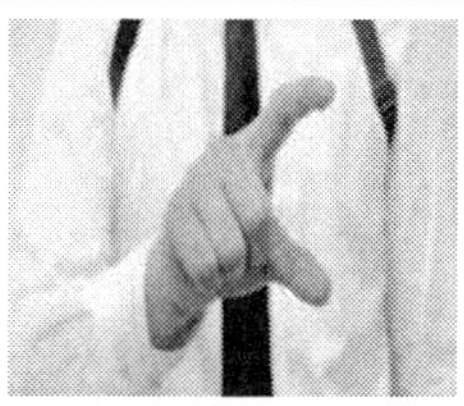
보이다	잠깐, 멈춤	방향지시	크기, 높이

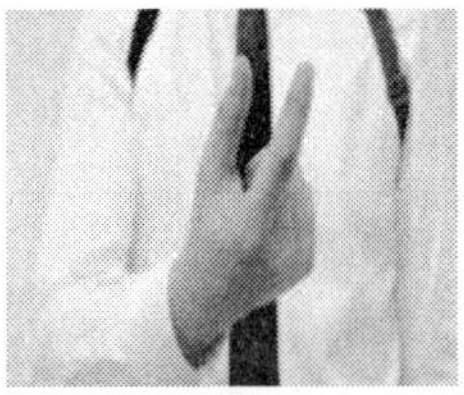	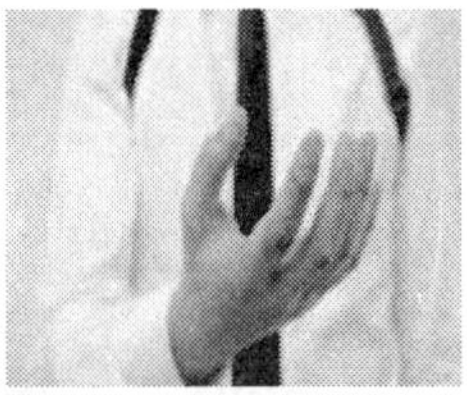	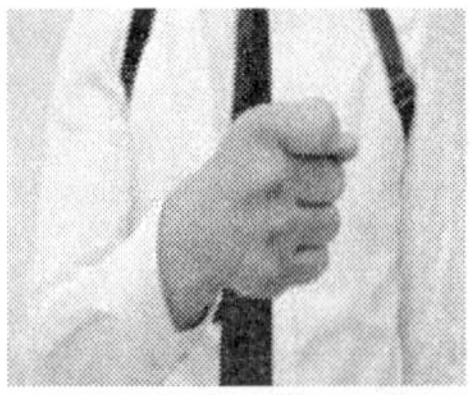	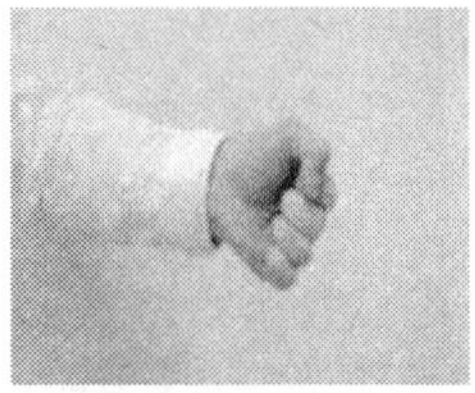
짚다	열다	두드리다	응징
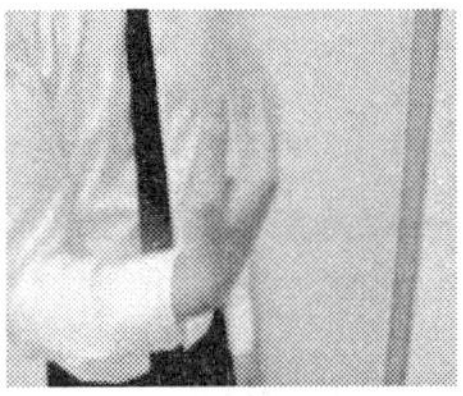	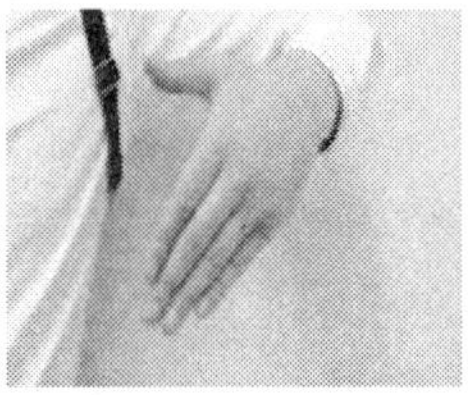	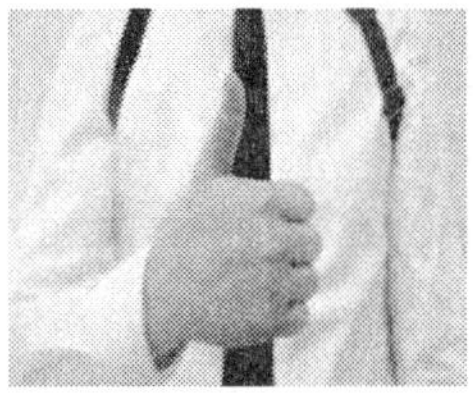	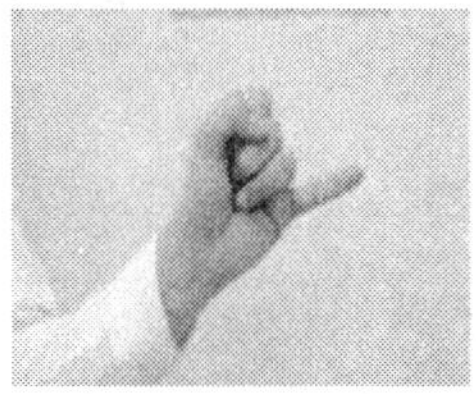
이동	좋다	최고	약속
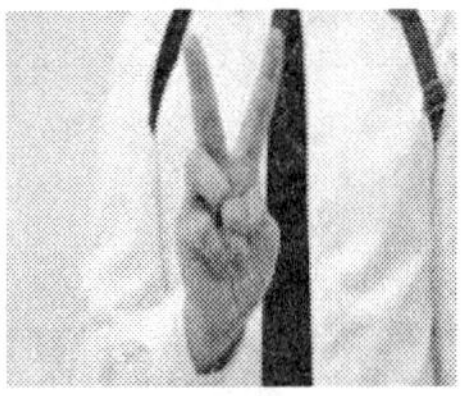	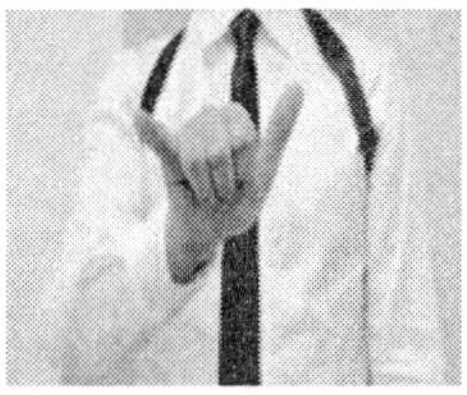	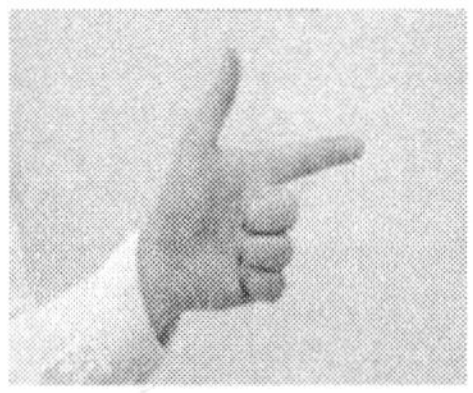	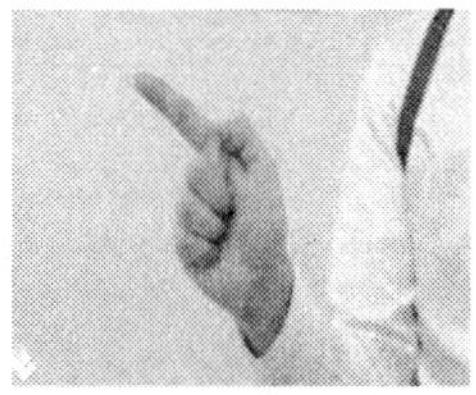
승리	연락	사고	조심

제3장 경호의 원칙 및 실행

제1절 경호사전 숙지사항

경호는 경호대상자를 중심으로 인간방호벽을 구축하는 단계에서부터 시작된다. 인간방호벽은 얼굴 없는 적의 접근을 차단하는 직접적인 효과뿐 아니라 적이 함부로 위해행위를 감행하려는 의도를 스스로 포기하도록 유도하는 데에 간접적 효과도 클 것이며, 경호 대상에 대해서는 안전하게 보호되고 있다는 심리적 안정감을 제공함으로서 업무의 능률을 높이는 데 있다.

얼굴 없는 적은 목적 달성을 위해 그 어떤 희생도 무릅쓰고 극단적인 수단과 방법을 불사하며, 때에 따라서는 범행대상자 이외에 일반인의 희생을 요구하는 경우도 발생되고 있다.

또한 얼굴 없는 적은 위해를 기도함에 있어서 고도의 숙련된 인력과 첨단무기 등을 동원하므로 경호임무를 실시하는 경호원은 이에 대처할 수 있는 호신 능력과 장비 운용에 관한 것들은 평소 숙달하고 있어야 하며, 무엇보다도 강한 정신력을 바탕으로 침착, 과감, 기민한 자세로 경호임무를 수행하여야 한다.

그러나 경호임무를 실행함에 있어서 경호원의 행위가 경호대상자의 행동과 일반인들의 활동에 지장을 초래해서는 곤란하다.

▶ **경호의 당면 과제**

과학 기술이 고도로 발달하고 또는 정보화 사회로 전개되고 있는 현재의 경호 상황은 광범위 하다. 이러한 복잡, 다양한 경호 환경 속에서 효율화를 기할 수 있도록 경호의 기본 권리, 원칙 등을 현대적 관점에서 재조명하고 새롭게 체계화 모색을 하는 일이 경호 당면 과제로 부각되고 있다. 이러한 당면 과제 중 가장 중요한 사항은 실제 경호 임무에 대비한 경호 기법이다. 경호 관계 부서마다 다소의 차이는 있으나 나름대로의 기본 원칙과 관련된 경호 기법이 있다. 그리고 세계 각국의 경호 기법은 저마다의 실정법 제도 및 경호 환경의 차이에 따라 각각 특수한 기본 원리에 의해 지배되고 있다고 할 수 있다.

제 2 절 경호의 일반 원칙

경호는 항상 위해 가능성을 최소화 하겠다는 태도로 실시하여야 한다. 경호를 위한 제반 사항들은 사전에 철저히 계획되어야 하고, 경호 대상자의 모든 행동이나 기동은 신변을 최대한 보호받을 수 있도록 세밀하게 검토되어야 하며, 긴급 상황 발생 시 정확한 대응을 할 수 있도록 모든 경호요원은 상황별 행동절차를 숙지하고 있어야 한다.

그리고 경호 대상자는 개인적인 의도나 불의의 사고에 의하여 발생 된 장애요소이건 또는 사소한 부주의에 의하여 발생 된 장애요소이건 간에 관계없이 항시 보호 되어야 하며, 이러한 경호요원의 모든 노력은 다음과 같은 경호의 일반원칙을 준수함을 기준으로 해야 한다.

1. 중첩 경호(3중 경호)의 원칙

세계의 대부분 국가에서 요인경호 시 3중 경호의 원칙을 공통적으로 채택하고 있으며, 이와 같은 3중 경호의 기본 구조는 경호대상자가 위치한 집무실이나, 공관, 행사장으로부터 내부, 내곽, 외곽으로 구분하여 경호 행동반경을 거리 개념으로 정한 것이다.

즉, 3중 경호는 경호대상자가 위치한 지역에서 가장 근거리부터 엄중한 경호를 취하는 순서로 수행 경호, 중간(근접)경호, 외곽 경호로 나누고 그에 따른 요원의 배치와 임무가 부여되어야 한다는 것이다.

결론적으로 3중 경호의 원칙이란 행사장을 중심으로 완전한 경호를 위하여 가장 중심부 내부를 안전 지역으로 정하여 완벽한 통제를 목표로 근접 경호요원을 배치시키고, 그 다음 내곽 지역을 경비구역으로 정하고 부분적 통제를 위하여 경호요원 또는 지원 요원을 근무케 하며, 최종적으로 행사장의 외곽을 경계구역으로 설정하여 인적, 물적, 자연적 취약요소 대한 첩보 수집 및 경계를 실시하는 원칙을 말하며 책임구역 구분 시에는 인원, 장비, 지역의 특성을 고려하여 명확한 지역 및 선 개념으로 구분해야 한다.

이렇게 경호지역을 분명하게 구분해 줌으로서 지휘, 통제는 물론 각조 또는 개인에게 효과적인 경호가 될 뿐만 아니라 책임의식을 고취시키므로 임무에 완벽을 기할 수 있다.

▶ 책임 지역 구분

1. 제 1 선 (수행경호)
   가. 권총 유효사거리 및 투척물 투척거리를 고려, 최근접 반경을 담당한다.
   나. 사주 경계 및 경호 대상자를 중심으로 인간 방호벽 구축
   다. 인가자 외 출입 통제

2. 제 2 선 (근접, 중간경호)
   가. 행사장 외부 경계 및 화기 유효 사정거리를 고려한 반경을 담당한다.
   나. 사주 경계 및 불심검문, 검색과 경호대상자에게 접근 가능한 통로 통제
   다. 통로 통제 시 차단 시설(방호벽, 바리게이트) 설치
   라. 중요지점 요원 배치 원칙

3. 제 3 선 (외곽경호) 가. 외곽에서 소총 이상의 화기 공격 대응을 담당한다. 나. 행사에 영향을 주는 요소 제거 다. 외곽 경계 및 연도 경호, 경비 라. 각종 첩보 수집

2. 두뇌 경호의 원칙

경호를 실시함에 있어서 신체적 조건도 중요하지만 그 무엇보다 신체를 움직이는 두뇌의 역할은 매우 중요하다. 즉, 경호임무 중에 상황이 발생하였을 때 힘에 의한 무력을 사용하여 경호대상자의 신변안전을 도모하는 것보다는, 사전에 구체적이며 치밀한 준비를 하여 위험요소를 제거하는데 경호의 중점을 둔다. 이러한 사전준비에도 불구하고 긴급하고 위험한 상황이 발생하였을 때는 고도의 예리한 순간적인 판단력이 중요시된다. 바로 이러한 점에서 두뇌 경호의 원칙이 요구된다고 할 수 있다.

3. 방어 경호의 원칙

경호란 어떤 사람을 공격하는 것이 아니라 공격자의 위해요소를 방어하는 행위이다. 즉, 방어 경호란 경호대상자가 위험한 상황에 처했을 경우 경호대상자의 머리를 숙이게 하거나, 안전한 곳으로 인도하여 위험을 모면케 하는 경호를 말한다. 이와 같이 경호요원은 경호대상자를 우선 육탄으로 방호 후에 안전한 곳으로 대피시키는 것이 가장 바람직하며, 화기 사용 등의 공격적인 행동보다는 방어 위주의 엄호행동이 요구된다.

원래 경호원의 존재 목적은 위기 상황 시 자기 자신을 희생하여 경호대상자를 안전하게 보호하는 데에 있으며, 경호원이 위험 요소를 제거하기 위하여 공격적으로 화기를 사용하였을 경우에는 주변의 군중에게 피해를 입히는 경우도 많기 때문에 각별한 주의를 요한다.

4. 은밀 경호의 원칙

경호란 은밀하게 실시하는 것이 일반 원칙이며, 경호원의 행동지침으로는 은밀하고, 침묵 속에서 행동하고, 행동반경을 언제나 경호대상자의 신변을 보활 수 있는 곳에 한정시켜야 하며, 위기 시에는 신속하게 안전한 곳으로 대피시켜 혼란 없이 다음 임무를 계속 수행 한다는 자세가 몸에 배여 있어야 한다.

▶ 경호원의 눈, 귀, 입

- 눈은 얼굴 없는 공격자를 찾는 데만 사용하고
- 귀는 그들의 작은 움직임을 찾아내는 데만 쓰여 져야 하며
- 입은 경호대상자에게 어려움이 있거나 그의 행동에 대한 요청을 건의 할 때와 안전한 경호를 위해 경호 연락이나 교환이 이루어질 때만 사용해야 한다.

제3절 경호의 특별 원칙

1. 자기희생의 원칙

경호를 이루는 자연적, 인위적 위험이 경호원 자신의 생명을 위협하기도 하지만 급한 상황 속에서라도 경호원은 경호대상자의 안전을 위하여 어떠한 자기희생의 댓가를 치루더라도 보호 유지되어야 한다는 것으로, 즉 경호대상자가 위기에 처했을 경우에는 육탄 방어의 정신으로 임해야 한다는 원칙이다.

2. 자기 담당구역 책임의 원칙

경호요원이 담당한 책임 구역 내에서 발생되는 어떠한 상황 하에서도 자신만이 책임을 지고 해결해야 한다는 원칙을 말한다. 즉, 자기 담당구역이 아닌 타 지역에서 발생되는 문제에 대하여 책임질 수 없고, 비록 인근 지역에 위급한 상황이 발생된다고 하여 자기 책임구역을 이탈해서는 안 된다는 원칙이다. (적의기만 술책으로 경호원의 대응력을 한 곳으로 집중시킨 후, 취약 지역으로 공격하는 고도의 전술, 전략에 대비)

3. 하나의 통제된 지점을 통한 접근 원칙

경호대상과 일반인을 분리시키고 출입 통제를 통하여 경호 대상에 불순분자의 접근을 제한하는 원칙이다. 즉, 여러 개의 출입구와 통로가 있는 경우에는 오히려 적에게 접근의 용이성을 부여하는 취약성을 갖기 때문에, 경호 상 꼭 필요한 통로만을 개방하여 출입 통제의 효율을 높이고, 또한 하나의 통제 된 출입구나 통로라 하더라도 모든 사람이 경호요원에 의하여 인지되고 확인 되어야 하며 허가되는 과정으로 이루어져야 한다.

4. 보안 유지의 원칙, 목표물 보존의 원칙

이 원칙은 경호대상자(목표물)를 위해하려는 단체 또는 적으로부터 떼어놓고 또한 경호 대상에 대한 일신상의 모든 정보를 비밀로 하는 원칙을 말한다, 그리고, 범인이 폭탄을 던지는 경우 경호대상자를 보호하기 위하여 경호원은 무의식중에도 반사적 행위에 의하여 떨어진 폭탄을 주워 던져 경호대상자를 보호하여야 하며, 경호대상자가 안전하게 보호되기 위한 보안 유지의 활동으로

가. 경호대상인물이 누군지 몰라야 한다.

나. 이동 경로는 원칙적으로 비공개 되어야 하고

다. 경호대상자가 방문하기로 예정 된 장소는 일반인에게 알려지지 않아야 한다.
라. 동일한 장소에 수차 방문하였던 곳은 가급적 변경되어야 하며
마. 일반인에게 노출되는 보행 이동은 가급적 제한되어야 한다.

5. 활동성 보장의 원칙

경호원이 경호임무를 수행하기 위한 목적으로 경호대상자의 활동을 방해해서는 안 된다. 경호원은 경호대상자의 활동을 최대한 보장하는 범위 내에서 경호임무를 수행하여야 한다. 그러나 경호의 어려움이나 위해도가 있을 경우에는 경호대상자에게 활동의 제한을 건의할 수 있다. 그러나 가급적 경호대상자의 활동이 제한되는 일이 없도록 경호기술 및 계획을 준비하여야 한다.

6. 함구 및 사생활 불개입의 원칙

경호원은 경호대상자를 밀착 수행해야 하며 따라서 경호대상자의 언어와 상대와의 대담 등을 통해 그의 사생활을 본의 아니게 알게 된다. 그러나 경호원은 경호대상자의 사생활을 다른 어느 곳에서도 발설해서는 안 되며, 공적, 사적생활에 대해 알고 있는 모든 것은 무덤까지 가져가야 한다.

제 4 절 경호의 성공 요소

1. 주도면밀한 계획과 실시

가. 경호계획에 필요한 사전 첩보, 정보 수집으로 기본계획 완성

나. 경호대상의 일정을 토대로 제반 사항 파악
다. 필요 관계기관(부서) 협조 및 협의
라. 세부 계획에 따른 인원, 장비, 예산을 판단
마. 경호계획에 따라 경호원에게 각개 임무 부여 및 교육
바. 예행연습으로 경호문제점을 보완하고, 세부사항 준비

2. 보안 유지

가. 경호계획 수립단계부터 인원, 장비에 대한 보안 조치
나. 경호대상자의 이동 계획 보안 유지

3. 지휘체제 단일화

가. 경호대상자의 위해도가 적을 경우에는 자체 지휘계통에 의해 경호 실시
나. 경호대상자가 정치, 사회, 군사적 등으로 역량이 크거나 위해도가 높고 행사 규모가 커 광범위한 지역 또는 군 · 관 합동 경호를 실시해야 할 경우에는 경호 대상을 중심으로 각 조장 그리고 경호원에 이르기까지 지휘체제를 단일화한다.

4. 집중적 경호망 구성

가. 예상되는 위험요소 및 돌발 상황에 대비하기 위하여 위해도에 따라 경호 대상자를 중심으로 중첩 경호망 구성
나. 경호대상자에게 접근 가능한 모든 통로를 통제, 접근자는 경호원이 인지하고 확인하여 허가되는 과정으로 계획 실시

5. 경호원 선발

가. 직업의식과 희생정신이 투철하고 경호기술 능력이 탁월한 자
나. 가능한 한 경험이 풍부한 경호원 차출
다. 기능에 따라 적재적소에 적격한 경호원 배치

제5절 경호의 실행 형태

1. 노출경호

공개적으로 경호대상의 중심에서 일반인이 경호대상의 신변을 보호하기 위한 경호원임을 쉽게 알아볼 수 있도록 실시하는 경호로서 예상될 수 있는 범행기도, 불순분자의 접근에 위엄을 과시할 수 있다. 노출경호의 예로는 명찰 또는 비표를 달고 출입관리를 통제하는 경호경비 방법이 있고, 이는 신분이 노출된다는 단점이 있지만 질서유지 및 출입 관리에 효과적이다. 따라서 행사 경호에 채택되어 운용하면 좋다.

2. 비노출경호

범행기도 불순분자 또는 일반인이 경호원임을 인신치 못하도록 자유 복장으로 실시하는 경호로 때와 장소, 행사의 성격 등을 고려하여 비밀리에 경호하는 방법이다. 그러나 행사의 성격, 상황에 따라 경호원이 노출됨으로써 행사 분위기를 다소 긴장시키거나 경직시킬 수 있는 경우가 있다.

3. 혼합경호

행사의 성격, 규모 또는 상황에 따라 위엄을 과시할 필요가 있는 경우와 비밀리에 실시할 경우를 구분하여 노출과 비노출을 각각 필요한 부분에 혼용하여 실시하는 경호 방법이다.

▶ 행사시 경호요구의 우선권

둘, 또는 그 이상의 경호대상자가 동일한 행사에 참석 시 가장 서열이 높은 경호 대상자의 경호기관에서 실시하는 경호 요구 및 활동이 기타의 경호 대상자보다 우선한다.

제4장 경호계획

제1절 경호계획의 목적

경호계획은 경호성공여부를 결정하는 가장 중요한 요소이다. 경호행정계획, 지휘작전계획, 정보수집계획, 보안수립계획, 인원장비운용계획, 수행경호계획, 경호경비수립계획, 인질·납치협상계획, 경호운전계획, 경호컨설팅, 경호조사 등을 포함한 경호기획을 수립하여야 한다.

또한 인적·물적 위해요소, 위해유형 및 유해수준 등을 확인하며, 위해시설을 확인하고 유해물질, 유해인물, 유해환경지형, 범죄성 여부 등을 확인하는 등 경호조사를 실시 하여야한다. 아울러 경호관계법 등을 적용하여 유관기관에 협조를 구하거나 고객과의 상담, 계약체결, 경호원선발, 직무교육실시, 현장 배치 등 경호행정에 관한 업무를 처리하여야 하고, 계획은 돌발적인 상황을 예방하고 상황발생시 신속히 대처할 수 있게 하여, 만일 일어날 수 있는 인명 및 재산 피해를 최소화 할 수 있어야 한다.

1. 경호계획의 기본 고려요소

가. 계획수립

경호활동은 사전에 신중하게 계획되어 있어야 하고, 예기치 않은 변화의 가능성 때문에 경호임무를 계획하는데 있어서는 융통성 있게 계획이 수립되어야 한다. 경호대상자의 계획을 준비하는 일은 소규모 시에는 경호원이 직접 작성하며, 규모가 큰 행사시에는 계획전담요원을 두어 계획수립 기능을 담당케 한다.

나. 책임

경호임무와 책임은 명확하게 부여되어야 한다. 경호대상자가 참석하는 행사 시 행사를 주관하는 주최요원 및 의전요원들은 행동의 일치를 이루어야하며, 이들의 책임은 경호 임무상의 요구와 부합하도록 수립되어야 한다.

다. 자원

경호대상자를 경호하는데 소요되는 자원은 경호대상자의 행차, 즉 경호대상자의 욕망에 의한 대중 앞에서 노출이나 제반 여건에 의하여 노출되는 지속 시간과 사전 획득된 위해 첩보의 내재적인 분석에 따라 결정된다. 여기서 제반 여건이라 함은 적용할 기동 방법, 방문지의 지리적 특성, 경호대상자가 접촉할 인물의 의식과 행태 등을 말한다.

라. 보안

경호대상자와 수행원, 행사세부일정, 그리고 적용되고 있는 경호 · 경비상황에 관한 보안의 유출은 엄격히 통제되어야 한다. 경호요원은 이러한 정보를 인가된 자 이외의 사람에게 유출하거나 언급해서는 안 된다. 또한 인쇄 및 컴퓨터 프린팅 시에도 특별하나 주의가 이루어 져야 하며, 인가된 자 이외의 사람에게 정보가 유출되는 것은 완벽해야 할 경호임무에 지장을 초래할 수 있다. 따라서 경호계획을 실행에 있어서 보안유지는 경호원의 생명처럼 지켜져야 한다.

▶ 보안 조치사항

1. 계획 작성 단계에서부터 통신 및 인원에 대한 보안 조치가 이루어져야 하며 특히 경호대상자의 일정 계획에 대한 보안유지를 철저히 해야 한다. 2. 계획 작성에 필요한 협조 및 지시를 위한 유·무선 통신은 반드시 음어화 하여야 하고 불가피한 경우는 약호화 한다. 3. 경호정비 및 행사에 관한 일체의 기밀누설을 방지한다. 4. 경호에 관한 계획은 비문으로 분류하여 관리하고 계획서 작성 중 처리된 휴지는 반드시 소각 및 세절을 원칙으로 한다.

2. 경호계획의 포함요소

가. 통상 임무단계

경호임무를 지시받으면 진행 순으로 상황일지를 작성하기 시작한다. 일지에는 임무와 관련된 모든 정보사항 및 임무수행결과 도출된 모든 정보를 기록하며, 그 일지는 공문서로 간주되므로 주의하여 보존하여야 한다. 또한 그것은 근접 경호요원의 작용을 기록하는데 도움이 되며 행사결과 보고서의 준비를 용이하게 한다.

나. 행사일정

행사 및 방문일정은 경호대상자의 관계기관(의전부서)또는 행사 주관기관으로부터 획득한다. 획득된 일정으로 사전 예방경호 작용이 가능하도록 충분한 정보가 제공되고 있는지 판단을 하며, 또한 출발 및 도착일시, 수행원수, 경호대상자에 대한 의전사항, 방문지역 지리적 특성, 방문지역에서 수행원들이 거처할 숙소위치, 기동방법 및 수단 등을 고려한다.

다. 연락 및 협조

행사일정의 획득 및 토의에 이어서 행사주관 요원들과의 협의 사항으로는
① 악기 상을 대비한 행사일정 및 시간계획
② 행사 참석자 명단 및 행사에 있어서 경호대상자의 참석 한계
③ 경호대상자와 수행원들의 편의를 위한 시설 (휴게실, 화장실, 전화기 등)
④ 경호대상자가 증정하거나 또는 경호대상자에게 증정되는 선물
⑤ 언론의 보도여부 및 보도제한사항 등이 있다.

라. 위해분석

행사 일정이 진행되면서 유관기관과의 가능성 있는 위해요소를 확인 및 위해첩보 수집이 시작되며 이를 토대로 경호대상자의 안전에 지장이 초래된다고 고려되는 사항은 상세히 분석되어야 한다.

마. 계획수립 2단계

경호임무 지시를 받은 제 1단계에서는 최초의 정보 분석 결과가 경호계획에 포함되어야 한다. 또한 계획수립의 2단계로 경호대상자가 방문할 지역에 사전경호예방 팀이 현장답사를 함으로서 이루어지며, 결국 답사에 의해 분석된 내용은 경호계획에 취합되어 종합적인 경호계획서가 작성되고, 이 계획서는 경호요원에게 배포, 교육되어야 하며 원본은 별도로 보존해야 한다.

바. 경호 실시

이 단계는 경호대상자가 행사에 참석하기 위하여 출발지에서 출발 할 때부터 시작 된다. 그리고 경호대상자가 숙소나 관할권(집무실)에 도착하면 종결된다.

사. 경호평가

경호임무는 언제나 계획되고 의도된 대로 실시되지 않고 어떤 때는 전혀 다른

방향으로 진행되는 경우가 있어 경호행사가 종료된 후에 설정된 기준과 실적을 비교하는 평가가 필요하다. 평가는 경호임무의 최종단계로서 극대화된 효과를 위하여 가능한 한 임무가 완료된 직후에 평가가 이루어져야 한다. 평가의 목적은 진행 과정상의 문제점 및 해결책을 논의 하고 다음 경호임무 시 유사한 문제가 발생치 않도록 교훈을 제공해 줄 수 있어야 한다.

아. 행사결과 보고서 작성

행사결과 보고서는 경호임무 수행 중에 발생된 주요 강조사항을 기록하며 임무종료 직후 작성된다. 결과 보고서를 작성하는 데에는 경호요원의 메모와 일지, 그리고 부관, 의전 요원 중 느낀 점을 참고로 하며 직면했던 문제들과 이 문제들에 대한 해결책에 중점을 두어야 한다. 이렇게 모든 사항들을 종합적으로 취합하여 작성되어진 보고서는 보존해야 한다.

3. 경호계획에 필요한 첩보사항

가. 대상 및 주변인물 정보

(1) 경호 대상 인물에 대한 신상 및 대인관계
(2) 경호대상자가 환담할 상대의 신상
(3) 공적인 업무 또는 사적인 관계로 자주 만나는 사람의 신상

나. 일정정보

(1) 이동방법 및 출발, 도작일시
(2) 방문지역의 지리적 특성
(3) 경호대상자가 참석하는 행사의 활동범위
(4) 방문지역에서 경호대상자를 영접하기 위해 종사하는 행사요원 신상
(5) 기상변화에 따른 장소변경 계획
(6) 경호대상자 및 수행원들이 사용할 편의시설 (휴게실, 화장실, 전화기)

(7) 경호대상자가 증정하는 또는 증정 받는 선물(감사패, 상패, 꽃다발)

다. 기 타

(1) 행사에 수반되는 언론 취재범위
(2) 경호에 영향을 줄 수 있는 해당지역의 우발상황
(3) 행사장소의 약도 및 건축물 설계도면
(4) 출입이 허가된 자와 허가되지 않은 자

▶ 첩보수집

- 정치, 경제, 사회, 군사, 문화 등 각 분야별 경호와 유관한 첩보
- 도로변, 행사장 주변의 모든 정황에 관한 첩보
- 행사 참관자, 불만세력 등 특이한 동향첩보
- 거동 수상자에 관한 첩보

4. 경호 위해도 분류 및 이상유무 보고요령

가. 위해도 분류

구 분	위 해 도
1급	• 적의 공격이 발생된 위급한 상황 • 위험이 현저히 증가해지고 있는 상황 • 국, 내외적으로 사회영향에 큰 중요행사
2급	• 위험의 동기가 발생된 상황 • 정치, 사회, 군사적으로 체제가 심각하게 불안하며 가속화 되고 있는 상황
3급	• 원한, 불만관계에 있는 주변의 상황 • 정치, 사회, 군사적으로 불안한 상황 • 기 타

나. 경호 이상유무 보고요령

⑴ 최초보고(필요시 선조치, 후보고)

(가) 근무 장소 (책임구역) / 보고장소

(나) 발 생(발견) 시간

(다) 장 소

(라) 확인된 내용

⑵ 중간보고

(가) 상황 진행상태

(나) 대응 조치요원 도착 / 조치사항

⑶ 결과보고

(가) 상황 종료시간

(나) 확인된 결과

(다) 추가 조치요망 사항

제 2 절 행사 경호 계획과 대책

1. 행사 경호계획 세부수립

가. 행사일시 및 장소 (행사 계획서)

나. 행사의 성격 및 규모분석

다. 참석하는 귀빈 및 참석 예상인원 파악

라. 행사 시 사용될 건물 및 주변 환경에 대한 파악

마. 행사 일정에 따른 위해요소, 첩보, 정보 분석

바. 경호조 편성 및 각개 임무부여
사. 통제지역 및 주차장 운영계획
아. 관계기관(부서)과 협조사항
자. 기상의 영향

2. 위해도 기준에 따른 판단

가. 실제 필요인력 판단 (조편성 및 근무지 적격자 배치)
나. 경호운용에 필요한 장비판단 (적정장소 선정 및 소요 판단)
다. 지형에 따른 요원배치 지점판단 (노출 및 비노출)
라. 교통통제 지점판단 (경찰)
마. 차량 승 · 하차 지점판단(편의 및 안전우선)
바. 비상사태 대비책 강구를 위한 자료 수집, 판단(경찰지원사항)
사. 취약요소 및 대비책 판단

3. 경호계획 수립

가. 구체적이며 세밀한 계획
나. 실천 가능하며, 융통성 있는 계획
다. 유사시 대처할 수 있는 예비 및 비상 계획

4. 행사장 사전 점검

가. 경호대상자 차량의 정확한 도착지역 선정
나. 경호대상자 차량의 주차장소 선정
다. 경호대상자의 차량 이동 및 도보 이동 중 경호요원 선정 및 숙지사항

라. 경호대상자가 행사장에 입장할 때 이용하는 정확한 통로결정
마. 경호대상자가 이용할 엘리베이터의 위치 및 탑승용량
바. 경호대상자 일행이 사용할 휴게실 선정
사. 경호대상자가 개인적으로 사용할 수 있는 근접 전화기의 위치
아. 가장 가까운 소화기의 위치와 그 형태
자. 인근 소방서, 병원 등 기타 유관부서 위치 및 전화번호 파악

5. 경호계획 시 착안사항

가. 일반사항

(1) 행사규모 및 성격, 범죄 위해도에 따라 1, 2, 3등급으로 구분
(2) 초청대상은 등급별 통제시간
(3) 주차장 및 진입로
(4) 초청자 명단 및 서열 작성
(5) 행사 진행 및 안내원 배치
(6) 경호, 경비에 관한 법률 및 규정에 관한 조언
(7) 행사 주관기관 및 관계기관 협조
(8) 취약 대상에 대한 안전조사
(9) 경호와 관련된 첩보수집 및 정보판단
(10) 예상되는 집단행동에 대한 보안 활동
(11) 불순 세력에 대한 동태파악
(12) 행사참석 외국인에 대한 보안 활동
(13) 참석인원 및 차량비표 제작

나. 계획사항

(1) 경호경비 수행을 위한 안전 업무의 계획

(2) 경호임무 교육 및 훈련
(3) 경호 소요장비 판단 및 동원 계획
(4) 수송계획
(5) 지휘본부 지역 및 시설 배치계획
(6) 요원의 식사, 휴식, 교대 계획
(7) 기타 소요되는 예산 파악 및 계획 수립
(8) 통신망 구성 및 운용 계획
(9) 통신보안 계획 및 감독 계획
(10) 교통 통제본부 운영 및 시행 감독계획
(11) 거동수상수자 불심검문 및 검색
(12) 순찰조 운영계획
(13) 허가되지 않은 보도 통제계획

6. 관계기관 협조

가. 행사주관부서

(1) 경호에 필요한 협조사항

- 행사 세부계획서 확보
- 행사장 시설에 대한 설계도면 확인
- 행사장내 및 장외 안내 시설 확인

(2) 안내장에 삽입 할 내용

- 초청인사 명단 및 입장시간, 통제시간
- 휴대 또는 금지품목
- 초청 인사 및 차량 비표 표지
- 초정장 서열(좌석 배열 및 입·퇴장 순서)

(3) 보안

- 행사주관기관 행사요원에게 행사일정 보안유지
- 우범자 및 위해 상황 발생 시 신속 전달

(4) 통신

- 가능한 경호본부와 행사요원과의 통신 일원화
- 행사장 전역을 통제, 조정할 수 있는 통신망 구성
- 유선을 주 통신, 무선을 부 통신, 기타 예비통신으로 운영

나. 관계기관

(1) 경호 유관 첩보교환

(2) 교통통제

(3) 응급구조

- 119 구조대 협조
- 가까운 병원 파악

7. 행사 경호지역 구분

가. 통제지역

최초 통제지침에 의하여 시간, 공간, 인적, 물적 요소를 통제하는 수단으로 반 · 출입, 입 · 출입을 통제하는 지대를 말한다.

나. 제한지역

최초 제한지침에 의하여 시간, 공간, 인적, 물적 요소를 부분적으로 제한하거나 허용하는 지대를 말한다.

다. 일반인 허용지역

일반인의 출입을 수용하는 지대로서 관람석, 참관석 등을 말한다.

라. 외곽 경호지역

교통통제 및 경호경비를 실시하는 이동경로의 전 지역을 말한다.

8. 행사지역 통제 지침

가. 행사 지역 출입

(1) 행사당일 계획된 시간에 인원 및 차량 통제
(2) 차량 통제선을 설치 운영하고 등급별 시차제로 통제선 통과
(3) 승차 입장 표시 미부착시는 통제선에서 하차 후 도보로 입장

나. 행사장

(1) 사열대

- 승·하차선 적절히 운영(질서유지)
- 규정된 비표 착용 자에 한하여 지정 통로로 입장
- 각 통로 입장 시 점검
  - 지정된 소지품 외에 휴대 금지(임시 보관)
  - 입장 자에 대한 철저한 검문·검색 실시 (여성 출입자는 여성 검색 요원에 의한 검색 원칙)
  - 보도원의 취재용 기자재는 점검 후 확인 표시 부착

(2) 일반 관람객

- 사열대 및 단상접근 방지를 위한 통제선 운용

- 불심 검문 (거동 수상 및 의심스러운 자)
- 입장비표 진위여부 확인

⑶ 식장 주변 행동
- 보도원 행동 제한 및 통제
- 비인가자의 사열대(단상)를 향한 촬영금지
- 초청차량은 색상별, 차종별 주차장에 점검
- 시비 및 경호에 영향을 줄 수 있는 사항 점검

제3절 행사 경호조 편성 및 책임

1. 편 성 (예)

가. 경호본부 (경호상황실)

⑴ 경호경비 전반적인 책임
⑵ 각조 지휘, 통제, 감독
⑶ 관계기관 협조 및 연락 유지

나. 검색조

경호지역 안전조사 실시 및 안전 확보

다. 수행 경호조 (이동경호조)

이동 간 직접적인 신변보호 및 안내

라. 고정 경호조

(1) 경호대상자 체류 시 신변보호
(2) 담당지점 경호 및 외부인원의 접근 통제

마. 지역 경호 경비조

해당 구역 경호 · 경비 및 지역 내 외부 출입인원 통제

바. 교통 통제조

(1) 연도 경비 및 교통통제, 위험 및 취약지역 경비
(2) 주차장 정리 및 교통통제

사. 예비조

(1) 각종 장비를 휴대하고 유사시 즉각 출동할 수 있도록 지정된 장소 승차 대기
(2) 경호본부, 현지조장 및 경호요원의 통신망 구성

2. 임무/책임

가. 신변보호

(1) 사열대 및 단상 경호(경호대상자 중심)
(2) 유관기관 및 부서의 협조로 안전점검 및 안전확보
(3) 즉각 대처할 수 있는 비상대책 강구(보강 유지)

나. 행사장 경호경비

(1) 불순분자 침투방지, 검문검색 실시

(2) 인원 및 차량에 대한 비표 확인
(3) 행사계획에 따른 시간별 통제선 통제
(4) 행사장 주변 비행금지 조치
(5) 언론 및 보도기관 통제

다. 교통통제

(1) 예상 행차로 사전 안전점검
(2) 교통 저해요인 제거
(3) 시민통행의 불편 감소를 위한 시간, 구간 통제(경호대상자 통과 후 해제)

라. 행사장 정리

(1) 인원 및 차량에 대한 안내 및 신속한 조치
(2) 장내 질서유지(무단 이동, 소란, 통제지역 출입금지 등)
(3) 입 · 퇴장 시 안내 및 통로 유지 · 통제(상황에 따라 인원 배치)

마. 주차정리

(1) 귀빈차량 주차장 확보, 일반차량 분리 주차
(2) 비상로 확보(승 · 하차선 고려)
(3) 충돌방지 위한 완전 주차 후 다음 주차

3. 경호행사조직 (예)

〈조직표 1〉

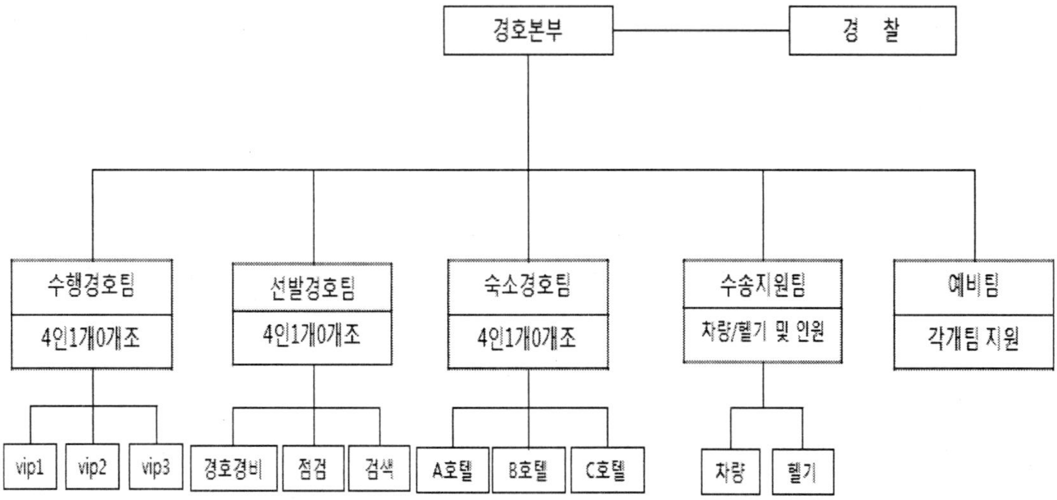

〈조직표 2〉

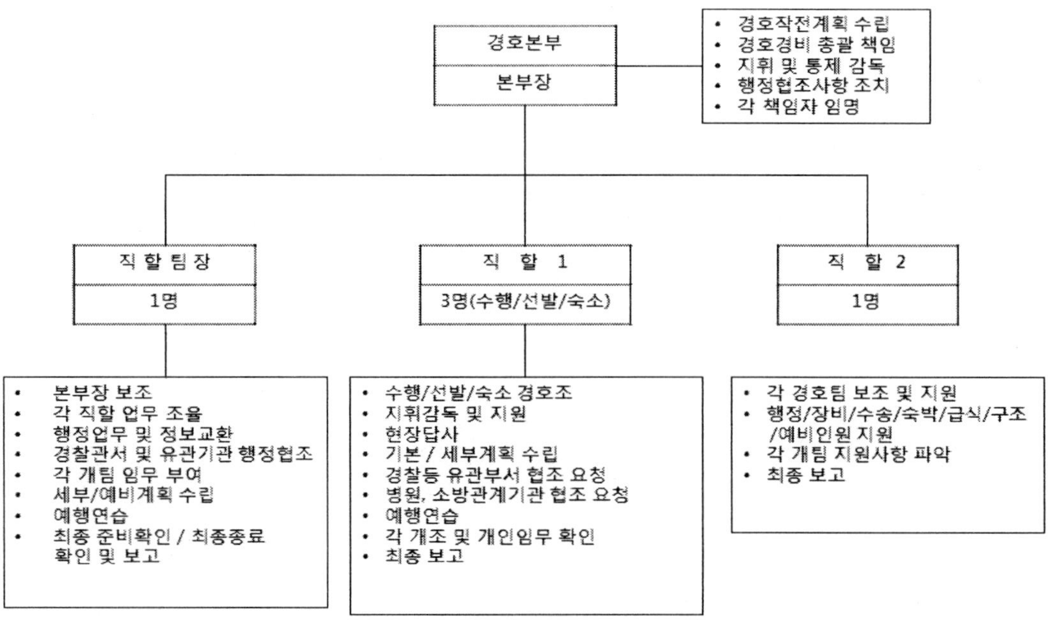

〈조직표 3〉

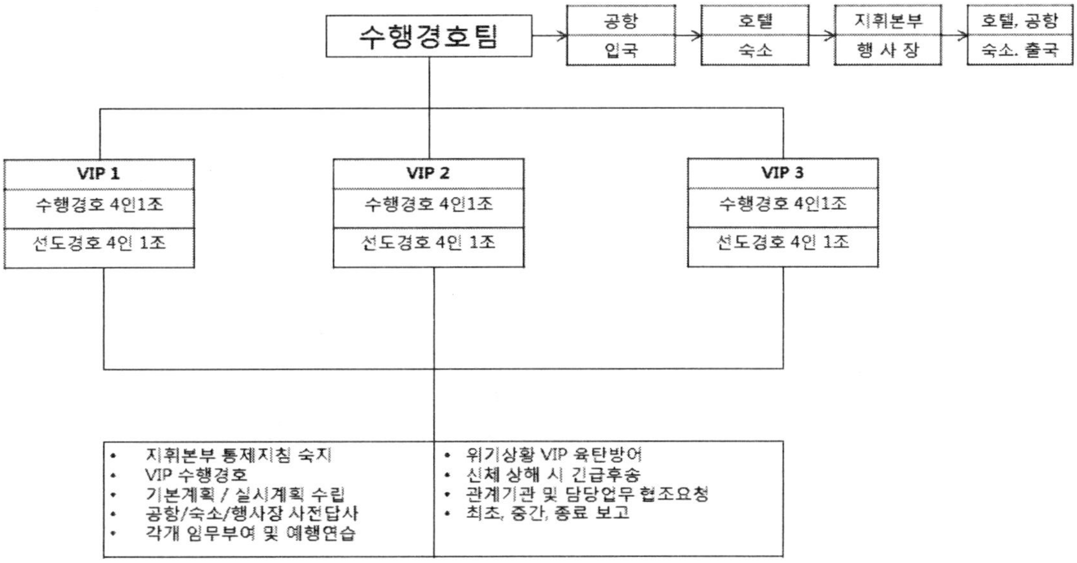
수행경호팀
공항
입국
호텔
숙소
지휘본부
행 사 장
호텔, 공항
숙소. 출국
VIP 1
수행경호 4인1조
선도경호 4인 1조
VIP 2
수행경호 4인1조
선도경호 4인 1조
VIP 3
수행경호 4인1조
선도경호 4인 1조
• 지휘본부 통제지침 숙지
• VIP 수행경호
• 기본계획 / 실시계획 수립
• 공항/숙소/행사장 사전답사
• 각개 임무부여 및 예행연습
• 위기상황 VIP 육탄방어
• 신체 상해 시 긴급후송
• 관계기관 및 담당업무 협조요청
• 최초, 중간, 종료 보고

〈조직표 4〉

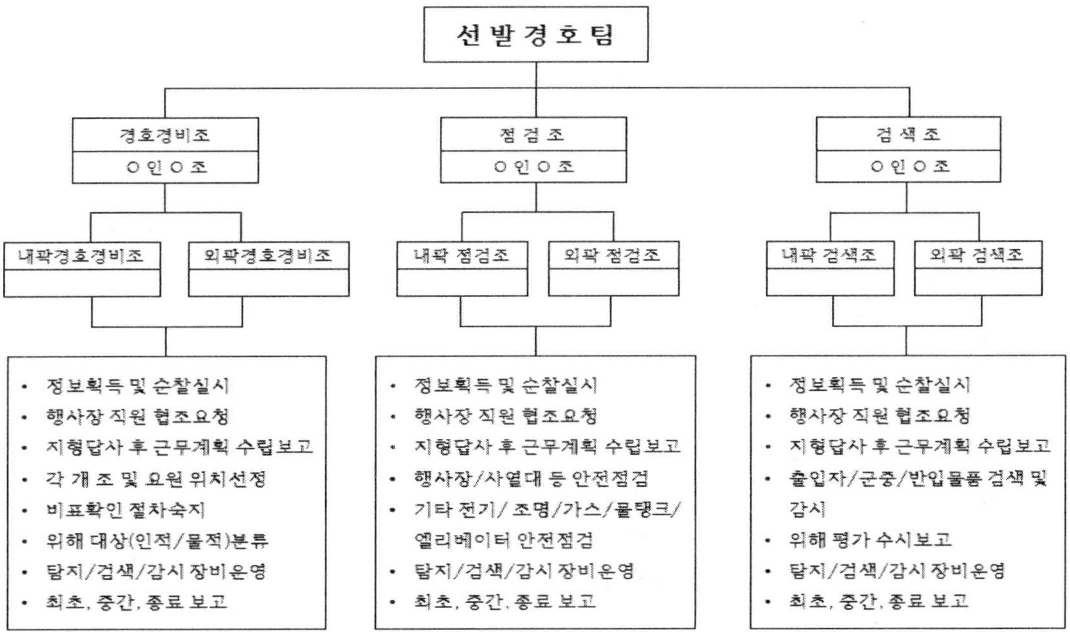
선 발 경 호 팀
경호경비조
○인○조
점 검 조
○인○조
검 색 조
○인○조
내곽경호경비조
외곽경호경비조
내곽 점검조
외곽 점검조
내곽 검색조
외곽 검색조
• 정보획득 및 순찰실시
• 행사장 직원 협조요청
• 지형답사 후 근무계획 수립보고
• 각 개 조 및 요원 위치선정
• 비표확인 절차숙지
• 위해 대상(인적/물적)분류
• 탐지/검색/감시 장비운영
• 최초, 중간, 종료 보고
• 정보획득 및 순찰실시
• 행사장 직원 협조요청
• 지형답사 후 근무계획 수립보고
• 행사장/사열대 등 안전점검
• 기타 전기/ 조명/가스/물탱크/ 엘리베이터 안전점검
• 탐지/검색/감시 장비운영
• 최초, 중간, 종료 보고
• 정보획득 및 순찰실시
• 행사장 직원 협조요청
• 지형답사 후 근무계획 수립보고
• 출입자/군중/반입물품 검색 및 감시
• 위해 평가 수시보고
• 탐지/검색/감시 장비운영
• 최초, 중간, 종료 보고

〈조직표 5〉

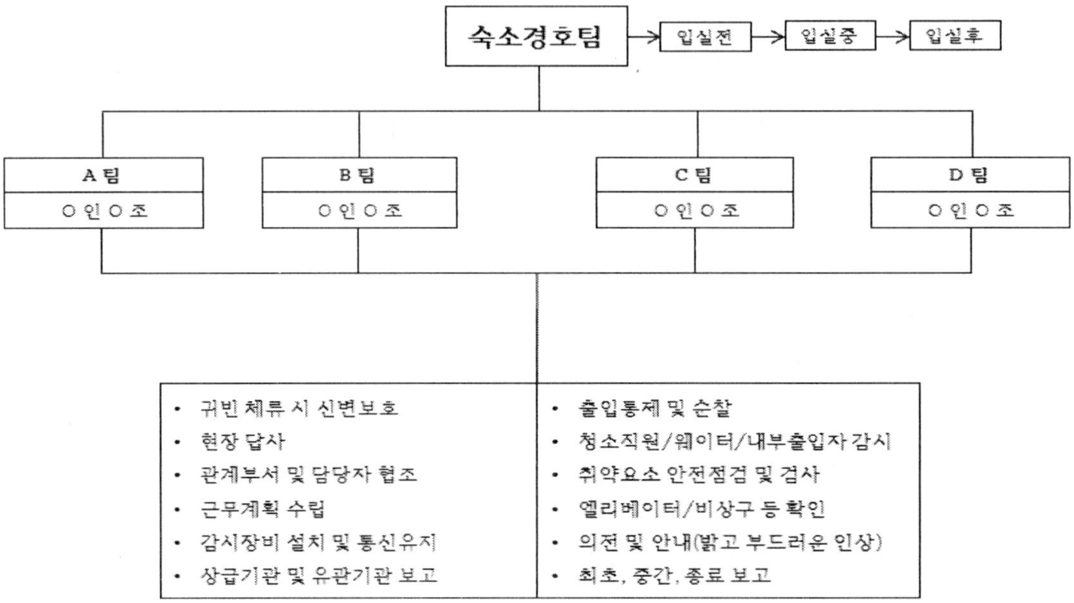
숙소경호팀
입실전
입실중
입실후
A 팀
○인○조
B 팀
○인○조
C 팀
○인○조
D 팀
○인○조
• 귀빈 체류 시 신변보호
• 현장 답사
• 관계부서 및 담당자 협조
• 근무계획 수립
• 감시장비 설치 및 통신유지
• 상급기관 및 유관기관 보고
• 출입통제 및 순찰
• 청소직원/웨이터/내부출입자 감시
• 취약요소 안전점검 및 검사
• 엘리베이터/비상구 등 확인
• 의전 및 안내(밝고 부드러운 인상)
• 최초, 중간, 종료 보고

〈조직표 6〉

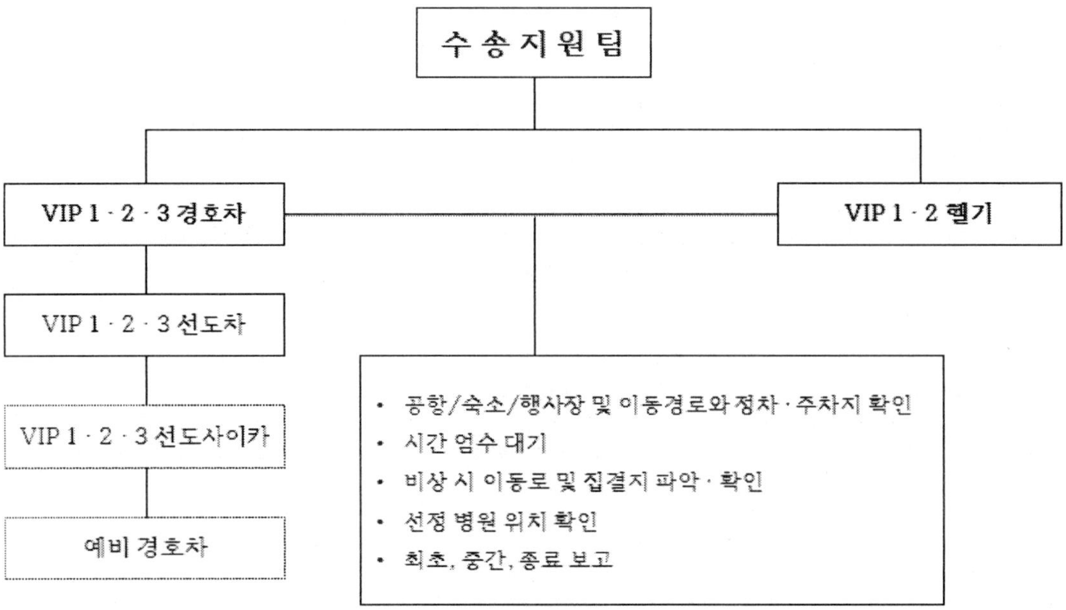
수 송 지 원 팀
VIP 1 · 2 · 3 경호차
VIP 1 · 2 헬기
VIP 1 · 2 · 3 선도차
VIP 1 · 2 · 3 선도사이카
예비 경호차
• 공항/숙소/행사장 및 이동경로와 정차 · 주차지 확인
• 시간 엄수 대기
• 비상 시 이동로 및 집결지 파악 · 확인
• 선정 병원 위치 확인
• 최초, 중간, 종료 보고

〈조직표 7〉

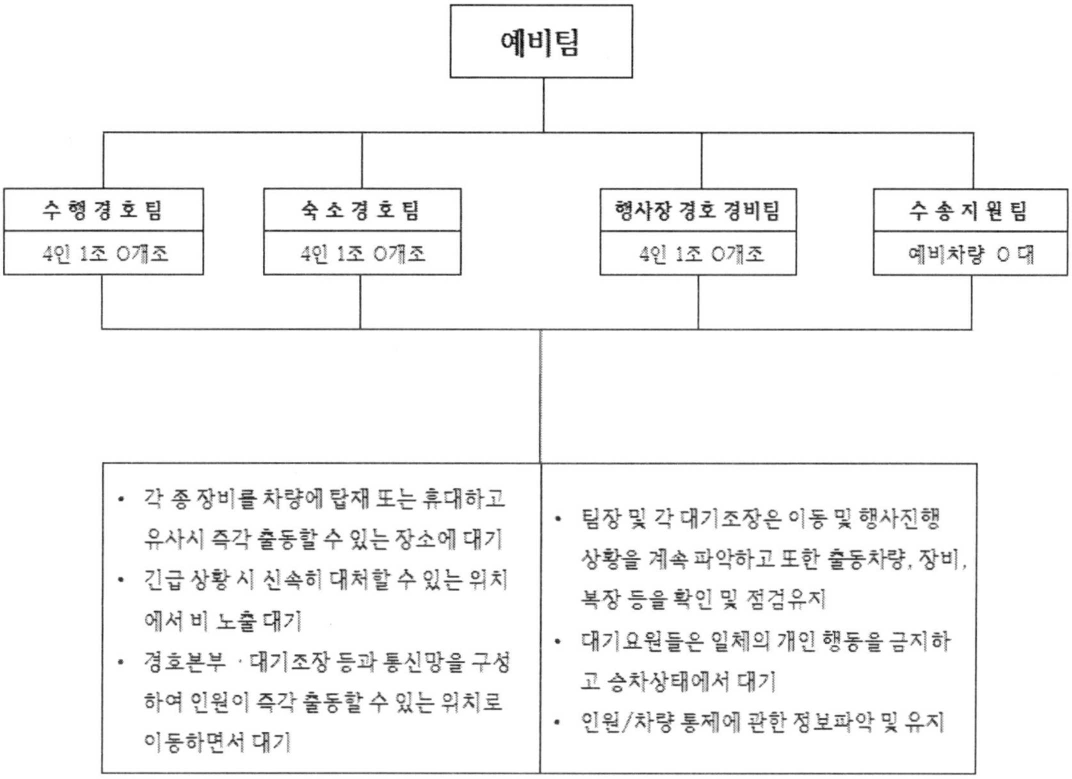
예비팀
수 행 경 호 팀
4인 1조 O개조
숙 소 경 호 팀
4인 1조 O개조
행사장 경호 경비팀
4인 1조 O개조
수 송 지 원 팀
예비차량 O 대
• 각 종 장비를 차량에 탑재 또는 휴대하고 유사시 즉각 출동할 수 있는 장소에 대기
• 긴급 상황 시 신속히 대처할 수 있는 위치에서 비 노출 대기
• 경호본부 · 대기조장 등과 통신망을 구성하여 인원이 즉각 출동할 수 있는 위치로 이동하면서 대기
• 팀장 및 각 대기조장은 이동 및 행사진행 상황을 계속 파악하고 또한 출동차량, 장비, 복장 등을 확인 및 점검유지
• 대기요원들은 일체의 개인 행동을 금지하고 승차상태에서 대기
• 인원/차량 통제에 관한 정보파악 및 유지

제5장 경호안전

제1절 경호안전작용

1. 안전점검

경호안전작용이라 함은 모든 인적, 물적, 지리적 위해요소를 파악하여 도출된 위해요소를 사전에 탐지, 봉쇄, 제거하고, 행사장에 대한 안전조치 후 현장 보존을 철저히 함으로써(폭발물 등 각종 유해물 탐지 제거, 지형지물을 이용한 저격 등의 위험사태 예방)허점이 없는 완전무결한 방책을 강구하여 경호대상자의 절대 안전을 도모하는 예방활동이다.

가. 안전점검 실시 요령

(1) 연도별

경호대상자가 통과하는 연도의 경호대상자의 이동로상의 도로변의 전체 시설물에 대한 폭발물탐지 등 안전조사를 정밀하게 실시한다(교량, 육교, 고가도로, 철도, 지하도, 맨홀, 아치, 건널목, 터널, 가로수, 전신주, 가로등, 공중전화 등).

(2) 행사장 및 숙소

행사장, 숙소로 구분하여 지형답사를 실시한 후 정확한 요도를 작성하고 대상물을 지정하여 위해요소 여부를 확인한다(승강기, 보일러실, 소방시설, 배선장치, 전원시설, 유류고, 탄약고, 기타 위험물 등).

나. 안전조사 실시요령

새로운 것이나 이례적인 것에 세심한 주의 및 집중력으로 발생 가능한 위험을 예상하여야 하며, 또한 경계구역을 통과하는데 사용될 수 있는 속임수, 위장, 가장, 구실 등을 철저히 파악하여야 한다.

경호의 안전작용이라 함은 모든 수단과 방법을 동원하여 각종 위해요소를 사전에 탐지, 봉쇄, 제거함으로서 빈틈이 없는 완전무결한 방책을 강구하며 경호대상자의 절대 안전을 도모하는 예방업무이다.

2. 안전 검사

가. 통제 대책

안전검사라 함은 안전검사, 안전유지의 3대 작용원칙에 입각하여 지형지물을 이용한 저격 등 의 위험을 배제하는 것으로, 행사시 이용 및 사용하는 건물, 시설, 기구 등에 대한 안전 상태를 검사하는 것이다.

(1) 인원에 대한 안전 검사

(가) 귀빈, 참석자 명단을 사전에 확보하여야 한다.

(나) 행사관련 인원들에게도 적절한 신원 조사 이후에 출입증, 비표를 발행해 줘야 한다.

(다) 행사장 또는 숙소로 반입되는 장비나 물건은 그 내용물에 대하여 조사 되어야 한다.

(2) 신원 확인

(가) 모든 출입자는 신원을 확인 할 수 있는 신분증명서를 제출하여야 한다.

(나) 최근 발생한 신분증명서의 특징

- 신뢰성 있는 기관에서 발행되어야 하며, 발행기관은 신분증 소지자의 신분을 보장 할 수 있어야 한다.

- 신분증 자체를 위조할 수 없도록 제작되어야 한다.
- 신분증은 위조, 변조될 수 있다는 가능성을 염두에 두고 세밀하게 확인하여야 한다.
- 낯선 사람의 외모, 행동과 업무 내용에 대한 제반 지식 등이 신분증에 적합한 사람인가를 면밀히 파악해야 한다.

(다) 불안한 모습인지 태도 등(행동과 표정)을 잘 관찰한다.

(라) 폭약, 뇌관, 도폭선 등을 숨기기 쉬운 곳은(복장, 신체전반) 검사를 해야 한다.

- 테러방지와 기술보안 등을 위한 검문검색 기술은 끝없이 진화하고 있다. 사용자의 신원을 확인하기 위한 기술과 함께, 위험물 반입을 원천 차단하기 위한 원천기술도 국내·외에서 속속 개발되고 있다.
- 얼굴인식은 눈과 눈 사이의 거리, 눈의 크기, 코와 입의 거리, 턱의 길이 등 이목구비의 크기와 비율을 점으로 된 데이터로 환산해 이뤄진다. 기존의 데이터와 새로운 데이터가 오차범위 내에 들어와야 동일인물로 판정, 통과를 허용하게 된다. 또 VIP나 전과자의 경우 얼굴 DB를 구축하면 공항이나 지하철에서도 그들의 출입 여부를 파악하고 주시할 수 있다.
- 행사장등에 구축된 얼굴인식 시스템은 복잡한 원리 때문에 안경을 썼다가 벗은 경우, 또 사진을 과도하게 수정한 경우에는 동일 인물임에도 다른 인물로 감지하는 일이 일어나기도 했다.
- 폭발물 등 위험물 반입을 방지하기 위한 기술은 더욱 정밀하게 발전하고 있다. 최근 미국행 화물 항공기에서 '소포폭탄'이 발견되면서 위험물 감지 기술에 대한 수요도 급증하고 있는 실정이다.
- 속옷, 모자, 높은 구두(하이힐) 속, 핸드백, 머리카락 속, 발목, 넥타이 속, 구두, 혁대, 장신구 등

나. 시설물 및 구조물에 대한 안전 검사

(1) 책임구역을 명확하게 구분하여 계속적으로 반복 실시하되, 중복해서 실시한다.

(2) 통로에서는 양측을 중점점검하고, 아래보다는 높은 곳을, 능선이나 곡각지등

의심나는 곳은 반복해서 검사 한다.

(3) 전기선은 끝까지 추적해서 확인 한다.

(4) 전기제품 같은 물건은 분해해서 확인하고, 확인이 불가능한 물품은 원거리에 격리 위치한다.

(5) 눈높이 이상의 대상물은 가능한 의자 또는 발판을 이용하여 직접 올라가서 반드시 검사한다.

(6) 쓰레기통 같은 무질서한 분위기는 청소를 실시한다.

다. 건물 및 구조물에 대한 조사

(1) 건조 년 수 및 재질, 용도 등을 파악한다.

(2) 건물 내·외의 제반 시설은 방재법으로 규정된 물건을 충족하고 있는지를 확인한다.

(3) 엘리베이터, 에스컬레이터, 주차장 등의 보안, 보수 관계는 철저한지 조사한다.

(4) 출입구 및 비상구의 편리한 사용이 가능한지 조사한다.

(5) 냉난방장치의 배관파이프 등을 두드리거나 청진기를 이용하여 조사한다.

라. 기계 및 설비 등의 유무

(1) 경호대상자가 머무르게 되는 모든 방과 복도, 엘리베이터 등 비상 대피로를 확인한다.

(2) 열쇠 보관 상태 및 외부로부터의 침입이 용이한 나무, 건조물, 전봇대 등이 있는가를 확인한다.

(3) 폭발물, 독가스, 화재위험성 시설여부를 확인한다(재해 사고에 대비한 소화설비, 피난용 기구, 설비의 안전 여부 등을 철저히 조사).

마. 실외의 검사

(1) 주변 환경이 번화가, 높은 건물이 밀집된 빌딩, 주택가, 공단 지역인가를 확인한다.

(2) 교통 및 주요 도로와의 관계 및 부근에 화재 또는 폭발사고 위험이 있는 시설은 없는지를 조사한다.
(3) 긴급 피난에 대비할 대피 장소는 어디에 있는가 등을 확인 조사한다.

바. 외부인 출입사항

(1) 각 요일별 내방객의 신상확인, 차량의 출입현황, 주된 반·출입 물품 등을 파악한다.
(2) 전기, 가스, 수도 등의 공사 관계자 출입, 건물수리, 개조공사 등을 위한 작업원의 출입유무 등을 조사의 대상으로 하여 철저히 파악한다.

3. 안전유지(검측)

경호행사 시 경호대상자에게 위해를 줄 수 있는 각종요소를 안전하게 유지, 관리하는 것을 말하며, 이것은 검측에 의한 즉, 경호대상자에게 위해 여건을 제공할 수 있는 자연 및 인공물에 대하여 위해를 가할 수 없는 상태로 전환시키는 것이다.

제 2 절 경호순찰

순찰은 경호담당요원이 개괄적인 경호임무의 수행과 해당지역 및 장소에 대한 정황을 파악하기 위하여 해당 장소와 일정한 지역을 순회 시찰하는 활동으로 외근근무 중에서도 가장 대표적이며 기본적인 근무로서이다. 특히 공격자의 경우 아무리 시설에 대한 방책을 완벽히 하였어도 교묘한 침입방법과 수단을 강구하기 때문에 담당 경호원의 빈틈없고 철저한 사명감 있는 순찰활동이 중요하다.

▶ 감각기능을 동원한 순찰

시각 · 청각 · 후각 · 미각 · 촉각의 감각기능을 이용하여 철저한 순찰을 실시하여야 한다. 즉 아무리 작고 사소한 것이라도 지나치지 말고 놓치지 말고 정밀하고, 철저히 확인하여야한다.

(1) 시각 : 시각을 통하여 외부의 물체의 크기 · 형태 · 빛 · 밝기 등을 비롯하여, 공간에 있어서의 위치와 운동, 거리, 조명, 물체파악을 한다.
(2) 청각 : 귀는 많은 종류의 소리와 자극에 반응하고 식별할 수 있는 능력을 지니고 있다. 따라서 말소리, 움직임소리 등에 의하여 거리, 방향, 위치를 파악한다.
(3) 후각 : 후각의 세기는 냄새를 발산하는 물질의 농도와 후상피 위를 흐르는 속도에 비례한다. 후각은 자극이 오랫동안 계속되면 쉽게 순응(adaptation)하여 소실되지만, 다른 종류의 냄새에 대해서는 다시 반응할 수 있다. 각종 냄새(불에 타는 냄새, 기름 냄새 등)를 확인, 탐지한다.
(4) 미각 : 사람의 감각 중 혀를 중심으로 한 구강 내에서 느끼는 접촉감각이다. 식량, 빵, 쌀과 같은 음식 부스러기를 확인하여 침입, 잠복여부를 확인할 수 있다
(5) 촉각 : 동물의 경우 촉수용기에 압력이나 견인력이 작용함으로써 유발되기 때문에 풍향, 온도, 습도 또는 손이나 발로 눌러 은폐, 엄폐된 것을 확인가능하다.

1. 순찰 시 유의 사항

1) 범죄예방활동을 포함한 모든 경호활동의 목적이 순찰을 통하여 달성된다고 한다. 통상적으로 경호경비임무에 있어서 경호원들에 의해서 수행되는 순찰활동은 경호활동의 핵심영역으로 인식되고 있다. 순찰의 종류로는 순찰노선에 의해 정선 순찰, 난선순찰, 요점순찰, 구역순찰 등으로 구분되며, 수단에 따라 도보순찰, 자동차순찰, 싸이카 순찰, 자전거순찰 등으로 구분 된다

2) 순찰시 준수해야하는 사항으로는 우선 왜 순찰을 실시하는지에 대한 목적과, 무엇을 중점으로 실시하여야 하는가하는 착안사항을 명확히 정하고 실시하여야 하며, 돌발적인 상황에 대비하기 위하여 상황실과의 유무선 통신체계를 유지하고 실시간 상황은 항상 교신이 되어야 한다. 특히 소속 조원들과 항상 연락체계를 유지하고, 이상발생 시에는 책임자에게 무전 등으로 즉시 보고하고 그 원인을 찾아 규명한 후 지시를 받아 다음 행동에 대비한다.

3) 필요한 장구를 점검하고, 필요시 적절한 조치를 취하여야 하며, 침투가 용이한 취약지점을 집중 확인하여야 한다. 필요한 경우를 제외하고는 일반적으로 비노출상태에서 소음을 내지 말고 은밀히 순찰을 실시하고, 평소와 다른 변동된 경치나 차이나는 요소들을 점검한다.

2. 내부 순찰

가. 창틀, 문틀의 안 보이는 곳에 명함등 종이를 끼워두어 이상 유무를 점검하고, 소등 및 관건 장치를 확인한다.
나. 계단, 통로, 화장실 등 침입자 은닉 가능 장소를 철저히 점검한다.
다. 소방, 냉 · 난방시설 및 가스, 전기, 수도전 시설의 확인 점검한다.
라. 창문, 셔터 등 시설 및 부대시설의 파손, 개소를 발견한다.
마. 처음순찰시의 상태에서 변화된 사항을 확인한다.
바. 중요 시설의 시 건 여부를 확인한다.
사. 무단작업자 파악 및 통제를 실시한다.

3. 외부 순찰

가. 외부로부터 침입에 이용될 수 있는 전신주, 나무, 담 벽, 인접 건조물 등을 점검한다.

나. 주변의 배회 자, 불법침입자, 잠복자의 발견과 조치관건 상태를 점검한다.
다. 관상수주위 등(정원포함)을 점검한다.
라. 옥외조명등 상태 및 외벽파손 여부 등을 점검한다.
마. 휴지소각장, 쓰레기 하치장점검을 실시한다.
바. 인근 거동수상자 접근 유무를 파악한다.

4. 경호임무 및 순찰 중 거수 자 발견 시 행동

가. 거수 자 가 경호원에게 노출됨을 모르도록 자연스럽게 행동한다.
나. 상관 또는 인근 동료에게 은밀하고 신속하게 알린다.
다. 거수자의 곁을 떠나지 말고 적당한 간격을 두고 감시한다.
라. 범행에 착수하려는 움직임 발견 시 즉시 경호신호 후 범인을 추적, 체포한다.
마. 대적은 불가피한 경우에만 하고 보복 공격은 하지 않는다.

5. 경호순찰의 구분

가. 경호 및 경비

경호(警護)란 호위와 경비를 의미하며, 정부요인과 국내외 중요인사 등 피 경호자의 신변에 대하여 직접 또는 간접으로 가해지려는 위해를 미연에 방지하고 위험요소를 사전에 제거하는 한편 피 경호자의 안전을 도모하기 위한 활동을 말한다. 경호의 법적근거는 경찰관직무집행법, 대통령 경호 처 법, 전직 대통령 예우에 관한법률, 경호규칙, 대통령경호안전대책위원회규정, 경호편람 등이 있으며, 특히 경찰관직무집행법 제2조(직무범위)에서 명시하고 있는 경비·요인경호 및 대간첩작전의 수행은 경호경비의 중요한 법적 근거이다.

나. 경호원이 주간과 야간 근무 시 어느 경호 원칙 및 기술을 적용하느냐 하는 것은 다음 사항을 고려, 가시도에 따라 달라진다.

다. 은폐 및 엄폐

(1) 은폐는 단순히 자신의 모습을 숨기는 피탐거부(관측거부)에 해당하며, 엄폐는 적 화력으로부터 보호 받을 수 있는 조치를 취하거나 이에 준한 물체 등으로부터 보호를 제공 받는 상태, 즉 피탄 거부이다. 결국 두 단어의 차이는 피탐, 즉 탐지되는 것으로부터 회피하느냐 아니면 피탄, 즉 화력에 대한 노출 및 피격을 회피하느냐의 차이라고 할수 있다.
은폐와 엄폐의 차이를 굳이 가르자면 은폐는 '숨기다'로 대체할 수 있고, 엄폐는 '가리다'로 대체할 수 있다.을 즉 엄폐란 적의 직사화기 사격으로부터 방호되고 예방하는 것을 말하며, 자연 엄폐물과 인공 엄폐물이 있다. 그러나 경호원은 자연 엄폐물을 잘 이용하는 기술을 습득해야 한다.

(2) 불필요한 동작, 반사체노출, 공제선을 피해야 하며, 낮은 자세, 잘 알고 있는 윤곽변화, 정숙 등은 유의해야할 사항이다.

라. 기만 및 역기만

(1) 기만이란 적이 획득할 수 있는 증거 및 징후를 아군의 목표 달성에 유리한 방향으로 행동하도록 조작, 왜곡 또는 창조함으로써 적으로 하여금 그들에게 불리한 방향으로 착각을 일으킬 수 있도록 반응하도록 유도하는 모든 방책으로서 상대방이 오판하게 하거나 관심을 다른 방향으로 전환시키게 하도록 고안된 수단

(2) 역기만이란 적의 기만으로부터 방호하는 것으로서 획득할 수 있는 증거 및 증후를 조작·의혹 또는 창조하여 결국 그들에게 불리한 방식으로 반응토록 유도하는 방법으로 가능한 모든 방법을 사용한다. 위장접근, 의도적 접근, 다른 목표공격, 허위명령하달, 위장신분증 사용 등은 역기만시 사용할 수 있는 방법이다.

(3) 기만 효과

2015년 발생한 목함 지뢰 사건은 북한의 대표적 기만전술이라 할 수 있다. 북한군은 2014년 말부터 10~20여 명씩 몰려다니다 일부가 MDL을 침범했다가 빠지는 이상 행동을 보이는 것이 식별되었었다, 그러나 당시 우리 군은 북한군의 이런 행동을 "담력을 키우려는 의도"로 분석하기도 했다. 그러나 결과적으로 이는 '지뢰 도발'을 위한 기만전술인 것으로 드러났다. 이 때문에 우리 군의 DMZ 감시체제에도 허점이 노출됐다는 지적이 나왔었다. 이처럼 기만전술은 함으로써 얻을 수 있는 효과는 범죄자의 공격을 타 방향으로 전환, 집중시키며, 범죄자로 하여금 오판을 하게 된다

바. 감시 및 관측

(1) 관측의 의의

육안(肉眼) 또는 망원경등장비등으로 자연 현상의 추이(推移), 변화를 정확하고 세밀하게 관찰하여 수량적(數量的)인 측정을 행하는 것을 말한다.

(2) 관측 요령

- 관측은 먼저 전체적인 숲을 보고 다음으로 숲속 개개의 나무를 살피는 식의 요령이 필요하다. 즉 전체에서 부분으로, 자신의 앞부분 중앙에서부터 먼 곳으로, 가까운 곳에서 먼 곳 으로, 50m 씩 나누어서, 좌에서 우로, 의심나는 곳은 반복해서 실시하여야 한다.
  또한 신속하고 세밀하게 관측하고, 평소와 다른 비정상형태의 색채와 윤곽 그리고 이동 상황에 대하여 관측하여야 한다.
- 야간 관측 및 감시 요령
  칠 흙 같이 어두운 야간에는 모든 육감과 상황인지 능력을 총동원 하여 작전을 수행 해야만 한다. 낮은 곳에서 공제선 투시, 한 곳에 집념, 장시간 관측하지 말 것, 오관을 최대 활용하여 사소한 소리에도 주의 하는 게 중요한 요령이다.

제3절 경호 통제 및 출입 관리

경호통제 및 출입관리는 경호경비 지역에 대한 불순세력 접근을 차단하고, 외부 방문자의 출입에 관한 사항을 사전파악(방문자확인, 출입목적, 반입품, 시간, 출입카드 등)하여 점검하는 행동이기 때문에 한 치의 오차 없이 철저하게 진행하여야 한다. 이 과정에서 가장 고려해야 하는 것은 "시민들의 불편을 최소화하면서도 행사안전에 빈틈이 없도록 경호역량을 집중시키는 것이다. 일례로 최근 2010년11월11일-11월12일 이틀간에 서울에서 개최된'G20정상회의' 기간 중 실시한 'G20 종합치안대책'을 사례로 살펴본다. 당시 경찰에서는 행사장인 코엑스를 중심으로 반경 2㎞ 내외를 경호안전구역으로 설정해 집회·시위를 전면 금지하였으며, 교통통제도 실시하였다.

1. G20 종합치안대책 세부내용

◇ 경찰 총력대응체제 구축

▲ 10월22일 전국 경계강화 / 11월1일 서울 을호비상 / 11월6일 전국 갑호비상

▲ 역대 최대 경호경비 인력 동원 : 5만여명

◇ 회의장(코엑스) 경호경비

▲ 경호안전구역 설정 등

- 반경 2km 내외 1·2·3선 경호안전구역 설정
- 테러·차량강습 등 경호위해요인 차단 위해 필요최소한 범위내 방호시설 설치, 일반인·차량 출입 통제
- 코엑스 건물외곽은 '전통 담장형 분리대'를, 무역센터단지 외곽(현대백화점 제외) '녹색 펜스' 설치
- 코엑스반경 600m 권역에는 검문검색을 강화. '담쟁이라인'을 상황에 따라 탄력적으로 운용

▲ 경호안전구역 내 통제

- 11월10일부터 코엑스 지상건물에 대한 일반인 출입제한
- 11월12일 0~22시까지 무역센터단지 내곽 전체에 일반인 출입이 전면 통제. 반경 600m 권역 통행시 검문검색 강화
- 11월12일 무역센터단지 내 상근자 및 상인들에 대해서는 별도 출입증을 교부, 출입을 허용. 차량이용은 제한
- 11월12일 6~23시까지 3.6톤 이상 화물차량, 건설기계, 고압가스 탱크로리, 폭발물 운반차량 등 강남·송파 일대 통행 제한
- 11월8~12일 경호안전 구역 내 'G20 정상회의 경호안전을 위한 특별법'에 의해 집회시위 제한

▲ 주민 통행 편의 대책

- 무역센터 단지 내 상근자·종업원 등에 별도 출입 ID 카드 발부
- 코엑스반경 600m 권역내 거주민 및 상근자 주민등록증에 출입스티커 부착. 소지자는 신원확인과 간이검색만 받고 간편하게 출입 조치 예정
- 출입스티커 발부받지 않은 사람 통행시 검문검색을 받게 되고 신원이 확인되지 않을 경우 출입 제한

▲ '친환경 녹색 경호' 실시

- 자전거 순찰대(30명) 및 삼륜 전기차 순찰대(20명)를 편성
- 코엑스 주변을 기동성이 있으면서도 친환경적인 순찰 실시

◇ 대테러 안전대책

▲ 국내외 유관기관(국정원, 인터폴 등)과 정보 공유체계 활성화

▲ 개인소지 총기 일제점검 실시 후 행사종료 시까지 경찰관서 임시영치

▲ 화약류는 11월9일부터 경호안전 구역 내 사용 금지

▲ 지하철 등 테러취약시설 안전강화(전국)

▲ 테러신고보상금(최고 5000만원) 운영, 대테러 주민신고 시스템 강화

▲ 한강순찰대, 해경(지원) 합동 한강 강상순찰 및 교각 안전확보
▲ 사이버테러 전담수사팀 운영, 해킹·악성코드 유포 특별단속

◇ 집회시위 관리대책

▲ 경호안전구역 내 집회시위는 'G20 특별법'에 의거, 제한
▲ 경호안전구역 외의 평화적 집회시위는 적극 보장
▲ 외국인 입국시 행사관련 통제 및 유의사항을 담은 안내문을 배포, 외국인 불편사항 최소화 및 불법행위 억제

◇ 교통관리 대책

▲ 코엑스 주변도로 통제
- 11월12일 0~22시, 영동대로 및 테헤란로는 1/2 통제
- 봉은사 · 아셈로는 하위 1개차로 제외 전면 통제
- 봉은사로와 아셈로 주변 거주민 · 상인 · 상근자를 위해 하위 1개차로 통행

▲ 11월10~13일, 정상 이동구간 한시적 통제

▲ 행사별 정상 제대 이동이 중복되는 주요도로를 G20전용로로 지정, 특별 교통관리

▲ 교통량 감소 정책
- 11월12일 환경부, 지자체 등과 '승용차 없는 날' 실시
- 관계기관과 협의 행사기간 중 초 · 중학교 휴업 또는 지연등교, 출근시차제, 관공서 자가용 출퇴근 제한, 대중교통 증편 추진
- 강남권 '차량 2부제' 적극 검토

▲ 효과적인 교통관리

- 행사장 주변과 주요 교차로 등에 교통경찰 1500여명을 집중배치, 소통위주의 유연하고 탄력적인 교통관리 실시
- 교통 CCTV 8개소 추가설치
- 경찰헬기 8대 동원, 지·공 입체적 교통관리

▲ 교통통제 정보안내

- 통제 입간판 및 플래카드 1000여 개소 설치
- 실시간 교통 정보제공, 우회로 안내

◇ **민생치안대책 등**

▲ 행사기간 중 민생치안 강화

- 전국경찰 비상근무 실시, 지구대·파출소 등 지역경찰 2부제 근무 전환
- 자율방범대, 생활안전협의회, 경우 회 등 치안 보조 인력으로 활용, 민생치안 보강
- 회의장 주변을 '치안강화구역'으로 지정하고 특별방범활동 실시 및 형사활동 강화

▲ 통역 경찰관 등 활용, 외국어 서비스 제공

- 외국어 통역 경찰관 행사장 및 112신고센터 등에 배치(300여명). BBB통역서비스와 협조 체류외국인들에게 불편이 없도록 조치

2. 핵 안보 정상회의 시 출입 관리

가. 2012년 이틀 동안(3월 26일 ~ 27일) 서울에서 진행된 2012 핵 안보정상회의 역시 각국의 정상들이 모이는 만큼 경호와 안전에 만반의 준비를 갖추고 행사를 진행하였음. 안전을 기하기 위해 행사장 주변 도로는 전면 통제되었

고 행사장 내부에는 허가된 사람과 차량만 출입이 가능하도록 하고, 특히 행사장 입구에는 민간경비회사의 출입관리 시스템과 경호원들이 배치되어 있어 출입 등록이 되지 않은 사람은 일체의 출입이 불가능하였음.

나. 핵 안보정상회의는 53개국 정상들이 모인 행사로 각 국의 정상과 수행원, 전 세계 기자들까지 수백, 수천명이 모이는 대규모 행사로 많은 사람들 사이에서 출입 가능한 사람과 아닌 사람을 어떻게 구별하기가 가장 힘든 일이었음. 2012 핵 안보 정상회의시의 출입을 담당하였던 민간경비회사의 "보행자 출입관리 시스템"사례임.

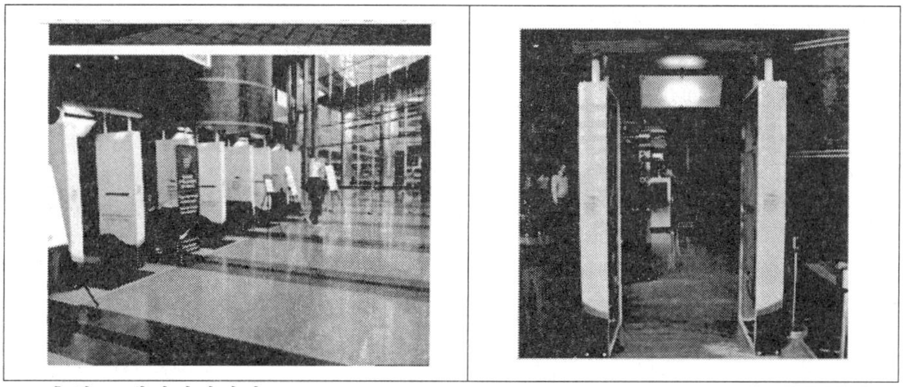

※ 출처 : 네이버이미지

핵안보정상회의에 설치된 보행자 출입관리 시스템

다. 특히 2012년 핵 안보 정상회의 행사장 전 출입구에 설치되어 큰 역할을 했던 "보행자 출입관리 시스템"은 무선인식(RFID) 기반 출입 게이트와 최첨단 얼굴인식 기술을 결합하여 만든 최첨단 시스템이었음.

1) 이 시스템은 우선 행사 참여자들은 본인의 신원 정보가 입력 된 RFID 목걸이를 발급 받은 후 이 목걸이를 착용하고 행사장에 설치된 "보행자 출입관리 시스템"을 통과하게 되면 발급된 RFID로 1차 인증을 하고 이 RFID에 부합되는 사진과 카메라가 촬영한 영상을 대조하여 2차 인증을 진행 하게 됨. 보안 절차가 2차로 진행된다는 점이 안전측면에서 장점.

2) 다른 지문, 홍채 인식 시스템은 인증을 위해 단말기 앞에서 잠시 멈춰야 하기 때문에 출입 시간이 지체될 뿐만 아니라 장치에 얼굴이나 손가락을 위치 시켜야 하는 번거로움이 있는 반면에 "보행자 출입관리 시스템"에서 사용되는 얼굴인식 시스템은 카메라가 포착한 얼굴 영상정보를 이용하기 때문에 인증을 위해 멈추지 않고 자연스럽게 이동하면서 인증이 가능하여, 많은 인파로 북적이는 대규모 행사시 혼잡이 없이 원활한 출입 관리를 진행가능.

3. 출입통제 및 관리 유형

사람, 물품, 차량에 대한 출입통제 및 관리와 안내로 구분하여 실시한다.

가. 사람에 대한 출입통제 및 관리(검문검색 : 檢問檢索)

(1) 검문(檢問)이란 검사하고 묻는 것을, 검색(檢索)이란 검사하고 색출(조사)함을 뜻한다. 검문검색이란 경찰관이 거동이 수상하다고 인정되는 자를 그 장소에서 정지시켜 질문을 실시하는 것을 말한다. 즉, 경찰관이 범죄의 예방과 이미 발생한 범죄의 진압 및 제지 그리고 범인검거를 위해서 실시하는 직무수행 방법이다. 검문검색은 경찰관직무집행법에 규정된 대인적·대물적·대가택적 강제수단으로 행정경찰상의 즉시강제 수단의 하나로 종류에는 고정검문검색, 유동검문검색, 일제검문검색, 특별검문검색 등이 있다.

(2) 검문 시에는 소속과 직책, 성명 등을 밝히고 검문의 사유를 고지하여 검문 대상자가 문제를 제기하는 사례가 없도록 노력하여야 하며, 단지 협조를 구하는 대상으로 항상 친절한 태도와 공손한 언행으로 대하여야 한다. 특히 증거인멸, 도주 등에 대비하고 수상한지 여부를 예리하게 발견하도록 치밀하고 침착한 자세가 필요하다.

4. 물품 반, 출입 관리

시설에 반입한 물건과 반출한 물건을 비교하여 의심 가는 사항에 대해서는 세부적으로 확인하여, 불순 물자의 반 출입을 사전에 차단하여야 한다. '포스코' 경우 2015년에 최첨단 관제 솔루션을 갖춘 통합방호센터를 개소해 제철소 보안수준을 한 단계 업그레이드 하였다. 개소한 통합방호센터(IPC; Integrated Protection Center)는 유사시 관련기관과의 신속한 공조를 위해 과거 독자 운영되던 제철소 방호상황실과 예비군연대 방호상황실을 통합한 것으로 국가 중요시설인 포항제철소의 모든 시설경비와 출입관리를 관할 할 수 있도록 최첨단의 지능형 모니터링 시스템을 신규 도입한 대표적 사례이다.

종전의 42인치 LCD 모니터를 55인치 LED·LFD (Large Format Display) 모니터로 전량 교체해 실시간 경비시스템을 한층 업그레이드한 이 시스템은 새로 설치된 통합 컨트롤러를 이용해 제철소 곳곳의 인원. 차량 출입관리, 물품 반 출입 확인. 통제 등을 한눈에 확인하도록 하였다.

5. 차량의 출입통제 및 출입관리(사례중심)

가. 정부중앙청사 침입방화 투신사건 사례

2012년 10,14일 서울 세종로 정부중앙청사 18층 교육과학 기술부 사무실에서 김모(61)씨가 불을 지르고 투신해 숨졌다. 당시 국무총리 실 등 국가주요기관이 위치한 정부중앙청사의 보안은 18층에 불을 지르고 투신하는 사건이 발생 할 때까지 3중에 걸친 보안 시스템이 이를 전혀 막지 못하는 심각한 허점을 드러냈다.

사고자는 오후1시15분쯤 실제와 유사한 출입증을 목에 걸고 아무런 의심 없이 후문을 통과 했고, 휴일이라 금속 탐지기는 꺼져있었고, 경찰이나 방호원도 근무를 서지 않아 아무런 제지를 받지 않고 청사 건물내부로 들어 갈수 있었다. 또한 정부중앙청사 사무실로 가는 마지막'스피드 게이트'를 열린 곳으로 향해 방호원에게 출입증을 보여주고, 아무런 의심도 받지 않은 채 정부중앙청사의 3중 보안망을 통과했고, 18층 교육과학 기술부 사무실에 불을 지르고, 투신하기까지 경계가 뚫린 사실을 아무도 알지 못했다.

이사건과관련, 정부는 정부청사 출입시스템 보강, 출입증 및 외부 방문자 관리 철저, 보안관련 지침과 매뉴얼 정비, 청사 외곽경비 강화, 경비대·방호원·직원 보안교육 강화 등의 내용을 담은 정부청사 『출입보안 및 경비체계 강화 대책』을 다음과 같은 내용으로 발표하였었다.

* 10.15일 발표한 보안검색 강화, 공무원증 패용 의무화 등의 대책은 기 시행 중

〈 첫째 〉 정부청사의 출입시스템을 보강 한다

현재 중앙청사의 1개소에서만 운영 중인 스피드게이트(자동인식 출입시스템)를 과천·대전청사로 전면 확대 설치(중앙 · 과천 · 대전청사 內 출입문 전체 21개소)하는 한편, 정부청사에 설치된 CCTV에 대한 상시 모니터링을 강화할 예정이다.

※ 세종청사는 16개소에 旣 설치

또한, 4개 정부청사(중앙 · 과천 · 대전 · 세종)에 칩이 내장된 공무원증을 통해 출입자를 자동 확인할 수 있는 화상인식 출입시스템 도입을 적극 검토할 예정이다.

〈 둘째 〉 출입증 및 외부 방문자 관리를 철저히 한다.

청사 출입 공무원 및 상시 방문자를 대상으로 재직여부 정기 확인 등 청사 출입자 관리에 만전을 기하고, 민원인 등 외부 방문객의 청사 방문 시 불편을 최소화할 수 있도록 금년 중 정부중앙청사에 기설치 운영 중인 민원안내실과 별도로 청사 내에 '민원인 접견실'을 설치·운영할 계획이다.

현재 전자공무원증에 부착된 IC칩에 대한 보안성을 한국조폐공사 등 관계기관과 협조하여 주기적으로 점검토록 했으며, 위 · 변조 공무원증으로 청사출입을 시도한 자를 적발할 경우 공문서 위변조 행사죄를 적용, 경찰에 즉시 수사 의뢰할 예정이다.

※ 위 · 변조 공무원증 적발 시, 공문서 위조(형법 제225조) 및 동행사죄(제229조) 위반 처벌

〈 셋째 〉 매뉴얼을 상황별로 정비하고, 표준보안지침을 마련한다.

관련 지침과 매뉴얼을 상황별로 세분화하여 정비하고, 관계부서장 연석회의를 정례화 한다. 정부종합청사, 단독청사 등에 대한 청사출입 표준보안지침*을 마련하고, 임차청사 등 개별청사는 보안 매뉴얼을 상황별로 세분화해 재수립·적용토록 할 예정이다.

※ 출입증 발급관리, 공무원·방문자 출입, 물품 반입·반출, 차량출입 통제, 방호원 근무수칙 등

또한, 매월 정기적으로 중앙·과천·대전·세종청사의 관리소장과 경비대장이 함께 보안관련 사항을 논의하는 연석회의를 개최할 예정이다. 한편, 각 지방자치단체 등에 대해서도 청사출입 보안대책을 점검, 수립토록 할 계획이다.

〈 넷째 〉 청사 외곽경비를 강화한다.

정부청사 출입문의 경찰 경비인원을 확대하고 근무기강을 확립토록 하였다. 또한 위조출입증을 이용한 청사출입 방지를 위해 청사 출입자 및 출입차량에 대한 검문검색을 대폭 강화할 예정이다.

※ 위조신분증 여부 확인 및 검색 경 등 활용하여 의심차량 면밀히 검색

〈 다섯째 〉 경비대·방호원·직원 보안교육을 강화한다.

청사의 보안을 담당하는 경비대와 방호원 대상으로 출입관리 및 민원인 응대요령 교육을 강화하는 한편, 청사에서 근무하는 공무원들에게도 민원인 응대, 출입보안 등에 관한 교육을 실시할 계획이다.

나. 핵 안보 교육·시험시설 : SETT 사례

경비가 삼엄한 적 군사기지. 군사 차량의 바닥에 매달려 출입문을 무사히 통과했다. 높은 철망은 경비가 허술한 틈을 타서 절단기로 끊고 안으로 살금살금 기어들어 간다. CCTV가 있지만, 전원만 차단하면 무용지물이다. 아무리 견고한 보안장비라고 해도 반드시 뚫고 지나간다. 첩보영화에는 이와 비슷한 장면이 항상 나

온다. 스파이들은 항상 적의 빈틈을 노려 건물에 침입하고, 원하는 정보나 물건을 훔쳐 유유히 빠져나온다.

영화가 워낙 현실감 있게 그려지다 보니 실제 보안 시설에도 의심의 눈길을 보내는 것은 당연하다. 영화는 영화일 뿐이라지만 우리의 주요 시설들은 제대로 된 대비가 되어 있는 걸까?

대전 유성구에는 원자력 관련 시설의 물리적 방호 시스템을 시험하고 관계자들에게 교육하는 시설이 있다. 바로 원자력안전위원회(NSSC) 산하 한국원자력통제기술원(KINAC)에서 운영하는 핵안보 교육·시험시설(SETT, Nuclear Security Training Research and Test facility)이 바로 그것이다.

SETT는 체험형 교육을 위한 훈련시설과 첨단 시험장비를 갖춘 약 23,000㎡ 규모의 대형 시험·연구시설이다. 물리적 방호를 이해하기 위해서는 먼저 핵비확산에 대한 이해가 필요하다. 원자력을 사용하는 국가는 이를 평화적으로 이용해야 한다는 의무를 동시에 가지게 된다.

이를 핵비 확산이라고 하는데 이를 위한 대표적인 수단 중 하나가 원자력시설을 내·외부의 침입으로부터 보호하는 방안을 마련하는 물리적방호이다. 이와 관계되는 대표적 국제기관으로 국제원자력기구(IAEA)가 있으며 국내에는 NSSC와 KINAC이 이를 책임지고 있다.

기본적으로 물리적 방호라고 하면 탐지, 지연, 대응의 세 가지를 수행해야 한다. 즉, 적의 침투를 미리 알아내고 알아낸 정보를 토대로 시설까지 오는 시간을 지연시키고 적절한 대응을 해야 한다는 뜻이다. SETT에서는 이 3가지 모두를 미리 수행해 볼 수 있는 것은 물론이고, 여기에 필요한 장비에 대해 교육도 받을 수 있다.

SETT 외부에는 총 4개의 구역으로 나누어진 '물리적방호 외부교육·시험시설'이 있다. 이곳에서는 물리적 방호에 필요한 다양한 장치들이 설치되어 있다. 시설에서 가장 먼저 만날 수 있는 1구역은 '공항만 방사선 검색 및 출입통제 시스템'이다. 이 섹터는 원자력 시설 출입을 위해 거쳐야 하는 절차를 그대로 구현한다. 일단 출입자는 차량 출입통제 시스템에서 신분을 확인한 후 통과해야 한다.

출입통제 시스템을 지나면 그대로 안으로 들어가지 않고 차량 하부 검색기를 지나야 한다. 바닥에 있는 카메라가 차량 하부의 이상 여부를 점검한다. 차종별 하부 구조 이미지 데이터베이스를 가지고 있어 조금이라도 이상이 발견됐을 시 조치할 수 있게 되어 있다. 바닥에 매달려 출입구를 통과하려는 적이나 폭발물 들을 쉽게 발견할 수 있다.

강제로 검색 시스템을 통과해 안으로 침입하려는 적은 다양한 차단물을 이용해서 막을 수 있다. SETT에서는 실제 차량을 이용한 시험을 통해 시멘트로 제작된 차단물이 다른 차단물에 비해 효과적이라는 사실을 알아냈다. 이런 식으로 다양한 장비와 구조물을 시험하여 최적의 방법을 찾아내는 것도 이곳의 임무다.

원자력 관련 시설에서 가장 위험한 것 중 하나는 방사성 물질의 유출이다. 방사능 포탈 검색 시스템이 몰래 빠져나가는 방사성 물질을 감지한다. 그 외에도 화물 검색 시스템, 레이저 스캔 탐지기 등이 설치되어 관련 내용을 교육·훈련할 수 있다. 이러한 장비들은 실제 시설에서 운영하는 방식과 똑같이 구성되어 가상으로 출입통제를 시험해 볼 수 있다.

2구역은 '상용 물리적 방호 설비 시스템'으로 원자력 시설에 현재 사용되고 있는 물리적 방호 시스템을 구축해 놓았다. 적이 시설에 침투하기 위해 철조망을 훼손 하거나 시설까지 이동하는 행동을 감지할 수 있는 장비들이 다수 갖춰져 있다. 대표적으로 철조망에 설치하는 감지기를 들 수 있다. 적이 철조망을 넘기 위해 흔들거나 도구를 이용해 자를 때 생기는 진동을 감지하는 장비로 자력, 광섬유, 페리덕트 방식의 센서가 있다.

적의 이동을 감지하기 위한 적외선 감지기와 적외선과 마이크로웨이브가 조합된 '듀얼텍 센서'도 시험해 볼 수 있다. 태양광이나 월광의 빛 반사에 가장 적합한 바닥재를 확인하기 위해 바닥은 콘크리트, 자갈, 시멘트 등 다양한 재질로 깔렸다. 다양한 CCTV가 설치되어 있음은 물론이다.

아직 사용되지 않고 있는 첨단 방호 설비를 설치하고 시험·연구할 수 있는 곳은 3구역이다. 빛이 없는 곳에서 최대 1.2Km를 탐지할 수 있는 고성능 열화상 카메라나 지형과 현장에 딱 맞게 설계 제작할 수 있고 잘못된 경보를 내보내는 경우가 적은 '레이져 광망 센서' 등이 설치되어 시험 중이다. 아직은 실제로 사용되지 않는 장비들이지만 이곳에서 성능 실험에 통과한다면 언제든지 실제 현장에 설치될 수 있는 장비들이다.

어떤 방법으로든 지연 시설을 통과한 적이라면 적절한 대응이 필요하다. 이 적정한 대응을 위한 시험시설이 바로 4구역에 설치되어 있다. 이곳에서는 원자력 발전소의 축소모델을 구축해서 가상 침입 시뮬레이션을 통해 최종 시설까지 침입완료시간, 침입경로, 침입방법 등에 대한 실제 시험을 할 수 있다. 철조망 절단 등 다양한 침입 방법을 실제처럼 수행해 볼 수 있다.

특히 실제 마일즈(MILES: 다중통합 레이저 교전체계) 장비를 이용해 적들과 대응하는 훈련도 진행한다. SETT는 실외 교육 시설 외에 실내에도 다양한 교육 시설을 갖춰두고 있다. 실내용 탐지 장비를 갖춰 놓은 '탐지장비실'에서는 외부 시설과 같은 종류의 탐지기와 감지기가 설치되어 있어서 환경에 따라 센서가 어떻게 다르게 작동하는지 그 영향은 어떠한지를 파악할 수 있다.

출입통제 및 지연설비가 있는 '출입 통제장비실'에는 물리적 방호의 지연에 해당하는 구역이다. 효과적인 지연물에는 어떠한 것이 있는지 또 실제 사용하고 있는 잠금 장치나 도어의 종류를 교육생들이 알기 쉽도록 구성해 놓았다.

'도상훈련실'에는 원자력시설 모형 및 설계도면을 기반으로 도상훈련이 가능하도록 마련되어 있다. 모형을 이용하면 좀 더 실제와 비슷한 계획을 모사할 수 있다. 중앙통제실 CAS에서는 물리적방호 외부교육·시험시설을 실제와 똑같이 관제·관리할 수 있게 되어 있다. 이곳에서는 외부 침입 탐지 센서의 신호와 외부카메라의 영상이 전송되어 원전시설의 중앙통제실 기능을 똑같이 구현한다. 특히 3D 가상현실시스템을 구축함으로써 비디오 관리 시스템과 침입 감지 시스템으로부터 받은 신호를 좀 더 정확하게 눈으로 볼 수 있다.

SETT를 모두 둘러보면 영화 속 침입자들을 어떻게 막을 수 있을지 머릿속에 그려진다. 영화주인공처럼 초능력자 수준의 침입자도 허구겠지만, 그렇게 쉽게 뚫리는 시설도 없을 것이라는 확신이 생긴다. 물론 적들은 계속 새로운 기술과 장비를 개발하여 침투를 노리겠지만, 우리도 SETT와 같은 시설을 적극적으로 활용해 거기에 대한 방어 태세를 계속 견고히 해 나갈 수 있기 때문이다.

KINAC은 현재에 만족하지 않고 NSSC와 함께 SETT의 효과적인 운영을 위한 여러 방안을 적극 강구하고 있다. SETT가 우리나라 물리적 방호 강화를 위한 첨단 시험장으로 그 역할을 다 하는 한편 세계 수준의 교육·시험장으로 우뚝 서기를 기대한다.

(한국원자력통제기술원의 핵비확산뉴스(http://kinac.re.kr)에서 발췌한 내용임)

6. 접수관리, 안내관리

가. 일과 후, 공휴휴일의 공사 및 교환 업무

나. 특수 우편물의 확인

다. 내방자의 접대, 안내

라. 열쇠 및 개폐 관리

7. 물품별 검색 요령

- 카메라 : 먼저 양해를 구한 후에 셔터를 눌러 본다. (전문 기능요원 배치 검색)
- 라디오 · 녹음기 : 양해를 구한 후에 작동해 본다.
- 탁상시계 : 시계 뒷부분을 작동, 시계 바퀴를 돌려 본다.
- 사진틀 : 무게와 프레임 부분을 관찰한다.
- 인형 목각 : 인형이나 목각 몸속의 위험물 은닉 여부를 확인한다.
- 고추장 · 김치 통 : 이물질이 들어있나 확인하고 흔들어 본다.
- 헤어 스프레이류 : 공중에 살포 후 냄새를 맡는다.
- 여자 화장품 : 내용물 확인, 뚜껑이 달린 거울 뒷부분을 조사한다.
- 선물상자 : 포장과 무게를 살핀다.
- 술병 · 보온밥통 · 물통 : 뚜껑을 열고 냄새를 맡아 보거나 흔들어서 및 바닥을 검사한다.
- 우산 : 펼쳐서 내부 및 손잡이를 확인한다.
- 가방 : 이중가방 여부, 가방의 외부주머니, 하단부를 확인한다.
- 두꺼운 책 : 펼쳐서 내부를 확인한다.

- 만년필 · 라이타 : 뚜껑을 열어보고 불을 켜 본다.
- 담배갑 · 도시락 : 중량을 확인하고 의심이 나면 내용물을 확인한다.
- 지팡이 : 이중 장치 여부, 금속 탐지기를 통과해 확인한다.
- 휠체어 : 접속 부위를 두들겨 내부소리를 확인한다.
- 기타 물품 : 상기 요령에 의거 세부적으로 검색을 실시한다.
- 검문 전 : 대단히 죄송합니다. 이곳 규정상 또는 이곳의 안전을 위하여 검문중이니 가지고 계신 물건을 보여 주시기 바랍니다.
- 검문 후 : 검문에 협조해 주셔서 감사합니다. 안녕히 가십시오.
- 긴급 시 선 조치 후 현장 상황실에 즉각 보고한다.

※ 검문검색은 권한자만 실시하며, 검문 절차를 숙지하고 대외 불신의 소지가 없도록 유의한다.

제6장 수행경호

제1절 수행경호

1. 수행경호 활동

수행경호는 경호대상자의 안전을 위한 최후방어선으로 경호원의 성패는 경호대상의 안전으로 결정되어진다. 따라서 상황에 따라 육탄방어를 불사해야하는 강한 정신력으로 경호대상자를 안전지대로 대피 시켜야 하는 책임을 갖게 된다. 또한 수행경호는 대개 노출 된 경호로 경호대상자의 이미지와 관계되어 표현되기 때문에 경호대상자의 품위 및 위상유지를 위하여 행동하여야 하며 일시적으로 부관(비서)이나 의전요원의 역할을 수행해야 할 상황도 자주 발생되어진다.

2. 수행경호 개념

가. 정 의

경호대상자를 각 종 위해요소로부터 보호하기 위하여 행사장과 도보, 차량이동 등 이동 간에 실시하는 동행 경호활동을 말한다.

나. 임 무

⑴ 경호대상자에 대한 위험요소 배제
⑵ 위해요인 발생 시 과감한 육탄방어
⑶ 유사시 신속하게 안전지역으로 대피

다. 근접 수행경호 유형

⑴ 각 종 행사장 내 근접경호
⑵ 보행 간 측근 수행경호
⑶ 차량 이동 간 선탑수행경호 또는 후미차량경호
⑷ 특수 이동수단(항공기, 선박, 열차 등) 이용 시 동승 수행경호

제 2 절 행사장 경호

1. 행사 참석 시 경호

가. 위 치

행사 성격, 장소에 의거 융통성 있게 위치 선정
⑴ 경호팀장은 단상 참석자로 위장하여 경호대상자 근접에 위치
⑵ 경호원 1은 경호대상자가 이용하는 출입문에 위치
⑶ 경호원 2는 행사장 내 참석자 감시가 용이한 위치 선정

나. 복 장

⑴ 행사장소와, 주위 환경에 맞는 복장

⑵ 단상에 위치한 경호팀장은 참석자와 동일한 복장 및 명찰을 부착하여 완전 위장

다. 근무요령 및 임무

⑴ 경호팀장

(가) 팀 운영을 책임진다.
(나) 수행부관 및 경호요원과 무전망 구성, 경호활동지휘
(다) 단상에서 경호대상자 신변 보호를 위한 철저한 사주경계
(라) 인가된 자 이외의 자가 경호대상자에게 접근하는 것을 차단
(마) 단상 참석 인원에 대한 명찰, 비표 등 신원 확인
(바) 최근접에서의 최초 · 최후의 신변 보호 활동
(사) 위해요소 발생 시 경고임무 및 대적임무 수행
(아) 자기희생의 육탄 방어
(자) 유사시 신속한 경호대상자 보호와 현장 이탈 임무

⑵ 경호원1

(가) 팀장 지휘에 의한 임무수행과 팀장의 임무수행이 불가능한 상황에서 임무를 대행
(나) 출입문 확보
(다) 이동통로, 비상대피통로 안전 확보
(라) 단상 출입자 및 행사장 내 참석자 동향감시
(마) 유사시 위해자에 대한 공격

⑶ 경호원2

(가) 팀장 지휘에 의한 임무수행
(나) 유동요소 통제
(다) 행사장내 안전 활동임무
(라) 유사시 육탄방어에 의한 경호대상자에게 인벽구축

2. 행사장 경호의 유형

가. 조 · 오 · 만찬, 리셉션 행사

일정한 행사순서에 의하여 이루어지는 행사와는 달리 자유로운 분위기로 이어지는 행사의 형태로, 이러한 경우에는 경호대상자를 중심으로 한 경계가 매우 어려우며 어떠한 사고가 발생 시에도 조치가 매우 힘들다. 따라서 이와 같은 행사에는 경호요원을 웨이터, 의전요원, 사진기사 등으로 신분을 위장하여 경호대상자 주변에서 경호하는 것이 바람직하다.

[확인사항]

(1) 행사장소, 성격, 규모, 인원
(2) 행사참석자 성분, 사회적 위치, 특성
(3) 행사장 내부구조 및 출입구
(4) 경호대상자의 헤드테이블 위치
(5) 장내 입장 후 헤드테이블까지 이동하면서 취하는 동정 · 입 · 퇴장 시 악수하는지의 여부 및 선물증정 여부
(6) 헤드테이블의 이상 유무 확인
(7) 음식메뉴, 꽃꽂이, 마이크, 앰프 등의 이상 유무 확인
(8) 참석예정 인사의 참석 여부 확인

나. 실내행사

실내행사는 한정된 공간으로 비인가자에 대한 출입관리가 용이하고 경계가 용이한 면이 있으나 화재와 테러등과 같은 우발사태가 발생 시에는 대피 및 안전조치가 어렵다는 문제가 있기 때문에 오히려 공간이 넓은 실외 행사장보다 철저히 임무를 수행 하여야 한다.

[확인사항]

(1) 행사 성격 및 규모에 따른 대비

(2) 참석인사의 입장계획을 확인하되 관여하지 말고 주최하는 관계자에게 필요한 조치를 하게 한다.

(3) 행사장까지의 진입로 및 승하차선 이상 유무.

(4) 건물내부의 이동통로의 이상 유무 확인

(5) 행사진행 시 우발사태에 대한 대책(정전, 소란, 불가능에 대한 대책강구)

(6) 단상 또는 연대, 마이크와 스피커의 작동상태 및 성능 이상 유무.

[경호원 배치(예)]

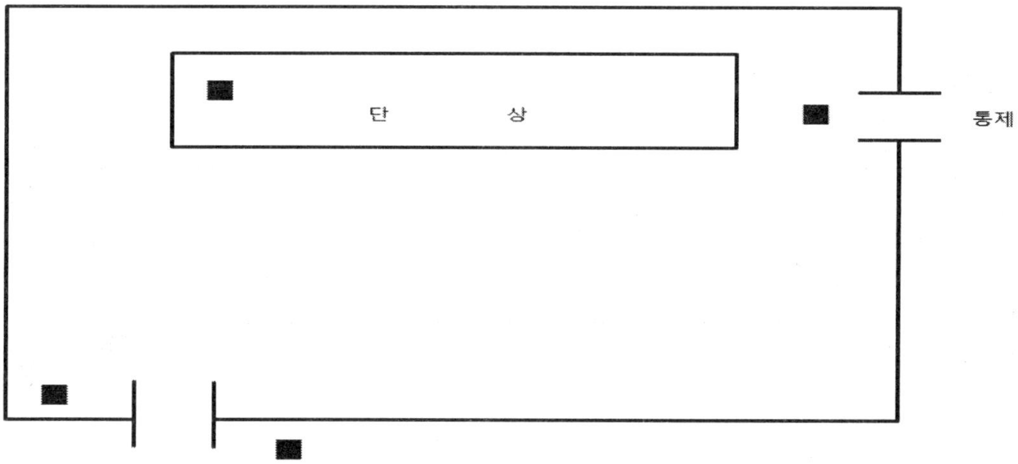

다. 실외행사

실외행사는 실내행사와는 반대의 경호근무여건이다. 사전 계획이 없더라도, 현장분위기에 이끌려 경호대상자가 행사장에 참석한 군중 속으로 들어가는 경우도 있다. 그러나 모든 행사장이 노출된 상황으로 참석인원에 대한 안전검사 및 행사장 주변의 안전점검이 매우 어렵기 때문에 이로 인한 돌발 상황 발생도 대비 하여야한다. 경호요원들은 행사장의 지형과 지물을 이용하여 경호에 용이한 위치에 배치하고, 가급적 대상자에게 밀착되어 보호하고 높은 곳에서 낮은 곳을 내려다볼 수 있는 위치를 선택할 필요도 있다. 또한 일반인의 접근을 차단할 수 있는 위치에서 지형지물을 이용하여 경호임무를 실시하여야 한다.

[확인사항]

(1) 행사의 성격 및 규모(자체행사, 일반행사)

(2) 모든 행사에 있어서 사전에 분위기 파악

(3) 행사장 승 · 하차선의위치 및 적합성

(4) 단상, 연대, 마이크의 이상유무 및 성능

(5) 우발 사태 발생 시 경호대상자의 대피통로 선정

(6) 소란, 야유, 행사방해 등 행사 불가능시

(7) 연단 참석자의 입장은 확인하되 경호원이 직접 통제치 말 것

[경호원 배치(예)]
■ 경호원
◇ 행사헌병

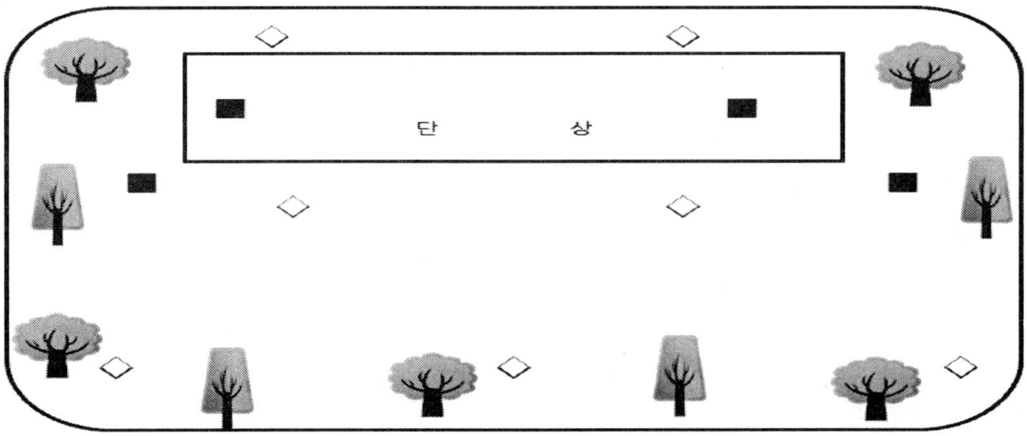

제 3 절 도보경호

1. 도보경호의 일반원칙

보행 시의 경호는 경호대상자에게 이르는 모든 접근로를 차단하기 위하여 경호

원을 분산하여야 하며 또한 공격자가 경호대상자와 경호원사이에 끼어들 수 없도록 상대적인 위치를 계속 조정하면서 이동하여야한다. 대부분의 경우 경호대상자가 대중 속에 있을 때, 군중을 통과하여 걸을 때, 건물 내로 들어갈 때 등이 가장 취약하다. 따라서 이동 시 고도의 경계심이 요구되며 행사에 호기심을 가지고 갑자기 몰려드는 군중 속사람들에 대하여 특별한 관심이 요구된다. 그러나 경호원은 경호를 목적으로 경호대상자의 보행이나 경호대상자가 운집한 군중에게 취하는 답례동작에 지장을 주어서는 안 된다.

2. 도보 대형 형성 시 고려사항

가. 주변 감제건물의 취약도
나. 인적 취약요소와 거리
다. 물적 취약요소와 거리
라. 행사장 사전예방 경호수준(헌병 및 경찰활동)
마. 행사장 참석인원 및 행사성격

3. 경호 대형 유지

가. 대형유지

(1) 개인 별 사주경계구역 선정
(2) 경호대상자를 중심으로 안전구역 형성 및 유지
(3) 수행비서와 합동으로 경호대상자 보호를 위한 인벽구축
(4) 대형은 장소, 상황, 환경에 따라 넓히고 좁히는 등의 융통성 부여
(5) 유사 시 밀집 대형유지

나. 근무요령

⑴ 대형유지 및 사주경계 철저
⑵ 인벽구축으로 위해요소제거
⑶ 불필요한 인사는 접근 배제
⑷ 군중 혼잡 시 이동통로 확보 및 안내(수행부관과 협조)
⑸ 경호대상자와 경호팀 사이로 끼어드는 사람이 없도록 위치조정
⑹ 유사시 즉응태세 확립으로 신속하게 경호대상자 보호
⑺ 도보경호 시 가장 중요한 임무는 자기희생의 육탄방어
⑻ 경호대상자의 현장이탈, 안전장소로 이동

4. 경호 대형(예)

가. 기본대형

(1) 쐐기 대형

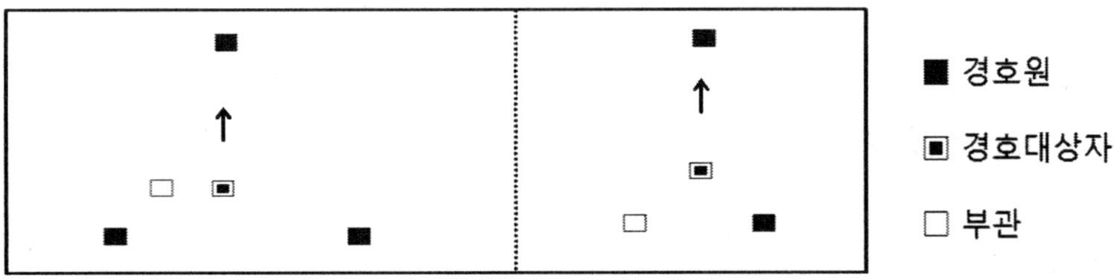

⑵ 다이아 몬드 대형

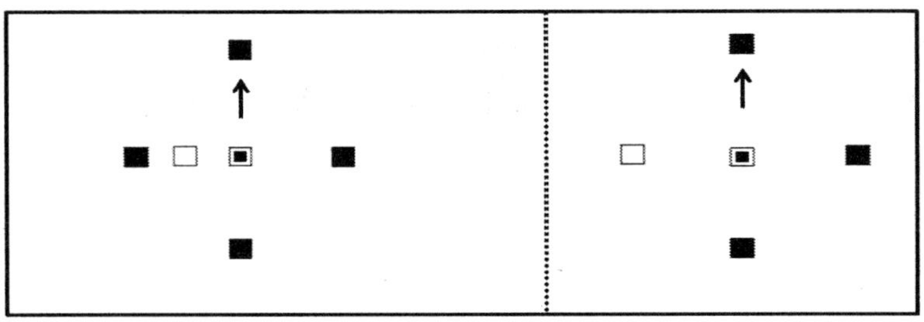

(3) 좌삼각 대형

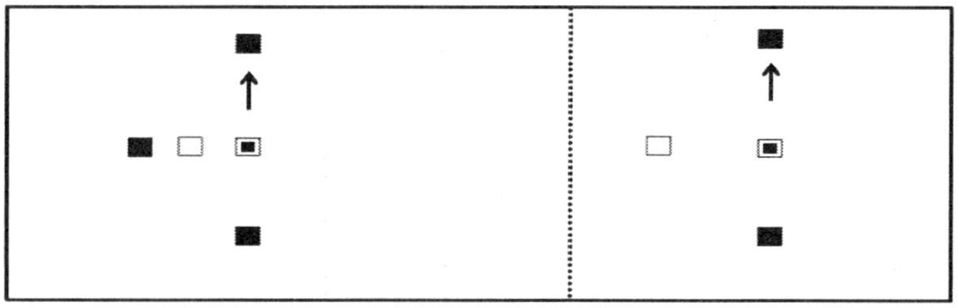

(4) 우삼각 대형

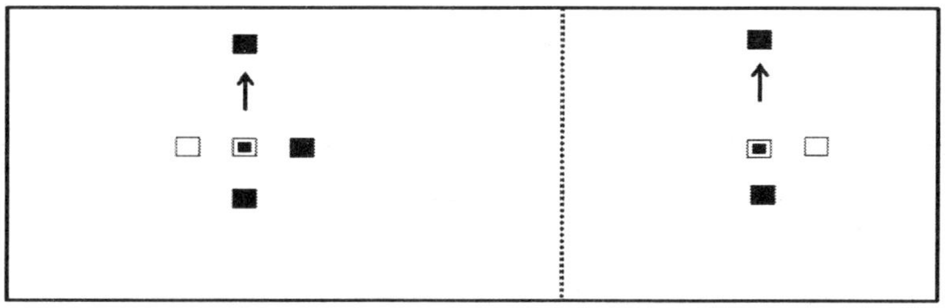

■ 경호원

▣ 경호대상자

□ 부관

(5) 삼각대형

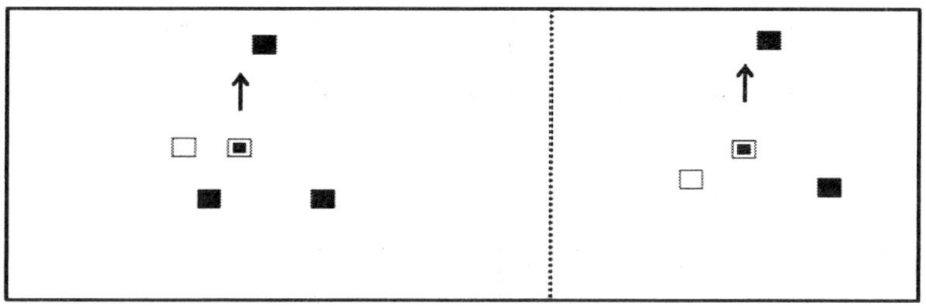

(6) 역삼각대형

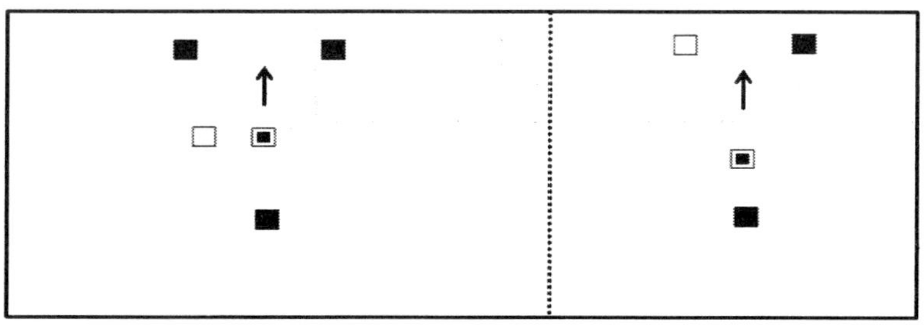

(7) 사각대형

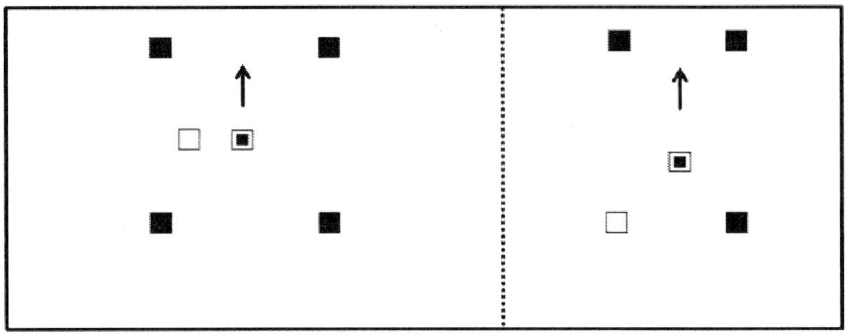

나. 응용대형

(1) 계단 에스컬레이터 대형

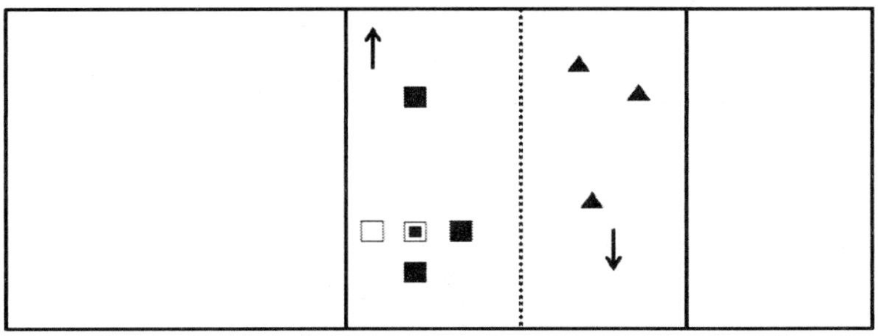

■ 경호원

▣ 경호대상자

□ 부관

(2) 엘리베이터 대형

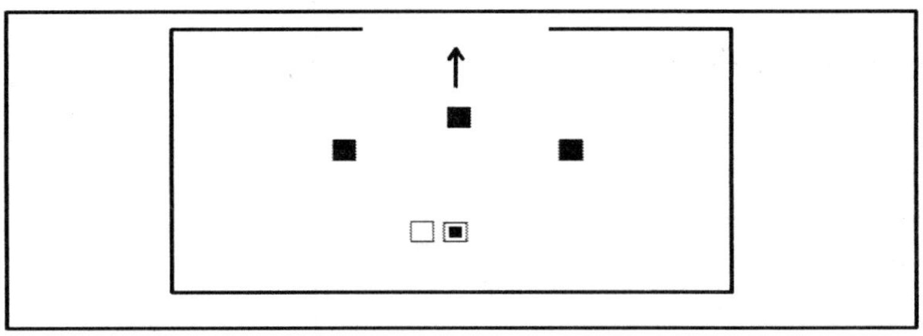

⑶ 리셉션 대형

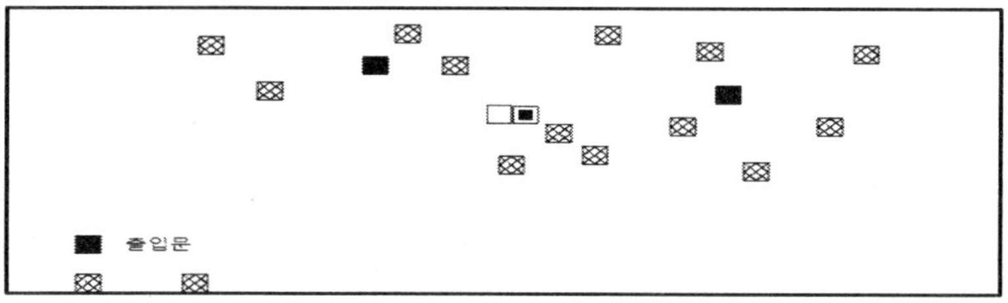

⑷ 행사장 도열 귀빈 접견 대형

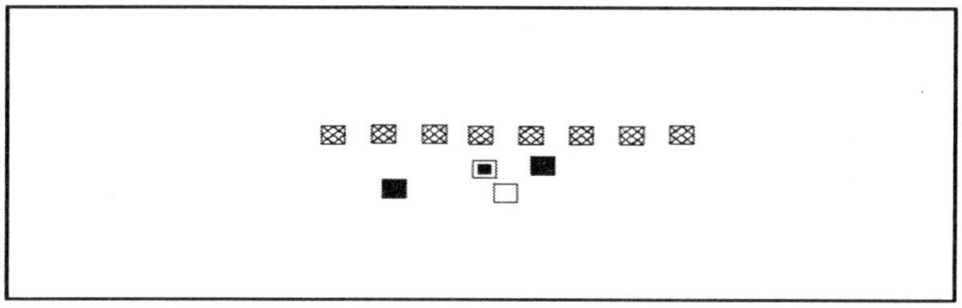

⑸ 단상 대형

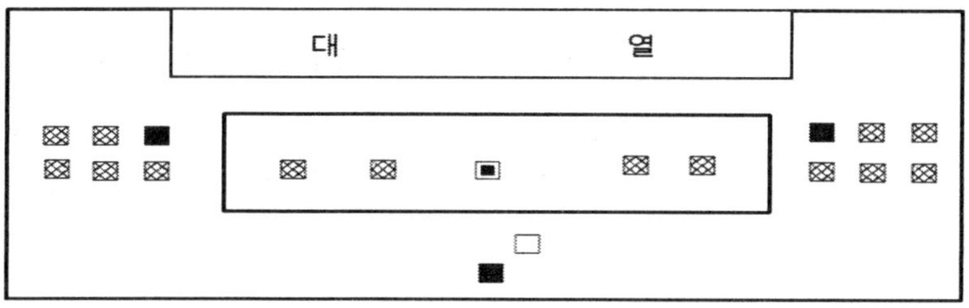

5. 도보 수행경호 모델(예)

가. 승·하차 시

경 호 중 점 사 항	세 부 경 호 내 용
• 승·하차 지점 위해 요소 제거/ 비상시 예비 승·하차지점 운용 ※ 위해 예상 (1) 주 · 정차 차량 - 탑승 상태에서 소총, 권총, 석궁 등을 이용하여 위해 후 도주 (2) 주변인물 - 소음권총, 석궁, 흉기, 염산 등으로 위해 (3) 가방, 쇼핑 백 등 - 폭발물, 화염병 이용 위해 (4) 주변 건물 (감제 고지) - 소총, 석궁등을 이용한 저격 유의	• 대 형 : 삼각대형 (1) 경호팀장 - 경호대상자 하차 전 하차, 승차 후 승차 - 경호대상자 2m 이내 근접 수행 - 수직/ 수평적 방벽 유지 (2) 경호원 - 경호대상자 하차 전 하차, 승차 후 승차 - 경호대상자 3m 내 신속한 대형유지 / 사주경계 - 주변인물의 눈, 손, 발 등 움직임 주시 (3) 운전요원 - 차량 강습대비 주변 차량 관찰 - 상황 발생 시 경호 차량으로 방호벽 형성 - 승차 대기 시 경호대상 차량 감시 철저(폭발물 부착 등 위해방지)

▶ 대 형

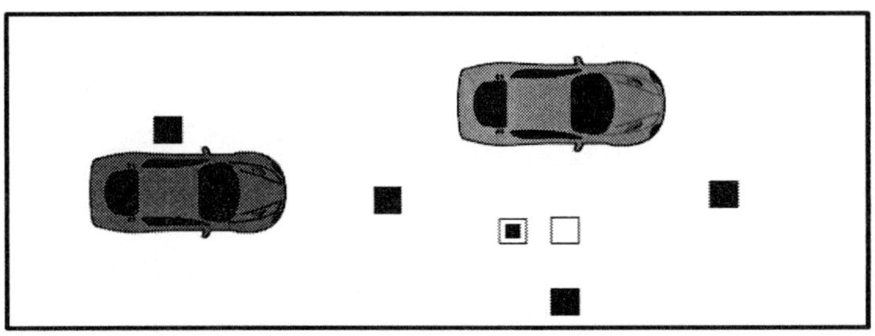

■ 경호원

▣ 경호대상자

□ 부 관(비서)

나. 에스컬레이터 이용 시

경 호 중 점 사 항	세 부 경 호 내 용
• 수직적, 수평적 방벽 유지가 곤란한 상, 하, 좌, 우, 전, 후 사주경계 철저 ※ 위해 예상 (1) 에스컬레이터 - 반대편 에스컬레이터 이용객으로 가장 위해 - 수직방벽 효과 상실을 이용/ 에스컬레이터 하단부에서 위해 - 1층에서 에스컬레이터 이동 시 2층 에스컬레이터에서 위해 (2) 2층/ 3층 - 2층 및 3층 취약 지역에서 에스컬레이터 이용 경호대상자 위해	• 대 형 : 좌 · 우 삼각대형 (1) 경호팀장 - 경호대상자 우측후미 근접수행 수직적, 수평적 방벽 유지 (2) 경호원 1 - 경호팀장과 좌 · 우 삼각 대형유지 - 경호대상자 2m 전방위치 - 반대편 에스컬레이터 이용객/ 층별 유동인원 손과 눈을 주시 (3) 경호원 2 - 경호팀장과 좌 · 우 삼각 대형유지 - 경호대상자 2m 후방위치 - 반대편 에스컬레이터 상층부 유동인원 손과 눈을 중시

▶ 대 형

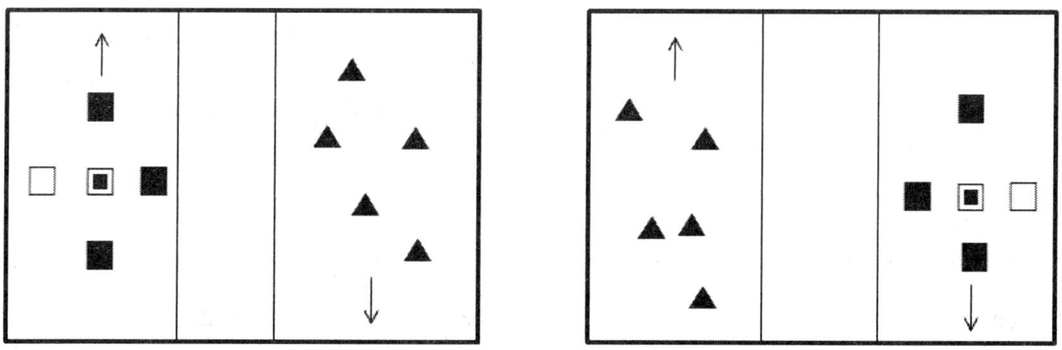

다. 호텔/식당 출입 시

경 호 중 점 사 항	세 부 경 호 내 용
• 식당/프론트 이동 구간 및 프론트 주변 안전 확보 ※ 위해 예상 (1) 출입문 - 주·정차 차량 및 인원에 의한 위해 (2) 식당 손님 - 식당 출입자를 위장한 돌발적 위해 (3) 화장실 / 객실 - 시비 가장한 위해	• 대 형 : 삼각 대형 /역삼각 대형 → 쐐기 대형 (1) 경호팀장 - 경호대상자 1.5m 이내 근접수행 - 수직/ 수평적 방벽 유지 - 이동구간 안전 확보 (이동구간 2명이상 기립 시 삼각대형 → 역삼각형 대형으로 전환) (2) 경호원① - 경호팀장과 삼각대형 / 역삼각대형 유지 - 하차지점 ~ 프론트 구간 경호 후 호텔(식당) 구조 명확히 관찰하여 경호담당에게보고 (화장실, 비상구, 인접 객실 취약인원 등) (3) 경호원② - 이동구간 경호 후 프론트 입구위치 → 출입인원 관찰 / 통제, 경호원 ①과 교대로 임무 수행 ※ 종료 시 이동구간 사전점검 및 쐐기대형 유지(승차지점 이동구간 / 출구 주변 안전 확보) 출구주변 인원 있을 시 선도경호원은 경호대상자 승차 시까지 안전 확보 후 승차

▶ 대 형

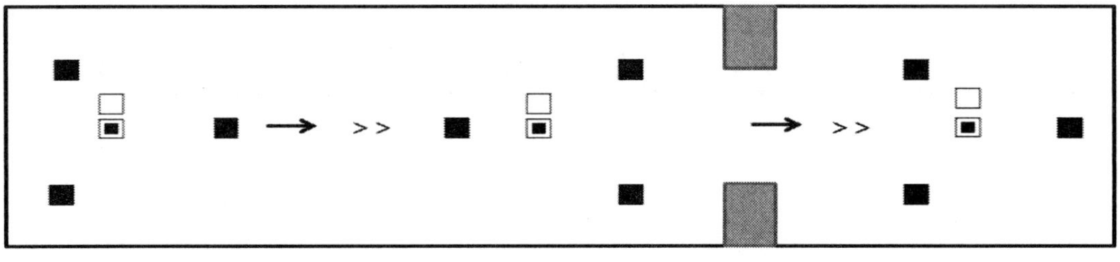

라. 대사관/ 대사관 저 출입 시

경 호 중 점 사 항	세 부 경 호 내 용
• 내부 참석인원 및 주변 주택가 취약지점에서의 위해요소 제거 / 주변 관찰 ※ 위해 예상 (1) 출 · 입 정문 - 하차 지점 주변 차량 / 인원에 의한 위해 (2) 참석 인원 - 참석 인원에 대한 검문 / 검색이 없음을 이용 위해자 잠입 (3) 주변 건물 - 주택 / 상가지역 창문 및 옥상에서 위해 (4) 대사관 내 - 쇼핑백, 쓰레기통에 의한 폭발물 테러대비 (5) 관저 내 정원 나무 - 크레모아등 폭발물 테러 (6) 대사관 서비스 종사자 - 독극물에 의한 위해	• 대 형 : 리셉션 대형 (1) 경호팀장 - 경호대상자 1.5m 이내 근접수행 - 리셉션 시 2m 이내 위치 - 경호원과 경계구역 분할하며 사주경계 (2) 경호원① - 경호팀장과 근접수행, 4m거리 위치하여 주변 인물관찰(눈과 손 주시) (3) 경호원② - 출입구 위치, 출입인원 / 주변관찰 (4) 운전요원 - 주변 교통상황파악 및 주차차량 내 탑승 인원 관찰, 유사 시 긴급 이동도로 파악(경호대상차량 수시협조)

▶ 대 형

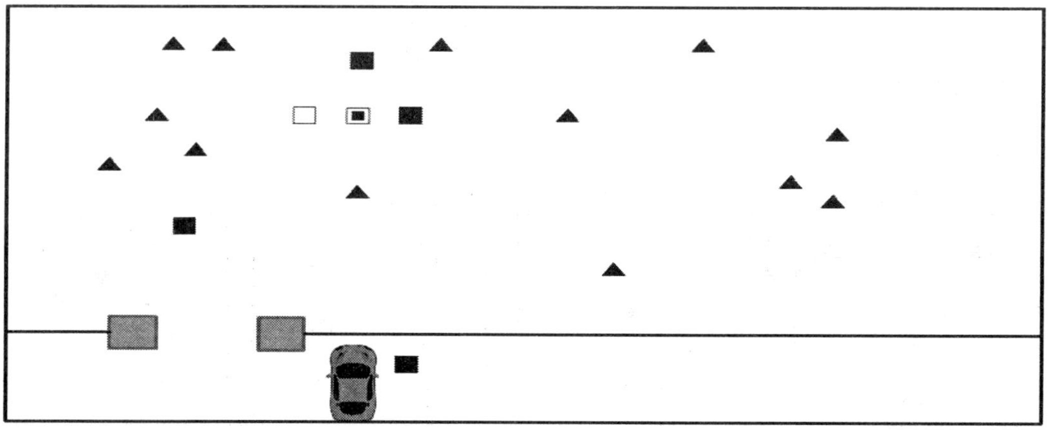

마. 엘리베이터 이용 시

경호중점사항	세부경호내용
• 승 · 하탑간 엘리베이터 내, 외부 안전 확보 ※ 위해 예상 (1) 승탑 시 - 승강기 탑승구 주변 인물 및 하탑 인원에 의한 전 · 후 동시 위해 (2) 승탑 후 - 승강기 내부 인물 및 탑승인원에 의한 도발적 위해 (3) 하탑 시 - 하탑주변 및 승강기 내부인원에 의한 전 · 후 · 측면 동시 위해 (4) 위해 무기(예상) - 쇼핑백, 상자 등을 가장한 폭발물 - 하탑 시 좌, 우 취약 지점에서의 흉기위해	• 대 형 : 삼각 대형/ 역삼각대형 (1) 경호팀장 - 승탑 전 승탑, 하탑 전 하탑(사주경계) - 승탑 시 승강기내 승객이 있을 시 자연스럽게 측면 유도 (불가시 방벽형성) - 상승 간 외부인원 탑승 시 방벽 형성하여 자연스럽게 측면 유도 - 하탑 시 승강기 좌 · 우측 사주경계 (2) 경호원 - 승탑 후 승탑, 하탑 후 하탑(방벽형성) - 승탑 시 밀집 삼각 대형유지 (승강기, 승객 3명이상 시 역삼각대형, 승탑 후 삼각 대형으로 전환) - 승탑 후 이동 중 많은 인원 탑승 시 경호대상자를 승강기 좌측, 또는 우측으로 안내 후 좌 · 우 삼각대형 - 이동 간 승객 하탑 시 쇼핑백 물건 등 두고 내리는가 면밀관찰(폭발물 우려) → 이상 시 경호 팀장에게 보고하여 즉각 하탑 후 타승강기 이용 이동 또는 우삼각대형 유지(인원 방복 효과 + 자연 방벽 효과) → 하탑 시 승강기 내부인원의 위해 행위 방지

► 대 형

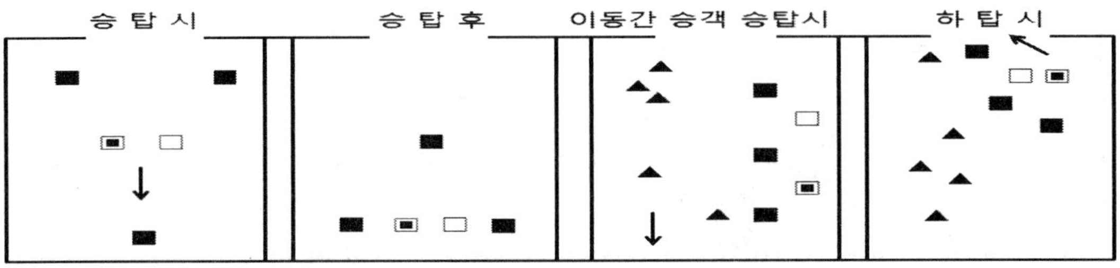

6. 응급사태 대응 모델(예)

가. 총기 피습 시

경 호 중 점 사 항	세 부 경 호 내 용
• 즉각 대응 – 수직적/ 수평적 방호벽 형성 – 즉각 제압	• 대 형 : 삼각 대형에서 역삼각대형으로 전환 (1) 경호팀장 – 방호벽 형성 / 즉각 응사 / 현지 이탈 / 대피 – 대피 중 제 2의 피습 대비 관찰 / 경계철저 – 차량이동 간 최기 경찰서 / 헌병대 / 부속실 연락 – 경호대상자 부상시 최기 병원 후송 – 이동 간 경호원 ①②와 교신 / 명령하달 (2) 운전요원 – 긴급자동차로 경호자 전환 (경광등, 싸이렌, 라이트 등) (3) 경호원 ①② – 방호벽 형성 / 피습자 제압 또는 응사 – 시간 가용 시 육탄공격 / 무기 압수 – ①은 완전제압 시 결과 보고 / 주변상황관찰 (현장확보) / 경찰 / 헌병 투입 시 상황 설명 – ②는 완전제압 시 경호팀장과 합류, 경호대상자 경호 임무 수행

▶ 대 형

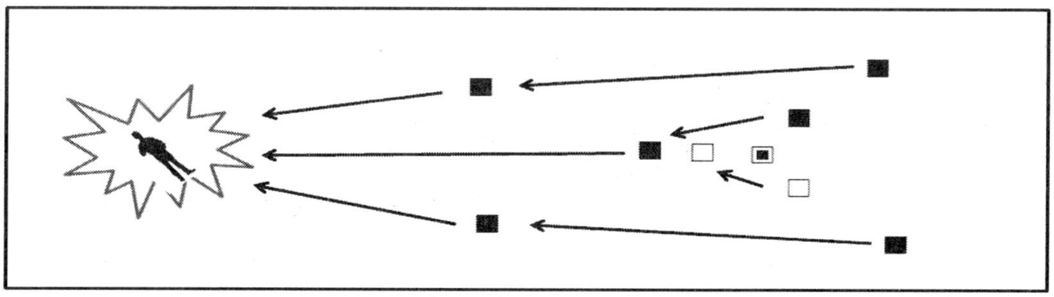

나. 비무장 피습 시

경 호 중 점 사 항	세 부 경 호 내 용
• 즉각 대응 – 방호벽 형성 / 제압 – 포획술 이용	• 대 형 : 삼각 대형에서 역삼각대형으로 전환 (1) 경호팀장 – 시간적 여유 있을 시 : 방호벽 형성 후 제압 – 시간적 여유 없을 시 : 즉각 제압(포획술) (가스총 /전자봉 이용) – 피습지역에서 경호대상자 신속이동 – 피습 상황 최기 경찰서 / 헌병대 / 부속실 연락 – 이동 간 경호원과 무선 교신 / 상황에 따른 명령 하달 (2) 운전요원 – 위급 시 비상조치 – 통신 대기 (3) 경호원 1, 2 – 즉각 피습자 제압 (포획술) – 제압 후 최기 경찰서 연행 / 헌병대 통보 – 피습자 조치 결과 경호팀장과 교신 – 조치 후 경호팀장과 합류, 경호대상자가 경호임무 수행

▶ 대 형

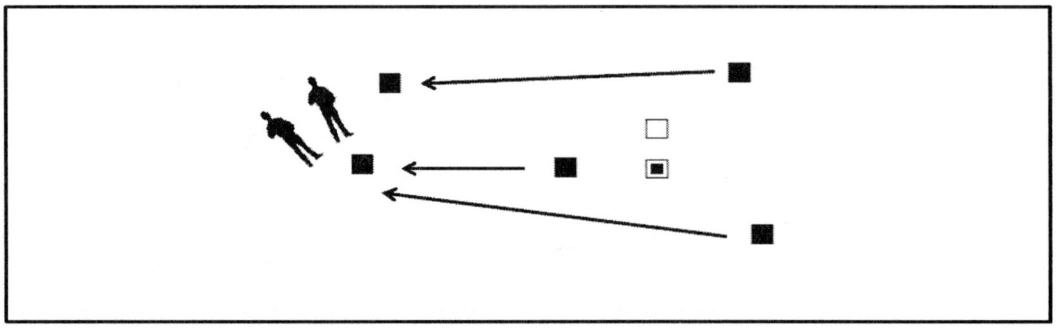

제 4 절 차량경호

1. 차량경호의 일반원칙

경호대상자의 공관이나 집무실이 철저하게 경비, 보호되고 있다면 위해자는 목표물이 차량으로 이동하는 구간이 위해 적격 장소로 선택할 가능성이 높으며, 이를 충족하기 위한 지점은 복잡한 교통상황이나 신호등에서 대기 중일 때, 서행중일 때, 지정된 장소에 정지할 때 등이다. 따라서 차량 경호 대형 운용 시 통신과 시간이 매우 중요하며, 또한 경호요원들이 하나의 단위로 움직일 수 있어야 하고, 도보 대영에서와 같이 경호원의 시계가 360도 확보되어야 한다. 이를 위하여 조원 각각에게 관할책임지역을 할당하여 공백 및 공간을 없애야 하고, 근무자들은 지시 된 임무 또는 위해상황 시 효율적으로 대처할 수 있는 대응능력을 함양해야 한다.

2. 차량대형 형성 시 고려사항

가. 주변의 진행 차량 및 인원과의 이격도
나. 주변건물, 수풀 등 환경의 취약도
다. 행사성격, 행사장구조, 도로구조
라. 이동소요시간, 교통상황(기상, 교통흐름(요일 및 시간대), 신호등)
마. 기타 인적, 물적 취약 요소(시위, 행사, 터널, 철도 건널목등)

3. 경호 대형 유지

가. 대형유지

(1) 행사의 성격, 규모, 도로망, 교통상황 등에 따라 대형유지

- 평상 시 : 경호 차량이 후미에 위치 (후미경호)
- 혼잡 시 : 경호 차량이 선두에 위치 (선두경호)

(2) 선도차량 별도 운영 시는 선도 차량과 긴밀 협조, 대형유지

(3) 평상 시, 급 주행 시, 사태발생 시 로 구분하여 경호 대상 차량과 유동적으로 대형을 변경하며 운행

나. 경호유형

(1) 이동 간 차량 경호

(2) 차량 정지 시 경호

(3) 경호 대상자 승 · 하차 시 경호

다. 근무 요령

(1) 차량 이동 간 경호

(가) 경호원 개인 별 책임 사주경계구역 분할

(나) 교통상황에 따라 차량속도 조절(수행부관과 긴밀 협조)

(다) 서행 및 신호대기, 좌 · 우회전, U턴시 위해요소 방어개념

(라) 경호대상자 차량 보호

(마) 장시간 정차시는 하차하여 사주경계

(바) 교통상황실, 교통안내, 기타의 방법들을 이용하여 교통상황 수시 확인

(사) 긴급사태 발생 시 경호 차량으로 경호 대상 차량 보호방벽 형성 후 즉각 하차 육탄방어, 경호대상자 긴급대피 임무 수행

(2) 차량 정지 시 경호

(가) 개인 별 책임구역 사주경계

(나) 선도차 및 경호 대상 차량 운전요원과 무전으로 교통정보 교환

(다) 차량에 의한 강습 대응태세 강구

(라) 돌발사태 대비 예비이동로 선정

⑶ 경호대상자 승 · 하차 시 경호

(가) 경호대상자 보호를 위한 민첩하고 신속한 도보 경호 대형 유지

(나) 주변의 경호위해요소 감시

(다) 대적태세 강구 : 인벽 구축, 위해물질 투척 시 육탄방어

(라) 경호대상자 이동통로 안전 확보, 불필요한 접근자 배제 조치

4. 경호 대형

가. 기본대형

⑴ 선도 대형

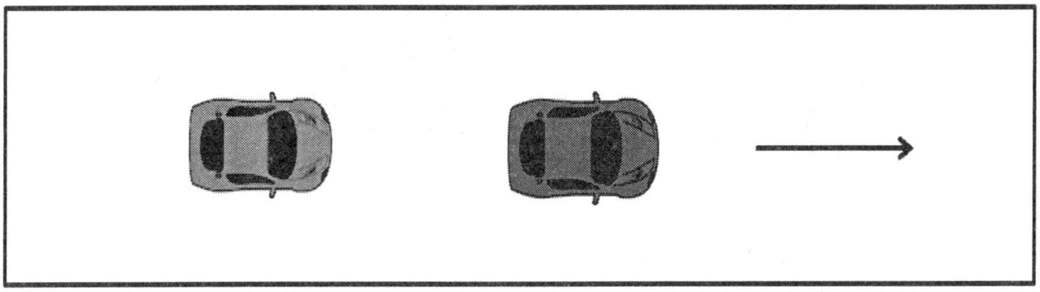

⑵ 후미 대형

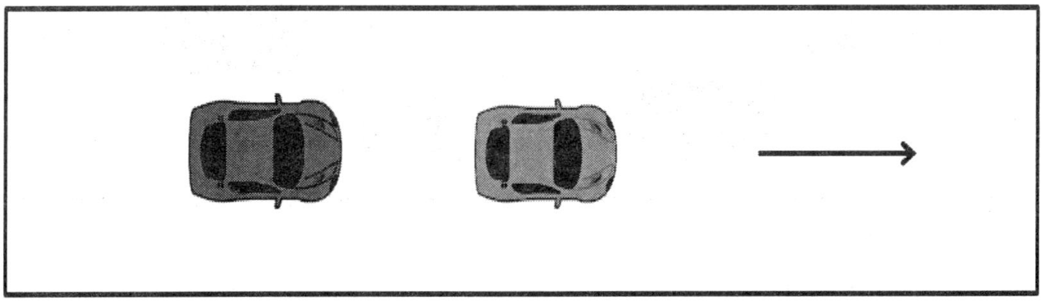

⑶ 선도 및 후미 대형(3대 운영 시)

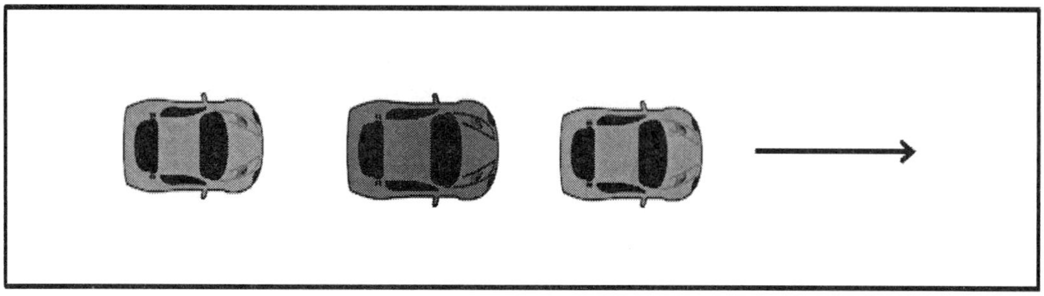

⑷ 좌 · 우측 경호 대형

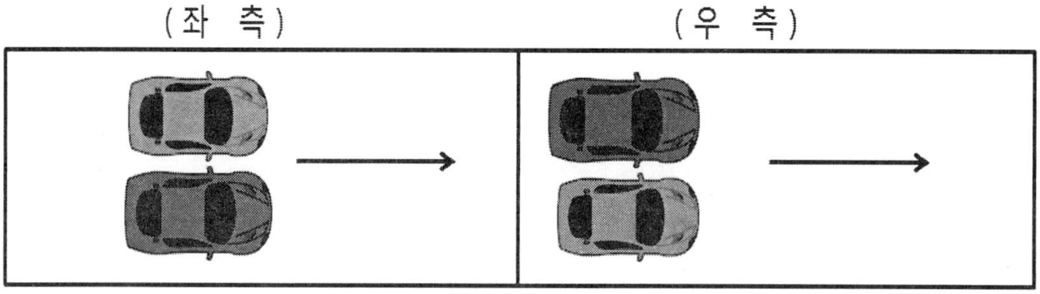

⑸ 좌측후미, 우측후미 대형

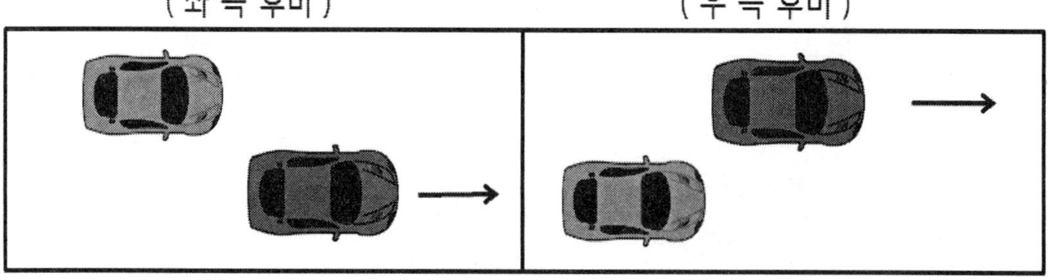

마. 차량이동 간 시비 발생 시

경 호 중 점 사 항	세 부 경 호 내 용
• 경호 대상 차량, 경호 차량에 대한 일반차량의 시비 및 욕설 차단	• 후미 대형 → 좌 · 우측, 좌 · 우후방에 양해 표시 • 경호 대상 차량 또는 경호 차량의 급 차선변경으로 인한 시비발생 예상 시 사전에 손을 들어 양해 표시 • 양해표시에도 불구하고 욕설 또는 경적사용 시 경호 대상 차량과 이격하여 양해표시 – 경호 대상 차량과 가시거리 유지 – 경호 대상자에게 정신적 안정감 제공 • 시비해결에 지나친 비중을 두어 기본 경호임무에 소홀함이 없도록 유의 – 항상 테러 발생 대비

바. 교통법규 위반으로 적발 시

경 호 중 점 사 항	세 부 경 호 내 용
• 교통법규 위반 전 주변에서 식별 가능토록 긴급 차량으로 전환시켜 당위성 보장	• 긴급 차량으로 전환 이동 시 긴급차량 우선통행권 보장 • 경찰제지 시 – 수행부관에게 무선통보 (상황해결 의지) – 경호 대상자에게 정신적 안정감 제공 – 경호 대상 차량 완속 이동 – 경호 차량 정지하여 경호팀장이 긴 이동에 대한 양해 유도 – 주치 후 신속하게 경호 대상 차량과 합류

▶ 위해 시도자의 범행 단계

(1) 위해장소 선정
- 위해 대상자가 차량 이동로상의 반드시 통과해야하는 지점
- 차량 대피가 곤란한 일방통행로와 도로 폭이 좁은 지점
- 차량이 서행해야 하거나 쉽게 정지하게 되는 지점 (교차로, 돌출 장애물, 커브)
- 운전 중 앞을 잘 볼 수 없는 지점(언덕 넘기 전, 코너 지점)

(2) 감시 활동
- 위해 대상자의 차량이동로 전반과 취약지점에 도착하는 시간
- 선정 된 취약장소 주변의 환경 분석
- 제공되고 있는 경호의 형태

(3) 위해지점 고립
- 범행 현장과 약간 떨어진 지점에서 고의로 사고 유발시켜 주변의 관심유도
- 다른 지역에 교통사고 발생하였다고 경찰에 허위신고
- 범행 전 또는 범행 직후 주변의 가능한 통신수단 제거

(4) 대상차량 정지
- 교통사고 유발, 장애물 설치, 도움요청을 가장한 차량 정지
  교통경찰 또는 도로작업 인부로 위장, 도로훼손, 유모차를 마주 오는 차에 밀어 넣기 등의 방법 이용

(5) 경호요원 처치
- 경호요원 존재 시 위해자의 목적달성 전 · 후에 장애초래

제 7 장 경호운전

제1절 경호운전의 인식

경호운전은 극히 일반적이고 상식적인 관심을 요구하게 되며, 이러한 관심과 주의를 소홀히 할 때 차량위해 상황에 직면하게 된다. 운전요원의 노력은 차량위해를 시도하려는 자의 의도를 바꾸거나 의지를 약하게 하여 위해행위를 중지시킬 수 있다. 이렇게 보면 경호운전이란 차량운용 시 발생 가능한 위해를 예방하고 또는 우발상황 발생 시 이를 적절하게 대처하는 고도의 운전 기술이며, 또한 경호를 제공받는 경호대상자는 경호활도이 성공적이고 효과적으로 수행될 수 있도록 경호운전의 운전환경을 이해해 줄 수 있어야 한다.

1. 경호운전의 시작

경호운전은 안전의식에 기초한 방호운전에서 출발한다. 운전을 함에 있어서 평소 알고 있는 것과 이를 실천하는 차이가 곧 잠재적인 위해 상황을 경험 할 것인가, 피할 것인가의 차이라 할 수 있다.

가. 운전 전

(1) 연료는 항상 3/4 이상 채우고 차량의 성능을 점검한다.

(2) 사전에 이동목적, 이동경로, 예비도로, 교통상황 등을 파악한다.

⑶ 터널, 교차로, 도로 공사장, 시위 및 각 종 행사 등 교통 장애 요소 등을 파악한다.
⑷ 우발사태에 대비한 조치모델 및 안전대피 장소를 강구한다.

나. 운전 중

⑴ 가능하면 이동로의 수시 변경 및 밝은 시간대에 운행한다.
⑵ 정지 시 경호 대상 차량과의 공건을 확보하여 즉시 이동할 수 있는 상태를 유지한다.
⑶ 항상 건강을 유지하고 실내거울과 실외거울을 통해 미행 여부와 이상 상황을 파악한다.
⑷ 운전 시 사고발생 위험과 같은 비정상적인 상황을 피한다.
⑸ 운전 중 주변사람과 대화하거나 서류를 전달받을 경우 창문을 조금만 연다.
⑹ 갑자기 설치된 우회표시, 공사 중 표지판, 검문소등을 의심해야 하며 위해자가 군인 및 경찰복장등으로 위장할 수 있으므로 주의해야 한다.
⑺ 위험지역을 평가하고 긴급 시 이용할 수 있는 인근의 대피장소(군부대, 경찰서, 소방서)나 병원을 파악한다.

다. 주차 시

⑴ 밝은 곳에 주차하며, 주차 전 의심나는 상황이 발견되면 주차위치를 이동하거나 확인한다.
⑵ 차문은 꼭 관건하고 열쇠는 타인에게 맡기지 않는다.
⑶ 차량 앞부분이 출입구를 향하게 주차한다.
⑷ 경호 대상 차량을 주시하는 폭발물 부착방지를 위한 감시 활동을 한다.

2. 차량탈취 방지

가. 위해자들이 범행 장소로 선호하는 장소, 즉 사람통행이 적거나 어두운 곳을 피해서 밝은 지역, 넓은 도로로 운전한다.

나. 보통의 위해자는 경호 대상 차량의 앞을 막아 움직일 수 있는 공간을 차단하려 하므로 항상 앞차와의 간격을 유지하여 빠져나갈 수 있는 여유 공간을 유지한다.

다. 경호원 없이 운행 중에 위해자가 차량만을 탈취하기 위하여 위협을 가할 경우 상황을 악화시킬 필요 없이 차량을 포기한다.

라. 앞서가던 차량을 고의로 급정지하여 사고를 유발시키는 자를 주의한다.

마. 위협을 당할 의심이 있을 경구 위해자의 공격 이전에 그 지역에서 빨리 이탈한다.

제2절 경호운전 시 신체적 고려 요소

1. 시 계

운전 시 전방에서 발생되고 있는 상황에만 집념하지 말고 주변의 모든 지역에서 발생 가능한 상황을 예측하여야 한다.

즉, 좌 · 우측방, 후방, 언덕 넘어 상황, 교차로를 지나면서 발생될 수 있는 각종 상황에 대비하여야 한다. 그리고 운전하는 사람은 모든 감각기관을 이용하여 운전하지만 차량을 통제하기 위하여 습득되는 정보의 90% 이상이 직접 보는 것에서 얻게 된다. 따라서 운전요원은 차량유리에 성애나 김(수증기)이 끼어 있지 않도록 하여 항상 최상의 시계를 확보해야 한다.

2. 운전자세

운전 자세는 임무 중 긴장을 유지하는데 도움이 될 수 있게 의자를 당겨 핸들에 너무 가까이 앉는 자세는 다른 사람에게 자신이 없게 보이거나 나쁜 시력을 갖은 것으로 여겨진다.

반대로 핸들에서 떨어져 느슨하며 여유 있게 앉아있는 자세와 운전 중 창문을 열어놓은 상태에서 팔꿈치를 창문틀에 기대고 한 손으로 운전하는 것은 이완되보이거나 너무 자신감이 넘쳐 운전능력을 자만하고 있게 보인다. 따라서 항상 긴장을 유지시켜 줄 수 있는 직립의 자세와 어깨는 좌석 등받이에서 떨어지지 않게 하는 바른 자세를 유지하여 운전하여야 한다.

3. 손의 위치

운전 중 손은 핸들의 시계방향으로 표시하여 3시부터 9시 방향으로 놓여 져야 하며, 양손 중 어느 한 손이 차량의 작동을 위해 필요한 경우를 제외하고는 두 손이 항상 핸들 위에 위치하여야 한다.

4. 육체피로

운전요원은 맑은 눈과 함께 건강한 육체상태 및 좋은 감성(바이오리듬)을 유지하여야 한다. 임무수행 전에 무리한 업무 및 스트레스로 인한 피로를 가지고 긴장을 요구하는 경호운전의 특수임무를 수행 할 경우에는 위험운전을 하고 있다고 보아도 좋다. 왜냐하면 경호운전 중 어느 순간엔가 경험 할지 모르는 상황에서 피로와 스트레스가 위험 · 위해판단 및 차량조작, 대응능력에 심각한 장애를 초래하게 되기 때문이다 따라서 경호운전요원에게는 안전한 운전을 위하여 임무 전에 충분한 휴식을 보장해 주어야 한다.

▶ 피로 운전으로 발생될 수 있는 문제

(1) 평소 익힌 경호운전기법을 적용하기 힘들고 집중이 어려워진다.
(2) 평소와는 달리 위험을 무릎 쓰고 감행하려는 경향이 있다.
(피로는 정신을 둔하게 하며, 특히 고속운전을 할 때 더욱 위험함)
(3) 피곤한 때는 차선을 유지하며 운전하기가 힘들다.
(4) 자신도 모르게 과속하거나 감속하게 된다.
(5) 피곤을 무시하고 계속운전을 할 경우에는 시력이 저하된다.
(주의력이 산만해져서 주변의 신호등을 늦게 감지하고 측면 및 후방의 관찰 횟수가 감소)
(6) 피로로 인한 교통사고 발생과정은 뇌의 산소부족, 중추, 신경피로, 감각둔화 및 지각저하, 근육수축의 조정기능 약화, 감각 자극차단, 인지의 지연과 판단의 착오로 차량조작의 오류, 사고 발생순으로 나타난다.
※ 피로를 가장 확실하게 극복하는 방법은 정지하여 수면을 취하거나 잠시라도 쉬는 것이다.

5. 알콜 및 약물 효과

운전요원이 운전 전에 약을 복용할 경우에는 약의 경고문을 주의하여 읽어 보아야 하며 처방된 약을 복용할 때도 약사에게 그 약이 운전에 미칠 수 있는 영향에 대해 물어보아야 한다. 만약 운전에 영향을 주는 약이라면 약을 복용 후 절대로 운전해서는 안 된다.

알콜 복용이 운전에 미치는 영향을 측정한 연구기관의 실험에 의하면 알콜은 도로와 전반적인 운전환경으로부터 집중력 과 기계조작 기능이 저하된다고 하고 있다.

따라서 경호운전자의 약물 및 알콜 복용은 불 옆에 폭탄이 있는 상황으로 인식하여야 한다.

6. 교통상황

특수임무의 경호운전 시 주변의 상황에 주의를 기울여야 한다. 즉, 정신과 눈은 임무에 필요한 전방상황에 집중시키고, 앞차와 안전거리를 유지한다. 또한 노견에서 주차상태로 있던 차량이 튀어나오는지를 관찰하여야 하며 운전 중 정신을 다른 곳에 두고 있는 사람(표지판을 확인하며 두리번거리거나 지도를 펼쳐보는 사람)들이 운전하는 차량에도 주의가 요구된다.

7. 긴급운전

일반인에 비하여 경호운전 요원에게는 비정상적인 상태에서의 비상운전이 자주 요구된다. 왜냐하면 우발적인 상황은 즉각적인 행동을 요구하게 되며 비상 상황에서의 운전 시 예기치 않은 위험 상황이 발생하기 때문이다.

따라서 긴급하다고 하여 사고를 피할 수 있는 거리를 측정치 못하거나 무의식적으로 임의로 운전해서는 안 되며, 항상 충분한 시간과 거리를 유지하고 적절한 차량의 조작을 갖춘 운전을 하여야 한다.

제 3 절　차량사고 요인의 극복

1. 인적요인

교통사고는 한 가지 요인에 의하여 발생되는 경우보다는 여러 가지 요인(인적요인, 차량요인, 교통 환경요인)이 복합적으로 작용하여 발생한다. 하지만 그러한 요인 중에서 교통사고의 대부분은 인적요인에 의해 발생되고 있다.

그 예로 인적요인에 의한 사고를 조사 연구한 교통안전 협의회 자료 분석 결과에 의하면 미국은 93%, 영국 85%, 일본96%, 대한민국 94%로 나타나 있으며, 이처럼 대부분의 교통사고는 사람의 고의나 과실에 의한 행위에서 발생 된다고 할 수 있다.

가. 인적요인의 극복

교통사고에 대한 인지·판단에 영향을 주는 요소에는 다음과 같은 것이 있다.

⑴ 인적요소의 속성으로는 관찰습관, 감지능력, 정서적 안정, 집중력, 민감성 등이 있으며
이것을 변화시키는 변수로는 정서적 혼란, 스트레스, 조급성, 피로와 질병 등이 있다.

⑵ 도로요소의 속성으로는 빛, 조명, 시각장애, 경고·안내표지, 교통신호장치, 교통표지와 표시등이 있고 이것을 변화시키는 요소로는 날씨, 기온, 도로장애물, 도로파손 등이 있다.

⑶ 차량요소의 속성으로는 전조등, 신호장치, 제동장치 등이 있다.

이렇게 볼 때 인지와 판단에 영향을 주는 중요요소는 운전자의 정서적 안정과 관찰습관, 도로의 신호체계와 안내표지, 자동차의 시각과 감지장치, 제동장치 등이 있음을 알 수 있다.

그러나 자동차와 도로여건은 객관적인 위험요인으로서 개선의 여지가 있는 반면 인적요소는 인간심리와 행동의 가변성으로 인하여 관리하기가 무척 힘들다.

특히, 즉각적인 결정이 필요한 위기상황에서 운전자가 유용한 정보를 인수, 분석·평가하여 의식적으로 정확한 결정을 하기는 어려우며, 오히려 그들의 반응은 정신적 육체적 상황과 개인의 특성에 따라 직감적으로 나타날 가능성이 높다.

따라서 계속 변화하는 교통 환경에서 운전과 관련된 정보처리가 정확히 이루어져야 안전운전을 할 수 있다. 즉 다른 차량과 주변 환경, 보행자에 대한 인지·판단이 정확해야 한다.

나. 운전자적 교통사고 요소

운전 중 운전자가 교통사고를 일으키는 원인은 직접원인과 간접원인으로 분류할 수 있다.

사고를 유발시킨 요소와 관련되는 직접원인은 도로현장에서 확인 할 수 있는 것으로 운전자가 주의를 집중하여 적절히 대처하면 예방할 수 있는 요소들이 많다. 그리고 직접원인을 유발하게 된 배경적 원인으로 작용하는 간접원인은 사고현장에서 거의 확인할 수 없는 것으로 시간적 선행 행동조건을 조사함으로서 확인할 수 있다.

여기서 정서적 흥분과 조급성은 비교적 일시적인 사고발생 요소로 작용하나 음주, 약물, 만성적 질환, 시각적 장애, 경험과 실습으로 쌓여진 운전미숙, 차량에 대한 비 친숙성, 운행구간에 대한 비신축성 등은 영속적 결함요인으로서 장기적 치료와 훈련이 필요하다.

따라서 간접요인 제거를 위해서는 신체적, 생리적 결함, 정신적, 정서적 결함의 시정 및 경험과 실습을 높여서 친숙성과 신축성 등을 항상 시켜야 한다.

그런데 이처럼 운전자의 신체적 · 생리적 조건과 운전경험의 축적에 의한 운전기술과 적응력 등을 포함한 인적인 불안정한 상태의 정도가 심한 사람들이 비교적 사고를 자주 일으키는 경향이 있다. 흔히 이처럼 사고를 자주 일으키는 사람을 사고다발자라고 부르는데 이들은 책임감 결여, 이기적이고 공격적인 태도, 자기통제 능력 미약, 충동적인 태도, 신경과민성, 우유부단성 등을 확실히 나타내고 있다.

이러한 자기통제 능력이 미약한 사람의 경우 각 종 스트레스 상황을 효율적으로 극복하지 못하고 중대한 교통사고를 발생시킨다. 이와 관련 된 연구결과를 정리하면 치명적 사고를 야기한 운전자와 그에 상응하는 운전자에 대하여 각기 사고 이전 개인적 스트레스 여부를 평가한 결과, 운전 전에 하나 이상의 스트레스를 경험한 비율이 53 ~ 80% 에 있어, 사망자 집단 60% 가 사고발생 전 1 ~ 7일 이내에 개인적 갈등, 스트레스, 친구 또는 친지와의 문제, 직장 및 직업의 문제, 금전문제 등으로 심한 내적갈등을 경험하고 있다는 점이다. 따라서 운전자는 어느 누구도보다도 자기 통제력을 가지고 각 종 스트레스를 적절히 조절하는 것이 교통사고방지의 지름길임을 알아야 한다.

2. 차량적 요인

차량결함에 의한 사고는 아주 드물게 발생한다. 파멸적인 사고를 일으킬 정도의 차량결함은 요즘 차량 제작기술로서는 실제 잘 발생하지 않는다.

한편, 대부분의 차는 일반인이 일상적인 운전을 위하여서는 적합하게 만들어져 있지만 특수목적이나 비상시의 운전에는 적합하지 않을지 모른다. 대부분의 차량은 차량의 결함이 임박했음을 사전 경고해 주지만 운전자들은 대부분 이를 무시하고 부속품이나 기계장치에 커다란 결함이 발생할 때까지 운행한다.

차량 요인에 의한 사고 발생률은 인적요인에 비하여 적으나 사고 시 치사율은 다른 요인 보다 훨씬 높다. 자동차 요인에 의한 사고 비율이 낮다고 하여도 인간과 자동차는 하나의 시스템으로 작용하게 되므로 차량은 안전하게 관리되어져야 한다. 아무튼 차량요인에 의한 사고 시 다음과 같은 부속품이 주요 사고원인이 된다.

가. 타이어

요즘의 타이어는 성능이 많이 향상되어 그렇게 걱정할 것은 못되지만 차량운행을 위한 주요 부분이므로 잘 다루어져야 한다. 타이어는 여러 가지 다른 재질로 겹겹 쌓여 있으나. 마모된 타이어로 주행하면 타이어로서의 기능을 충분히 수행하지 못하여 차량 조종능력을 약화시키고, 도로 주행 중 펑크가 나면 차량은 중심을 잃게 되어 심한 피해를 일으키게 된다.

앞바퀴 정열이 불량한 차는 타이어의 편마모를 가져올 뿐만 아니라 운전자의 핸들조정을 어렵게 하여 사고의 위험성이 커진다.

나. 제동장치

브레이크는 타이어와 함께 차량의 안전에 필수적인 부품이므로 안전하게 관리되어야 한다. 아무리 유능한 운전자라 하더라도 브레이크를 밟을 때 차가 제대로 정지하지 않으면 엄청난 사고의 위험에서 벗어날 수 없다.

다. 조명장치

자동차는 차량안전 기준이 정하는 전조등, 차폭등, 미등, 번호등 및 실내 조명등을 사용하도록 규정하고 있다. 야간 운전 시 전조등은 운전자의 시야를 확보해주는 유일한 기구이며, 운전자의 눈의 피로에 직접적으로 영향을 주게 된다. 그리고 브레이크 등과 방향지시등은 다른 운전자에게 자신이 하려는 또는 하고 있는 행위를 알려주는 수단으로서 낮에도 밤과 마찬가지로 중요하며, 자신의 안전과 연결된다 할 수 있다.

라. 기타

차량요인에 의한 연구결과 중량이 큰 고급차가 차량사고 시 사망률이 낮다.

3. 환경적 요인

가. 도로요인

도로는 운전자와 차량이 하나의 유기체로 움직이는 장소를 제공하게 되며, 도로요인은 인적, 차량 요인에 비해 수동적 성격을 지니고 있으며, 능동적으로 인적, 차량적 요소를 어떻게 잘 수용하느냐가 교통사고를 좌우 한다고 할 수 있다.

나. 기상요인

교통사고를 유발시키는 자연적 요인 중 일광에 의한 명암 상태는 교통사고와 높은 상관관계가 있는 것으로 나타났으며, 해뜨기 전과 해질 무렵에 다른 시간대에 비해 비교적 높은 사고율을 나타내고 있다. 또한 노면의 미끌림이 어떠한 형태로든 교통사고와 관계하고 있으며 그 중 30% 정도는 브레이크를 밟기 전 미끄럼에 의한 것이었다. 노면상황에 의한 교통사고율은 노면에 습기가 있을 경우 건조 시의 약 2배, 강설 시는 약 5배, 결빙 시는 약 9배로 증가한다.

▶ **경호운전 중의 사고유발 상황**

(1) 앞 차량과 가까이 접근하여 하는 운전 (2) 급차선 변경이나 급한 속도 변경 (3) 규정 속도위반 (과속) (4) 문제가 있다는 사실을 인식하지 못하였을 때 (5) 주변의 차량이 나의 차량을 보지 못할 때 (6) 감정적으로 불안정할 때 (분노, 허탈, 슬픔)

제 4 절　운전연습

1. 운전의 중요성

운전훈련이 모든 상황에서 사고를 예방해 줄 수는 없다. 숙련 된 운전요원이라 할지라도 주의력이 부족 시 사고를 피할 수 없으며, 이러한 사고방지를 위한 훈련과 연습은 운전요원의 운전태도를 변화시키고 이동 간의 경호기법을 증진시킬 수 있다. 또한 발생 가능한 모의 비상상황을 연출해 내고 이러한 상황에서의 운전연습이 실제의 임무에 투입되었을 때 경험적으로 비상상황을 합리적이고 침착하게 처리할 수 있는 처리능력으로 연결될 수 있으므로 경호 운전연습은 매우 중요하다고 할 수 있다.

2. 기본 운전연습

가. 스라롬

스라롬이라 부르는 연습은 여러 개의 노란색 안전콘(깔대기 모양의 고무)을 일직선상에 동일한 간격으로 설치하고 이 콘 사이를 여러 속도로 전진과 후진으로 통과하는 연습이다. 이러한 연습은 운전자로 하여금 ① 운전자세 교정, ② 고정된 문제를 활용 거리를 인식하는 능력배양, ③ 핸들 조작과정을 통한 시간개념 인식, ④ 손과 눈의 능력향상, ⑤ 기본적인 차량 역학 관계 이해, ⑥ 복잡한 연습을 대비한 핸들 조작능력을 배양시킬 수 있게 하는 가장 좋은 방법이다.

▶ 스라롬 코스

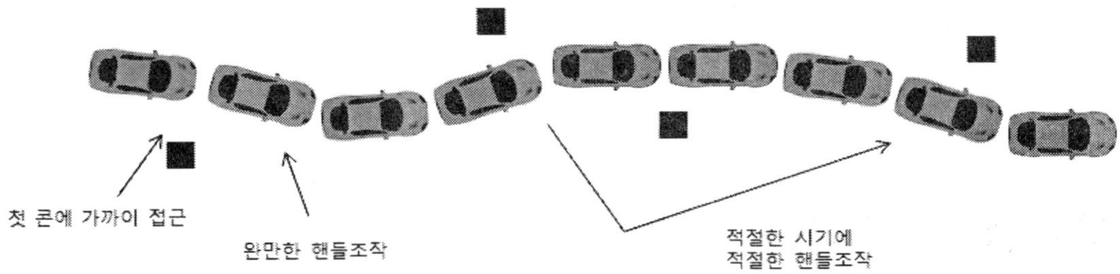

나. 브레이크 조작

운전 중 차량을 빨리 정지시키고 통제 상태를 유지하는 것은 매우 중요하다. 브레이킹 연습은 속도와 정지거리와의 관계를 통하여 속도와 반응 시관과의 관계를 알 수 있게 된다.

다. 장애물 대피 훈련

운전 중 갑자기 나타나는 장애물에 대한 위험성을 인식하고, 상황 확인 후 그 위험을 피하기 위한 의사결정과 그것을 피하는 동작을 행하는데 소요되는 시간을 잘 알아야 한다.

이 경우 브레이크를 작동하여 그 장애물을 피해가는 방법을 사용할 수도 있다. 즉 긴급한 차선변경 연습을 통해 ① 의사결정을 하는데 소요되는 시간과 거리, ② 의사결정 후 속도에 따른 대응활동을 하는데 소요되는 시간, ③ 도피이동을 할 때 하중 이동현상을 조종하는 방법, ④ 장애물을 피하여 브레이크와 핸들을 조화롭고 완만하게 조작하는 방법을 익힐 수 있다.

▶ 장애물 대피 운전연습

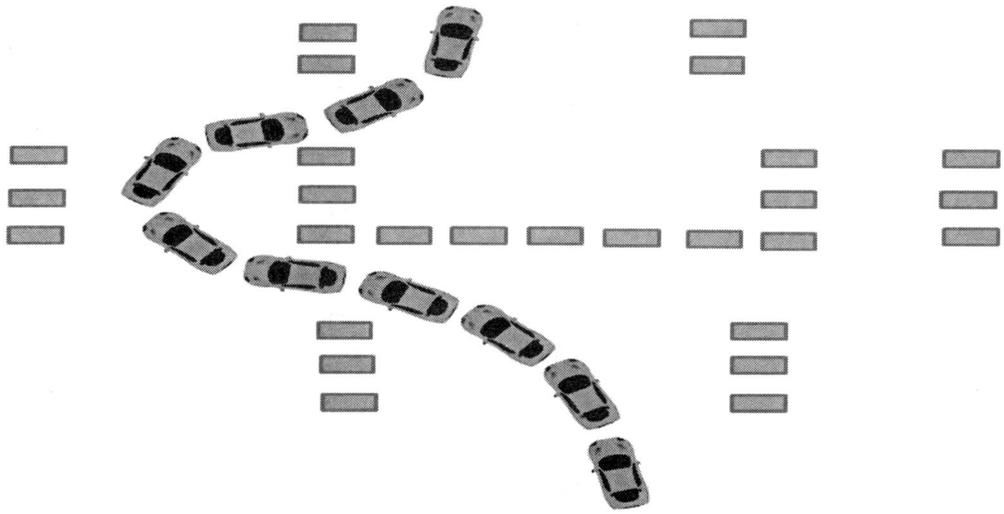

라. 후진 연습

후진 시 많은 사고가 발생한다. 차량이 후진 중일 때 핸들을 꽉 잡지 않으면 자동적으로 중심을 유지하지 못하고, 핸들에 작은 힘만 가해도 차량의 변화는 크게 변한다. 또한 후진 시 속도가 빨라질수록 중심을 잡기 더 힘들어 진다. 따라서 후진연습 시 안전한 후진은 서행이며, 빠른 후진을 삼가하고 브레이크, 핸들, 엑셀페달을 유연하게 작동시킬 수 있는 기술을 익혀야 한다. 후진 시 주의해야 할 사항으로는

(1) 엑셀레이터의 페달을 너무 힘 있게 밟은 채로 핸들조작을 하지 않는다.

(2) 후진하기 전에 전방, 좌 · 우측이 안전 한가 확인한다. 왜냐하면 차량이 후진 시 앞부분이 많이 흔들리기 때문이다. (벽, 장애물과의 충돌)

(3) 차량 뒤에 아무것도 없는지 확인하고 천천히 운전해야 한다.

(4) 긴급 시 도는 교통이 혼잡한 상태에서 후진 시 주변 차량들에게 경적 또는 사이렌 등으로 이동하겠다고 알린다.

▶ 후진연습

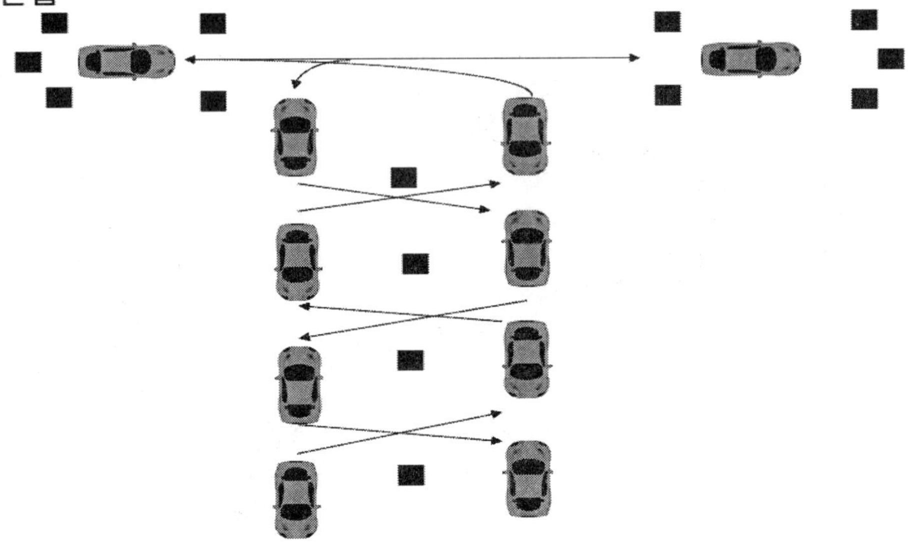

3. 특수 운전연습

가. 급가속 운전

위해상황발생으로 전방으로 이동이 가능할 경우 정지된 상태로 최고의 가속력을 내어 신속하게 현장을 이탈하는 방법이다.

이 연습은 1단 기어상태에서 엑셀레이터 페달을 강하게 밟아 30km/h 이상으로 가속하고 약 10M 지점에서부터 변속하여 100km/h 이상 가속한 후 4단으로 변속하여 계속 가속하면서 주행하는 연습이다.

▶ 급가속운전 다이어그램

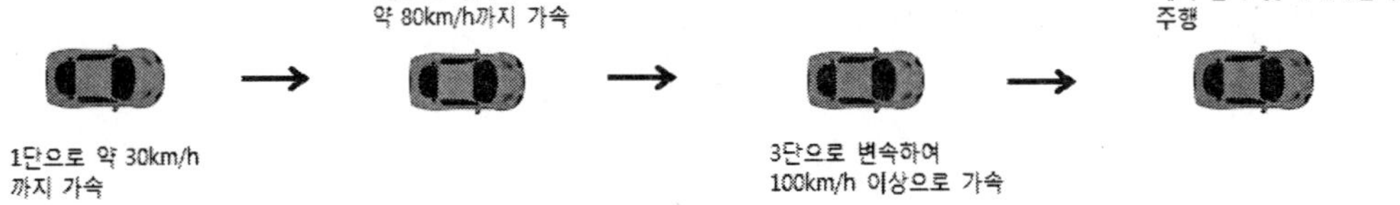

나. 역회전 (180도 회전)

위해 상황 시 전방으로 계속이동이 어려워 주행하던 반대방향으로 신속히 도피해야 할 경우 적용되며, 차를 충분히 가속할만한 여유가 있을 때 차량 하중이동을 이용하여 신속히 역회전 한 후 현장을 이탈한다. 이와 같은 역회전 방법에는 U턴, J턴, Y턴이 있다.

(1) U턴

40km/h ~ 55km/h (젖은 노면에서는 32km/h ~ 40km/h)의 속도를 유지하여 회전하고자 하는 반대방향으로 접근한다. 그리고 브레이크를 약하게 밟아 차의 하중을 이동시킨 후 핸드브레이크를 강하게 당겨 뒷바퀴를 잠기게 하고 핸들을 신속히 회전시킨 후 클러치 페달을 밟는다. 회전 후에는 핸드브레이크를 풀고 핸들을 중립시키며 클러치 페달을 놓고 가속하여 주행한다.

▶U턴 다이어 그램

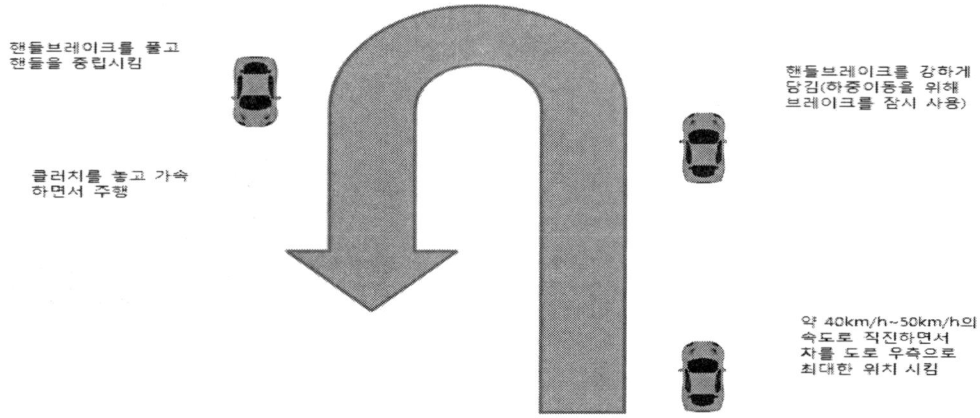

(2) J턴

J 턴을 하기 위해서는 우선 정지 상태에서 후진으로 최대 가속하여 엑셀레이터 페달을 놓고 빠르게 핸들을 회전시키면서 클러치 페달을 밟는다. 그리고 브레이크를 밟는다. 회전 후 1단으로 변속한 후 클러치페달을 놓고 가속하면서 주행 한다.

▶J턴 다이어 그램

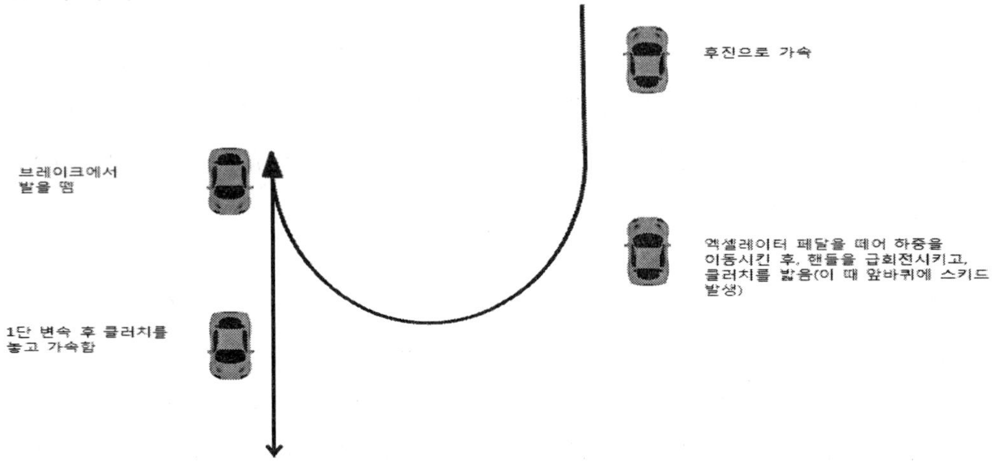

(3) Y턴

Y턴은 후진으로 가속하다가 액셀레이터 페달을 놓고 핸들을 회전시킨다. 이 때 클러치페달을 밟는다. 그리고 나서 브레이크 밟고 이후 직진할 수 있도록 방향전환을 한 후 1단으로 변속하여 클러치페달을 놓고 가속하여 주행한다.

▶Y턴 다이어 그램

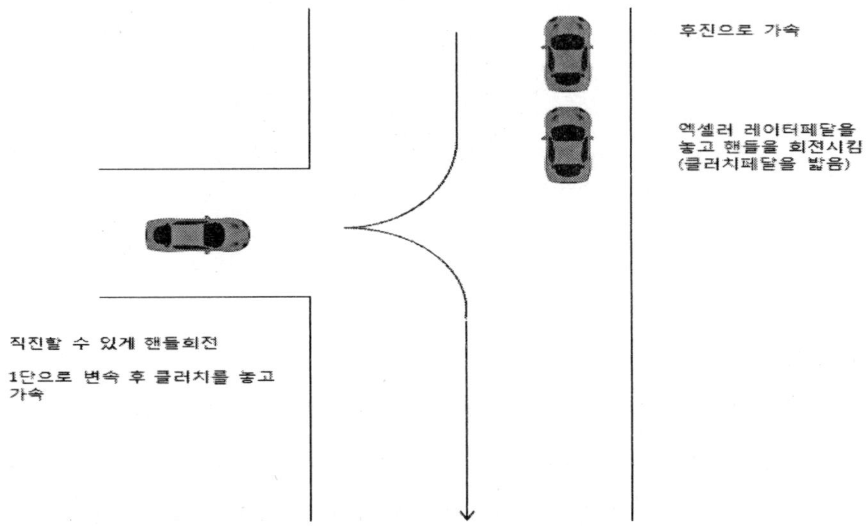

▶ 운전연습 시 장비

(1) 급가속 시 발생될 수 있는 화재를 대비하여 소화기를 준비한다. (2) 연습 시 안전벨트를 반드시 착용한다. (3) 가벼운 찰과상 등의 상처를 치료하기 위한 구급함 (4) 장애물 대치용으로 30cm ~ 35cm 높이의 황색콘 (5) 주요장애물 설치용으로 40cm ~ 60cm 높이의 황색콘 (6) 코스와 장애물 위치선정을 위한 롤러자나 줄자 (7) 콘의 위치와 코스를 구분하여 표시할 수 있는 회가루나 스프레이 페인트 (8) 주변 경계표시 장비 (통제구역, 위험표시판)

※ 운전연습장으로는 타원형의 운동장, 자동차 경주장, 폐쇄된 활주로 등이 좋다.

제 5 절 경호운전 관계법규

1. 경호경비 자동차 관리의 특례

모든 자동차는 자동차관리법 제30조 또는 제41조에 의거 차의 구조, 장치, 형식 등에 건설교통부장관의 승인 등 통제를 받아야 하나, 대통령 경호 차량은 자동차관리법 제64조(자동차관리 특례 제 6호), 자동차관리의 특례에 관한 규칙 제3조 및 제9조에 의거 "국가안보 및 치안의 유지를 위하여 특히 필요하다고 인정하여 건설교통부장관이 정하는 경호 · 경비 등의 목적에 사용되는 자동차"에 해당되므로 형식승인(동법 제30조), 성능시험(동법 제31조), 사후관리(동법 제32조), 점검 · 정비(동법 제34조), 검사의무(동법 제41조)를 각 각 면제받도록 되어 있고 경호 목적 상 선팅 등 차량구조 변경에 대하여 합법적으로 이루어지고 있다. 그리고 국방장비 등의 외자구매와 같이 경호장비의 특수성과 고도의 기술성으로 인하여 중요 장비에 대한 수입이 불가피하므로 경호장비 구매의 신속한 절차와 예산집행의 효율성을 기하기 위하여 조달 기금법 제 13조 및 동법 시행령 제 13조, 제14조, 관세법 제30조, 특별 소비세법 제19조 등에 경호용으로 사용되는 수입 장비에 대해서는 조달청 구매에 의하지 않고 직접 구매할 수 있으며 관세와 특별소비세 등이 면제되도록 되어 있다.

2. 경호장비 자동차의 운행의 특례

가. 긴급자동차의 종류

긴급자동차라 함은 소방차, 구급차, 그 밖의 대통령령이 정하는 자동차로서 그 본래의 긴급한 용도로 사용되고 있는 중인 자동차를 말한다. (도로 교통법 제 2조 16호)여기서의 대통령령이 정하는 긴급자동차라 함은 긴급한 용도로 사용되는

(1) 경찰용 자동차 중 범죄수사, 교통단속, 그 밖의 긴급한 경찰임무수행에 사용되는 자동차
(2) 국군 및 주한국제연합군용 자동차 중 군 내부의 질서유지 및 부대의 질서 있는 이동을 유도하는데 사용되는 자동차
(3) 수사기관의 자동차 중 범죄수사를 위하여 사용되는 자동차
(4) 교도소 또는 교도 기관의 자동차 중 도주자의 체포 또는 피수용자의 호송 · 경비를 위하여 사용되는 자동차
(5) 전기사업, 가스사업 등 그 밖의 공익사업기관에서 위험을 방지하기 위한 응급작업에 사용되는 자동차
(6) 민방위 업무를 수행하는 기관에서 긴급예방 또는 복구를 위한 출동에 사용되는 자동차
(7) 고속도로 관리를 위하여 사용되는 자동차 중 도로상의 위험을 방지하기 위한 응급작업에 사용되는 자동차
(8) 전신 · 전화의 수리공사 등 응급작업에 사용되는 자동차와 우편물의 운송에 사용되는 자동차 중 긴급배달 우편물의 운송에 사용되는 자동차 및 전파감시 업무에 사용되는 자동차

(9) 경찰용의 긴급자동차에 의하여 유도되고 있는 자동차

(10) 국군 및 주한국제연합군의 긴급자동차에 의하여 유도되고 있는 국군 및 주한국제연합군의 자동차

(11) 생명이 위급한 환자나 부상자를 운반중인 자동차를 말한다.

(도로 교통법 시행령 제 2조)위에서 (5)에서 (8)까지의 자동차는 이를 사용하는 부서(사람)의 신청에 의하여 지방경찰청장이 지정하는 경우를 말하며, (9)에서 (11)까지의 자동차는 긴급 자동차로 간주되는 자동차에 해당한다.

나. 긴급 자동차의 운행

긴급자동차는 자동차관리법 및 동법에 의하여 자동차의 안전운행에 필요한 자동차 안전기준에서 정한 긴급자동차의 구조를 갖추어야 하며 1등당 135칼델라 이상 2천 5백칼델라 이하의 광도와 경찰용, 교도소용, 소방용 자동차 등은 적색 또는 청색, 전신 · 전화수리 공사용, 전기사업 가스사업 등 응급작업용 자동차 등은 황색, 구급용 자동차는 녹색의 동광색을 갖춘 경광등 및 사이렌을 설치할 수 있다. 도로교통법 제 25조 (긴급자동차의 우선) 및 동법 제 26조 (긴급자동차에 대한 특례) 그 밖의 법에 규정된 특례를 적용 받고자 하는 때는 사이렌을 울리거나 경광등을 켜야 한다. 이때의 긴급자동차는 좌측통행 허용, 부정지, 통행우선, 속도 및 앞지르기 금지의 특례를 적용 받으며 다만 속도규정에 의하여 긴급자동차의 속도를 따로 정한 경우에는 자동차의 속도 규정을 적용한다.

3. 군 · 경호 경비차량의 운행특례 적용

군경호대상자를 경호하는 경호 차량이 법에서 정한 긴급 자동차 운행의 특례적용에 관하여 적용을 받을 수 있다 · 없다 라는 등의 의견이 분분하다.

도로교통법 시행령 제 2조 ②항에서 긴급자동차란 "국군 및 주한 국제 연합 군용 자동차 중 군내부의 질서유지 및 부대의 질서 있는 이동을 유도하는데 사용되는 자동차" 그리고 동법 제 3조 ①항은 "긴급자동차는 자동차관리법 및 동법에 의

하여 발하는 자동차의 안전운행에 동법 제 25조 및 제 26조 그 밖의 규정 된 특례조항을 적용받고자 하는 때에는 사이렌을 울리거나 경광등을 작동해야 한다." 라고 규정하고 있다.

이상에서 규정된 바와 같이 군 경호 차량이 평상시에는 운행의 특례를 적용받을 수 없지만 차량경호 중에 긴급한 이유로 선도 또는 후미에서 경호 대상 차량의 안전과 이동을 위하여 유도하고 또한 운행당시 긴급자동차로서의 안전기준(경광등, 사이렌 등)을 갖추고 이를 작동하여 주변에서 알 수 있도록 하였다면 도로 교통법과 시행령에서 정한 긴급자동차운행 특례를 적용받을 수 있다고 도로교통안전협회에서 해석하고 있다. 그러나 경호운전의 긴급성과 공익성이 아무리 강조되더라도 긴급운전은 법의 범위 내에서 안전하게 이루어져야 한다.

제8장 테러 및 폭발물

제1절 테러

1. 테러의 개념

테러리즘(Terrorism)은 특정 목적 달성을 위해 행해진 테러행위를 총칭하는 말로써 테러(terror)보다 이념성·포괄성을 함축하고 있는 개념이다. 우리나라에서는 테러리즘과 테러를 구분하지 않고 같은 의미로 혼용하고 있다.

또한 외국의 경우 주로 공식문서에는 테러리즘(terrorism)을, 비공식 문서에는 테러(terror)를 사용하는 경향이 있고, 미국이나 영국의 대테러 관련법, 조직명칭, 보고서 등에는 반드시 테러리즘(terrorism)이란 표현을 사용하고 있지만, 시사 잡지나 신문 등에서는 테러리즘(terrorism)과 테러(terror)를 혼용(混用)하고 있다.[1]

사실 전혀 상반된 입장을 취하는 이해 당사자 모두가 동의할 수 있는 테러의 정의를 내린다는 것은 결코 쉬운 일이 아니다. 테러리즘이 포괄성과 이념성을 지닌 용어이다 보니 정의를 내리는 것조차도 간단하지 않다. 동일한 사건을 관점에 따라 테러리즘으로 규정하기도 하고, 어떤 경우에는 단순한 일반범죄로 취급하기도 하며, 다른 시각에서는 애국적인 행위로 평가하기도 한다.

오늘날의 테러사건들은 그 파괴적 행위의 극렬함이나 잔인성에 있어 극단 성을

1) 국가정보원 대테러종합정보센터, "테러상식: 테러리즘," http://service3.nis.go.kr/service/data/etc.do (검색일: 2010.2.12).

드러내고 있으며, 국내의 조직범죄 및 북한을 위시한 일부 국가의 국가공권력이 직접 테러에 나서고 있는 국제적 상황 하에서 우리나라도 더 이상 테러의 안전지대가 아니다. 즉 한반도가 남 · 북한이 서로 대치하고 세계의 화약고 중의 하나로 존재하고 있는 이상 테러리즘에 대한 철저한 대비 태세를 갖추어야 한다.

테러는 시간, 장소를 구애받지 않고 언제든지 발생될 수 있으며, 정치적 목적만으로 볼 때는 게릴라 활동과 유사성을 가지나 게릴라 작전과는 달리 호응을 얻지 않더라도 상징적, 선전적 승리를 목적으로 하여 살상, 파괴행위 등을 자행하게 된다.

2. 테러의 어원과 테러리즘의 유래

원래 테러(terror)란 '커다란 공포,' '떠는 상태,' '겁주다'를 의미하는 라틴어 'terrere'에서 나왔다. 테러(terror)나 테러리즘(terrorism)이라는 용어가 처음으로 등장한 것은 프랑스 혁명 이후의 공포정치(Reign of terror) 시대였다.

테러 및 테러리즘이라는 용어가 유럽에서 널리 사용되게 된 것은 1789년 프랑스 혁명 당시 혁명정부의 주역들이 집권정부의 혁명을 순조롭게 진행시키기 위해 왕권복귀를 꾀하던 왕당파들을 무자비하게 암살·고문·처형하는 등 공포정치를 자행하였던 것에서 유래한다.

즉 1789년 프랑스혁명 당시 혁명정부의 주역이었던 J.마라(Jean-Paul, Marat) G.J.당통(Georges-Jacquesm, Danton), 로베스피에르(Maximilien-Francois-Marie-Isadore de Robespierre) 등이 공화파 집권정부의 혁명과업 수행을 위해 왕권복귀를 꾀하던 왕당파(王黨派)를 무자비하게 암살·고문·처형하는 등 공포정치를 자행하였던 공포정치시기에 널리 사용되게 된 것이다.

테러리즘이라는 용어는 프랑스 혁명 발발 후 공포정치시기(1793.6-1794.7)의 테러의 지배(reign of terror)로부터 파생되었다. 당시 로베스피에르(Maximillien Robespierre)가 이끄는 공공안전위원회(Committee of Public Safety)는 자신들을 반대하는 사람들을 위협하고 협박하기 위해 대규모의 처형을 사용하여 반대의견을 봉쇄하려고 노력하였다.

당시 1년 사이에 30만명이 체포되었고, 1만7,000명 이상이 처형당하였다.[2] 이러한 시대를 산 영국의 보수주의 정치가 버크(Edmund Burke, 1729-1797)가 테러(terror), '테러리즘(terrorism)' 그리고 '테러리스트(terrorist)'라는 말은 처음 사용하였고, 사전(辭典)에 처음 등재된 것은 1798년 프랑스 한림원(Academia de France)이 발간한 사전에서이다.[3]

이곳에서 발간한 아카데미 프랑세즈(Academie Francaise) 사전은 테러리즘을 "조직적 폭력의 사용"으로 표현했다. 그리고 공포정치(reign of terror) 자체를 테러리즘으로 부르기도 했다.[4] 당시 프랑스 혁명기(1788~1794)에 테러리즘은 단순한 개인적인 암살이라든지 사적 단체에 의한 파괴 등이 아니고, 권력 자체에 의한 철저한 강력지배, 혹은 혁명단체에 의한 대규모의 반혁명에 대한 금압 등을 일컫는 말이었다.

테러를 자신들의 의견을 관철시키려 하거나 또는 정치권력을 장악하기 위해 조직적인 폭력을 사용하는 자칭 혁명가들을 표현하는 말로도 사용해왔다. 이처럼 초기에는 정부의 공적인 권력행위 만을 의미하는 것으로 이해되었으나, 오늘날은 다시 그 관념이 확대되어, 정치적인 목적을 달성하기 위해 공포를 조성하는 주의 또는 정책을 지칭하게 되었다.

프랑스 혁명 당시 자코뱅당의 공포정치(강압지배) 즉 혁명을 추진하기 위한 강권정치는 적색 테러리즘이라고 부르는데 프랑스 혁명의 경우처럼 혁명을 추진하기 위한 강권정치, 반동파에 대한 탄압 등은 1917년의 러시아혁명에서도 자행되었다.

이에 반해 자코뱅당(Jacobins)의 공포정치에 대한 1794년 이후의 테르미도르 반동(Thermidorian Reaction), 1815년 혁명 후의 루이 왕조(Louis 王朝)에 의한 보나파르트파(Bonapartist)에 대한 탄압, 1871년 파리 코뮌(Paris Commune, 세계최초의 사회주의 자치정부)의 패배 후 파리코뮨 주도세력들에게 가해진 베르사유파에 의한 대량학살 등은 백색 테러리즘의 예이다.

---

2) Austin Ranney, Governing: *An Introduction to Political Science*, 6th edition(Englewood Cliffs, New Jersey: Prentice-Hall, 1993); 권만학 외 7인 옮김, 『현대정치학』(서울: 을유문화사, 1994), pp.607-608.

3) 조순구, 『국제관계론』(서울: 법문사, 2009.3), p.218.

4) 유재식, "분수대: 테러리즘," 『중앙일보』, 2001년 9월 13일자,

그리고 히틀러와 무솔리니의 지배확립의 과정, 독재정권 수립 후의 공산주의자 또는 유대인 등에 가해진 잔인한 박해도 테러리즘의 예이다. 이와 같이 테러리즘은 혁명·반혁명의 과정에서 발생하는 정치현상과 관련해서 발전된 개념임을 알 수 있다.[5)]

3. 테러리즘의 정의

전 세계 국가원수들이 반테러를 외치고 있지만, 문제는 테러의 개념이 모호하다는 것이다. 9 · 11 테러 피해의 당사자인 미국에서조차 중앙정보부(CIA)와 연방수사국(FBI), 국무부와 법무부가 각기 다른 테러리즘의 정의를 채택하고 있으며, 지금까지 100개 이상의 테러리즘에 대한 정의가 학자들과 국제기구에 의해 제시되어 왔다는 것은 그것을 반증한다.

9 · 11테러의 조종자인 오사마 빈 라덴을 미국에서는 서계에서 가장 위험한 테러리스트로 지목해 왔지만, 이슬람 세계에서는 '중동의 체 게바라'로 영웅시 되고 있으며, 그의 행위는 테러가 아닌 '지하드(聖戰)'라고도 말한다.

이는 안중근과 윤봉길의사의 의거는 당시 일본과 일본에 동조하는 세력들에겐 명백한 테러였던 것이다. 이렇게 테러리즘을 한마디로 정의한다는 것은 매우 곤란하다. 국제사회에서 관심을 기울여야 하는 것은 테러가 아니라, 테러의 발생원인인 국가와 민족의 '상대적 박탈감'이다. 테러의 구조가 사라지지 않으면 테러는 영원히 계속될 것이며, 진정한 반테러는 그 상대적 박탈감의 간극을 좁히는 일이다.

테러는 단순히 범죄행위를 넘어 세계 곳곳에서 전쟁의 형태로 변화되었다. 어떻게 보면 테러는 정치적 현상이다. 그러나 이제는 테러를 정치적 현상측면에서만 이해하려든다면 테러의 정의에 대한 국제적 합의는 불가능해진다.

사실 전혀 상반된 입장을 취하는 이해 당사자 모두가 동의할 수 있는 테러의 정의를 내린다는 것은 결코 쉬운 일이 아니다. 포괄성과 이념성을 지닌 용어이다 보니 정의를 내리는 것조차도 간단하지 않다.

---

5) 『Encyber 두산백과사전』, "테러리즘" 참조.

동일한 사건을 관점에 따라 테러리즘으로 규정하기도 하고, 어떤 경우에는 단순한 일반범죄로 취급하기도 하며, 다른 시각에서는 애국적인 행위로 평가하기도 한다. 따라서 '선과 악'이라는 이분법적구도로 테러를 정의하는 것 보다는 좀 더 다양하고 복합적으로 연구할 필요가 있다.

분명한 것은 테러는 사회 전체를 공포상태에 몰아넣는 행위로서 민간정부에게 정치적 요구를 관철하기 위해 비무장 민간대중을 공격하는 행위이다. 테러인가 아닌가를 결정하는 데 있어서 사용된 무기의 종류는 묻지 않는다. 테러의 표적(target)이 누구인가, 그 동기는 무엇인가가 테러를 정의하는 결정요소라 할 수 있다. 테러의 표적은 무고한 시민이고 그 동기는 정치적이어서 해당 정권의 특정행동을 요구한다. 개인적 목적을 위해 무차별 대중을 공격하는 행위는 테러가 아니라 범죄일 따름이고 군사시설에 대한 공격은 테러가 아니라 전쟁인 것이다.

테러리즘은 오늘날 국제사회가 당면한 가장 심각한 문제 중의 하나임에도 불구하고 지금까지 '테러리즘이 무엇인가'에 대한 보편적인 정의(定義, definition)가 존재하지 않는다. 이는 테러리즘 개념 자체가 난제임을 반증하는 것이다. 테러리즘의 동기, 대상, 범위, 주체, 이념 등의 포함여부 그리고 학자들과 테러리즘 전문가들의 시각에 따라 테러리즘이 달리 정의됨으로써 테러리즘의 정의와 성격규정에 대한 연구와 논쟁은 끊임없이 계속되어지고 있다.

테러 및 테러리즘이라는 용어가 유럽에서 널리 사용되게 된 것은 1789년 프랑스 혁명 당시 혁명정부의 주역들이 집권정부의 혁명을 순조롭게 진행시키기 위해 왕권복귀를 꾀하던 왕당파들을 무자비하게 암살·고문·처형하는 등 공포정치를 자행하였던 것에서 유래한다.

즉 1789년 프랑스혁명 당시 혁명정부의 주역들이 공화파 집권정부의 혁명과업 수행을 위해 왕권복귀를 꾀하던 왕당파(王黨派)를 무자비하게 암살·고문·처형하는 등 공포정치를 자행하였던 공포정치시기에 널리 사용되게 된 것이다.[6] 테러

6) 당시 프랑스 혁명기(1788~1794)에 테러리즘은 단순한 개인적인 암살이라든지 사적 단체에 의한 파괴 등이 아니고, 권력 자체에 의한 철저한 강력지배, 혹은 혁명단체에 의한 대규모의 반혁명에 대한 금압 등을 일컫는 말이었다. 테러를 자신들의 의견을 관철시키려 하거나 또는 정치권력을 장악하기 위해 조직적인 폭력을 사용하는 자칭 혁명가들을 표현하는 말로도 사용해왔다. 이처럼 초기에는 정부의 공적인 권력행위 만을 의미하는 것으로 이해되었으나, 오늘날은 다시 그 관념이 확대되어, 정치적인 목적을 달성하기 위해 공포를 조성하는 주의 또는 정책을 지칭하게 되었다.

(terror), '테러리즘(terrorism)' 그리고 '테러리스트(terrorist)'라는 말이 사전(辭典)에 처음 등재된 것은 1798년 프랑스 한림원(Academia de France)이 발간한 사전에서이다.[7)]

프랑스 혁명 당시 자코뱅당의 공포정치(강압지배) 즉 혁명을 추진하기 위한 강권정치는 적색 테러리즘이라고 부르는데 프랑스 혁명의 경우처럼 혁명을 추진하기 위한 강권정치, 반동파에 대한 탄압 등은 1917년의 러시아혁명에서도 자행되었다.

이에 반해 자코뱅당(Jacobins)의 공포정치에 대한 1794년 이후의 테르미도르 반동(Thermidorian Reaction), 1815년 혁명 후의 루이 왕조(Louis 王朝)에 의한 보나파르트파(Bonapartist)에 대한 탄압, 1871년 파리 코뮌(Paris Commune, 세계최초의 사회주의 자치정부)의 패배 후 파리코뮨 주도세력들에게 가해진 베르사유파에 의한 대량학살 등은 백색 테러리즘의 예이다. 그리고 히틀러와 무솔리니의 지배확립의 과정, 독재정권 수립 후의 공산주의자 또는 유대인 등에 가해진 잔인한 박해도 테러리즘의 예이다. 이와 같이 테러리즘은 혁명·반혁명의 과정에서 발생하는 정치현상과 관련해서 발전된 개념임을 알 수 있다.[8)]

먼저 테러(terror)의 국어사전의 의미를 보면, 테러란 "폭력(수단)을 사용하여, 상대를 위협하거나 공포에 빠뜨리는 행위"이다.[9)] 최근에 나온 영어사전의 의미를 보면 the violent action or the threat of violent action that is intended to cause fear, usually for political purposes(대개 정치적 목적을 위해 두려움을 주기 위한 폭력 행위 또는 그러한 위협)로 정의하고 있다.[10)]

한국에서 발간한 『정치학대사전』(박영사, 1980)을 보면, 정치학에 있어서 테러리즘(terrorism)은 폭력주의(暴力主義)에 입각한 공포정치(reign of terror) 또는 암흑정치(dark politics)라고도 불린다.[11)]

---

7) 이곳에서 발간한 아카데미 프랑세즈(Academie Francaise) 사전은 테러리즘을 "조직적 폭력의 사용"으로 표현했다. 그리고 공포정치(reign of terror) 자체를 테러리즘으로 부르기도 했다
8) 『Encyber 두산백과사전』, "테러리즘" 참조.
9) 여기서 테러는 단순한 폭력행위가 아니라, ① 미리 계획된 고의적인 폭력행위, ② 정치적 동기에서 유발된 폭력행위, ③ 민간인을 공격목표로 하는 폭력행위, ④ 국가의 정규군대가 아닌 조직이나 단체에 의해 수행되는 폭력행위라 할 수 있을 것이다.
10) Sally Wehmeier(ed.), *Oxford Advanced Learner's Dictionary*(Oxord: Oxford University, 2000), p.1342.
11) 단순한 폭력이나 강제와는 달리 정부 또는 소위 혁명단체에 의해 조직적·집단적으로 행해지는

『브리태니커세계대백과사전』(Britianna World Encyclopedia)은 "테러리즘이란 정치적 목적을 달성하기 위해 정부나 대중 또는 개인에게 위해를 가하거나 예측할 수 없는 폭력을 사용하는 조직적 행위(the systematic use of violence to create a general climate of fear in a population and thereby to bring about a particular political objective)"라고 규정하고 있다.[12)]

UN 안보위원회 결의 1373호(2001.9.28)에서는 "테러리즘이란 민간인을 상대로 하여 사망 혹은 중상을 입히거나 인질로 잡는 등의 위해를 가하여 대중 혹은 어떤 집단의 사람 혹은 어떤 특정한 사람의 공포를 야기 시킴으로서 어떤 사람, 대중, 정부, 국제 조직 등으로 하여금 특정 행위를 강요하거나 혹은 하지 못하도록 막고자 하는 의도를 가진 범죄행위"라고 규정하고 있다.

아레긴-토프트(Ivan Arreguin-Toft)에 따르면 "테러는 대중적 기반이 없는 소수의 극단주의자들이 자신들의 목적을 비정상적인 방법을 통해 획득하기 위해 유괴, 암살, 폭파, 공중납치, 해상납치 등 명백하고도 비합법적인 폭력을 통해 군사적으로 압도적인 우위에 있는 적으로부터 그들의 목적을 달성하고자 하는 정당하지 못한 수단"이라는 것이다.[13)]

해커(Fredrich J. Hacker)는 테러를 폭력 및 공격과 연계하여 설명해주고 있다. 모든 폭력이 공격적이지만 모든 공격이 다 폭력적인 것은 아니다. 불가피하게 공격적인 속성을 가지는 것에는 언어에 의한 공격, 즉 논쟁, 서로간의 경쟁, 어떤 분야에 있어서의 공격적인 탐구 등 수많은 형태가 있다.[14)]

공포수단을 말한다. 즉 정치적 위기에 처한 권력담당자가 비밀경찰.헌병 기타의 직접적 권력을 가지고 정치적 반대파를 탄압하며 강행하는 정치적 행동주의를 말한다. 정인흥.김성희.강주진 편, 『정치학대사전』(서울: 박영사, 1980), p.1584 "테러리즘" 참조.

12) *Encyclopedia Britanna Online Korea,* http://preview.britannica.co.kr/bol/topic.asp?article_id=b22t2556a(검색일: 2010.1.10), "테러리즘" 참조.

13) Ivan Arreguin Toft, "How the Weak Win Wars: A Theory of Asymmetric Conflict," *International Security,* Vol. 26, No.1(2001 Summer), p.93.

14) 그러나 이들을 모두 폭력이라고 하기보다는 오히려 개별적으로나 집단적으로 볼 때 창조적.생산적 성격을 갖는 경우도 있다는 것이다. 또 모든 폭력적 행동이 다 테러의 성격을 갖는 것은 아니다. 테러리즘은 대중의 행동, 사상, 감정을 테러리스트(terrorist) 자신들의 행동, 사상, 감정과 일치하는 방향으로 변화시키는 것을 목적으로 하는 최후수단이라는 것이다.프리드리히 J. 해커(Friedrich T. Hacker), 『우리시대의 테러리즘』(『월간 중앙』, 1977년 6월호, 별책부록, 1977), pp.18-24.

이처럼 테러리즘에 대한 정의에 관한 합의(consensus)를 기대하기 힘들고, 시대에 따라 미비한 테러리즘의 정의를 보완하는 점을 인정한다고 하더라도 한 부서 내에서조차 서로 다른 정의를 사용하고 있음을 알 수 있다.

또한 학자들은 각자의 주장이나 이론에 따라 각기 다른 테러리즘의 정의를 내리고 있다. 한 연구결과에 의하면 지금까지 100개 이상의 테러리즘에 대한 정의가 학자들과 각 국가 및 국제기구 등에 의해 제시되어온 것으로 조사된 바 있다.[15]

4. 예상되는 테러형태

국제스포츠행사라는 메가 이벤트에 있어서 발생 가능한 테러의 형태를 구분해보면 ① 주요요인암살테러, ② 인질 납치테러, ③ 자살폭탄 및 폭파테러, ④ 항공기납치 및 폭파테러 등을 들 수 있다.

가. 주요 요인암살(assassination)

최근 미국이 주도하고 있는 시리아 내의 이슬람 수니파 반군, IS 조직을 격퇴하기 위한 공습은 현재까지도 계속되고 있다. 이에 IS는 '미국은 물론이고 미국을 돕는 동맹국 민간인들까지 수단과 방법을 가리지 않고 말살, 살해 하겠다' 는 메시지를 선포했다. 교황 암살 가능성까지 경고되기도 하였다. 지난10월에는 캐나다 수도 오타와에 있는 국회의사당에서이슬람개종 캐나다인에 의한 총기난사사건이 발생하기도 하였다.

이러한 요인암살은 역사적으로 가장 오래된 테러의 한 형태로서 특정인물을 은밀한 방법으로 살해하는 행위에서 시작하여 근래에는 공공연하게 자행되기도 한다.

역사적으로 살펴보면 카이사르(시저)는 '로마 공화정의 유지'를 위한 반대파에 의해 암살당하였다. 또한 1865년 남북전쟁 시, 미국의 링컨대통령 암살, 제2차 세계대전 직후 인도의 간디(M.K. Gandhi)가 암살, 1986년 스웨덴의 팔메(S.O.J. Palme)수상 암살 등 사건이 있었으며, 국내에서도 1968년 1월 21일에 발생한 김

15) Alex P. Schmid and Albert Jongman(1988), pp.1-59; 최진태(2001), pp.102-103 참조.

신조 사건, 1970년 6월 6일 국립묘지 현충문 폭파사건, 1974년 8월 15일 육영수 여사 살해, 1983년 10월 9일 버마 아웅 산 묘소 폭파사건 등이 한국의대통령 등 주요요인을 암살하기 위해 자행한 사례들이다. 즉, 수많은 국가지도자 및 주요 정치지도자들 희생시킨 요인암살은 테러리즘의 주요 형태가 되었다.[16]

이처럼 요인암살은 특정국가의 집권자나 정치지도자의 암살하여 그 사회의 구성원들에게 공포심과 불안감을 조성함으로써 구성원간의 상호 단결의 와해, 그리고 정권의 붕괴를 낳게 하려는데 그 목적이 있다.

또한 요인암살의 주요수단으로는 총기류와 폭탄이 가장 널리 사용되고 있으며.[17] 이 방법은 지금까지 북한이 자주 시도한 전형적인 테러리즘의 한 형태이기도하다.

나. 인질납치(hostage taking)

인질납치로 내국인이 관련된 대표적 사례로는 2007년 7월 19일 아프가니스탄 카불에서 칸다하르로 향하던 23명(남자 7명, 여자 16명)의 샘물교회 신자가 탈레반 무장 세력에 납치 살해되었던 사건이 대표적이다.

해외사례로는 나이지리아 이슬람극단주의 테러조직인 보코하람 에 의한 수백 명의 여학생 납치, IS 테러조직의 외국인 납치 참수사건 등이 대표적이다. 국제스포츠행사에서는 1972년 9월5일 서독 뮌헨에서 개최된 올림픽에서 팔레스타인의 과격단체 '검은 9월단' 소속 테러리스트 8명이 이스라엘 선수단 숙소를 습격해 이스라엘인 2명을 사살하고 선수 9명을 인질로 납치하는 사건이 발생하기도 하였다.

1990년대에 들어서는 이슬람 원리주의 단체 등이 인질납치를 선호하지 않아 대폭 감소하였으나, 최근 이슬람 극단주의 테러 조직에 의한 인질납치가 다시 증가하고 있다. 국내인의 필리핀 등 해외에서 납치살해사건도 증가하고 있는 사례 이다. 북한의경우도 한국인과 외국인을 납치하여 이들을 테러리즘 수출과 공산주의 혁명 수출의 전위대로 사용하기도 한다.

---

16) 카이사르가 폼페이우스와의 전투에서 승리하고 종신 독재 관에 취임한 이후 원로원 의원들 사이에는 카이사르가 공화정을 폐지하고 왕정으로 나아가지 않을까 하는 불안감이 퍼지게 되었고 이를 저지하기 위해 암살이 되었던 것이다.

17) 김순규(1997.4), p.440.

이와 같은 인질납치는 위험부담이 아주 적으면서 정치적 선전효과는 상대적으로 높아 수감되어 있는 동료 테러리스트의 석방을 위한 방편으로 사용하거나 혹은 인질을 볼모로 하여 정치적 혹은 물질적인 양보를 얻어내기 위해 많이 사용하는 전술이다.[18]

다. 자살폭탄 및 폭파 테러

최근 테러의 방법으로 가장 많이 발생하는 전술은 바로 자살폭탄 테러전술이다. 이자살 폭탄테러는 9·11 이후에 3/4이 발생하였다. 이는 자살테러는 무기라는 관점에서 보면 아주 효과적인 '치명적 무기'가 될 수 있기 때문이다.

지금도 자살폭탄으로 반미지하드에 목숨을 바치겠다는 젊은 지원자가 줄을 서서 많다는 것을 유의할 필요가 있다. 2005년 7월 7일 영국런던에서 발생하였던 지하철테러경우는 처음 3개 지하철 노선-리버풀 스트리트 역, 엣제웨어 로드 역, 그리고 킹 스크로스 역과 러셀 스퀘어 역 중간-과 타비스톡 스퀘어의 버스에서 총 4건의 공격으로 56명이 사망하고 700명이 부상했다. 런던의 교통 시스템은 마비되었으며, 사람들이 미친 듯이 안부 전화를 거느라 통신망에 과부하가 걸렸으며, 이로 인해 구조 작업이 더욱 지연 되는 등 큰 혼란이 야기되었다.

이외에도 2013년에는 미국 보스턴 폭탄 테러가 발생하여 세 명이 살해되었고, 백 명이 넘는 부상자가 발생하는 등 9/11 테러 이후, 다시 폭탄 테러에 대한 두려움이 전 세계적으로 확산되고 있는 상황이다.

이처럼 자살폭탄테러는 테러리스트들이 시간과 장소를 용이하게 선택할 수 있어서 사전에 경계 및 방어가 극히 어려우며, 목표물에 쉽게 접근 할 수 있다 특성이 있다. 또한, 이 테러리즘 형태는 적은수의 테러리스트에 의해 실행할 수 있고 테러리스트가 폭탄에 자폭하는 경우 범인과 배후 세력을 밝혀내기가 어렵기 때문에 국제테러단체에서도 많이 사용하는 방법이며 폭탄의 살상도와 파괴력이 급격히

---

18) 당시 탈레반은 피랍된 23명 중 심 성민과 배 형규 목사를 살해했으나, 대한민국 정부와 탈레반의 협상 결과 다른 인질 21명은 8월 31일(KST)까지 단계적으로 모두 풀려나 피랍사태는 발생 42일 만에 종료되었으며, 9월 2일 생존한 피 납자 19명이 한국으로 돌아왔다. 샘물교회가 정부의 무시로 인한 사고이다. 이는 샘물교회 책임으로, 많은 사람으로부터 으로 피랍자 들 과 해외 위험지역에 선교를 하러 다니는 일부 광신교도들을 비난을 받기도하였다.

확대되고 있어 테러로 인한 피해규모도 증가하고 있다.

국내에서도 1983년의 대구 미문화원폭파사건, 1986년의 김포공항 폭파사건 등이 대표적인 사례이며 핵발전소, 지하철, 백화점 등 주요 다중이용시설에 대한 공격을 감행할 가능성이 더욱 높아지고 있는 게 현실적 상황이다. [19] 최근에는 전통적인 금속탐지기로는 발견해 낼 수 없는 셈 텍스(semtex)와 같은 플라스틱 폭탄이나 속옷폭탄 등이 등장하여 이에 대한 대처방안이 더욱 어려워지고 있는 실정이다.[20]

라. 항공테러리즘(aviation terrorism)

2014년 3월 말레이시아항공기 실종사건은 항공테러리즘일거라는 여러 가지 무성한 추정만 있을 뿐 아직까지 명확한 원인을 찾아내지 못한 실정이다. 항공교통의 발달은 인류생활에 크게 공헌하게 되었으며 생활 의존도역시 갈수록 증대되고 있다.

그러나 이러한 긍정적 측면 못지않게 미국 뉴욕 무역센터에 대한 9·11 항공기 테러 사건처럼 항공기를 동원한 공중범죄와 같은 과거에는 상상할 수 없는 방법에 의한 테러사건이 증가하고 있다.

특히 최근에는 테러의 수법이 대형화되면서 항공기납치가 테러에서 많이 사용되는 추세이다. 9·11테러사례는 납치된 항공기를 이용하여 또 다른 목표를 공격함으로써 전쟁수준의 엄청난 참사를 가져올 수 있음을 보여준 항공테러리즘의 새로운 형태라고 할 수 있다.

특히 2001년 9·11테러는 납치된 항공기를 이용하여 또 다른 목표를 공격함으로써 전쟁수준의 엄청난 참사를 가져올 수 있음을 보여준 항공테러리즘의 새로운 형태라고 할 수 있다.[21]

---

19) 이것은 최근 테러의 전형(典型)으로 인식되고 있는 것으로서 지상에서 차량이나 사람의 몸에 폭탄을 지니고 목표지점에서 자폭하는 자살폭탄테러와 국가통치시설, 정보산업시설, 전력교통설비, 국방시설, 댐 시설, 대형건물 등 국가의 중요시설과 자원을 폭파(혹은 방화)하는 폭파 테러를 말한다.

20) 폭탄공격은 19세기 초 러시아의 카파르치 라는 화학자가 암살용으로 폭탄을 발명했을 때만 해도 신뢰도가 극히 낮고 성능도 원시적인 단계에서 벗어나지 못했지만, 현대의 폭탄은 폭파기술의 발달과 원격조정장치의 개발로 가히 가공할만한 성능을 가지게 되었다.

1960년 중반 이후 점차 테러리스트들이 항공기납치를 통해 그들의 정치적 목적을 달성하기 위한 수단으로 이용함으로써 항공기 납치는 심각한 문제로 등장하였다. 항공기테러가 수적으로 많은 이유는 테러리스트들이 그들의 정치적 목적을 주장하는 데, 적은 인력과 비용으로 짧은 시간에 최대한의 효과를 발휘할 수 있는 방법이 항공기납치임을 알고 있기 때문이다.[22)]

특히 국제교류 증대로 인해 항공기이용객은 다양한 국적의 국민들이어서 항공기 납치가 발생만 하면 국제적인 이목을 모을 수 있고, 통신체계발달로 전 세계 구석구석까지 TV를 통해 테러리스트들은 그들의 정치적 목적을 손쉽게 알릴 수 있다는 점이다.

또한 항공기이용객을 인질로 삼아 공격목표 대상 국가를 위협할 수 있다는 것이 항공기납치 증가의 원인이기도 하다.[23)] 테러리스트들은 PAN Am 103기와 KAL 858기 사건처럼 많은 인명을 살상함으로써 위협이 위협만으로 끝나지 않음을 보여 주기도 하지만 그들은 많은 수의 사람을 살상하는 것보다는 많은 수의 사람들이 목격(目擊)하기를 더 바라고 있다.

이러한 목적달성을 위해 테러리스트들은 항공기납치 보도매체를 교묘하게 이용하고 있다.[24)]최근 미 정보당국은 알카에다 아라비아반도지부(AQAP)와 알 누스라

---

21) 항공 테러리즘은 초창기에 동구 공산권 국가에서 서방자유국가로 탈출하여 정치적 망명을 하기 위한 수단으로 사용되었는데, 최근에는 특정세력의 목적 달성을 위한 수단으로 확산되고 있다. 제2차 세계대전 이후 동서진영으로 나누어져 공산권국가들과 심각한 이데올로기 대결을 벌였던 서방국가들은 자유민주주의체제의 우월성을 과시하기 위해 공산주의 국가에게 서방자유진영국가로 항공기를 납치하는 하이제커(hijacker)에 대해 대부분 아무런 처벌 없이 정치적 망명을 허락하거나 심지어는 이들 하이제 커들을 영웅시하는 경향을 보이기도 했다. 이러한 경향은 항공기납치를 촉진시키는 요소로 작용하기도 한 것이다.

22) 북한의 의한 사례도 1958년과 1968년 민항기 납치사건, 1986년 김포공항 폭파사건, 1987년 대한항공 858기 공중폭파사건 등이 있었다.

23) 항공기에 대한 테러리즘은 크게 항공기납치(aircraft hijacking), 공중폭파(sabotage bombing of airborne aircraft) 그리고 공항시설과 항공기이용객에 대한 공격(attacks against airline facilities and their users) 등이 주로 자행되어 왔다.Richard Clutterbuck(1987), pp.6-7.

24) 사우디아라비아 출신의 AQAP 폭탄제조 전문가인 알 아시리 는 2009년 속옷 폭탄테러와 2010년 화물기 프린터 폭탄 테러 등의 배후로 알려진 인물이다. AQAP는 2009년 성탄절 암스테르담에서 디트로이트로 향하는 민간 항공기에 미리 속옷 폭탄을 장착한 대원을 탑승시켜 테러를 시도하려다 실패했다. 2010년 영국 이스트미들랜드 공항의 화물기에서 발견된 프린터 카트리지 폭탄은 당시 영국 경찰이 프린터를 확보하고도 안에 든 폭발물을 쉽게 찾아내지 못할 정도로 정교하게 만들어져 정보 당국을 놀라게 했다. 폭탄은 모두 비금속 물질이어서 공항 검색대 등을 쉽게 통과할 수 있었다. 9·11테러가 보여주듯이, 최근 항공테러리즘은 대상국의 많은 사람

전선(시리아가 근거지인 알카에다 연계 조직)이 미국과 유럽행 항공기 테러를 염두에 두고 신종 폭탄을 개발한다는 첩보를 입수하였는데 내용은 공항검색에 탐지되지 않도록 사람 몸속에 심을 수 있는 비금속 재료를 쓴 신종 폭탄을 개발 중인 것으로 파악하여 또다시 9.11과 같은 사례가 재발되지 않기를 우려하고 있는 실정이다.

더구나 국제스포츠행사에 참석하기 위해 이용하는 전세기를 대상으로 하는 폭탄테러가능성에 관심을 가져야 한다.

5. 테러리즘의 위협과 전망

가. 북한에 의한 테러위협

알카에다의 테러 등 국제테러리즘의 위험도 있으나 실제우리에게 가장 큰 위협은 일명 '총·폭탄정신으로 무장' 된 북한에 의한 자행테러라 할 수 있다. 그러나 그동안 전쟁이나 전투파병이 오랫동안 없었기 때문에 긴장감이 이완되어 있고 많은 국민들 경우 북한의 본질을 이해하지 못하고 있다.

북한의 테러특징은 국가주도형 테러(State Terrorism)의 전형적 모델이라 할 수 있다. 지금까지 민항기 납치(1958), 청와대 기습(1968), 국립묘지 폭파(1970), 아웅 산 묘소 폭파(1983), 서울 아시안게임 직전에 발생한 김포공항 폭탄테러(1986), 서울 올림픽직전의 858기 폭파(1987),2002년FIFA 한일월드컵 당시 발생한 연평해전 등 북한에 의한 많은 안전위협이 있었다.

더구나 향후 김정은 체제의 정권안정을 위해 테러 획책 가능성이 우려된다. 이는 정권불안 등 내부적 혼란과 체제위기를 전환하기 위한 방편으로 자행될 수 있다. 예상되는 대남 테러 형태는 화생방 무기 공격(Mega-Terrorism) 및 자살테러와 사이버공격 등이다(최진태, 2010:120-121).[25]

들의 인적·물적 피해를 더욱 가중시키는 새로운 양상으로 변하고 있음을 알 수 있다.

25) 불법 외국인 강제 출국 조치에 반발하여 폭력적 방법을 동원하여 대항 하거나 반한 감정 가진 자가 본국에 귀국하여 반한 조직을 결성하여 대사관 등에 테러 협박을 하거나 위장귀순 새터민이나 탈북 새터민이 북한의 배후조정을 받을 경우 위협이 될 수 있다.

북한의 테러는 한반도 적화통일 목표 하에 남한에 대해 1950년대부터 이미 시작되었다. 대체로 1960년대~1970년대에는 습격 · 납치 · 저격 · 침투가 주류를 이루었으나, 1980년대에는 폭파가 주류를 이루었고, 1990년대~2000년대에는 핵·미사일개발과 실험 · 발사와 같은 국제사회에 대한 무력시위와 동시에 무장침투를 비롯해 제1.2차 연평해전, 대청교전, 천안 함 침몰사건등과 같은 대남 무력도발의 대외·대남용 이중테러가 주류를 이루고 있다.[26)]

특히 남북긴장으로 인한 북한의 테러위협이 증대되고 있는 상황에서 향후 치러질 평창 동계올림픽과 같은 대규모의 국제스포츠행사에 대한 테러예방 대응책 마련의 중요성은 한국의 국제적 위상증대와 더불어 철저히 준비되어야 한다. 동계올림픽 개최장소인 평창이나 강릉과 인접한 동해안을 통한 무장공비침투, 공항이나 항만, 국가 중요시설, 경기장 및 선수촌, 중요인사 등에 대한 테러행위도 예상되며, 국지도발과 사이버테러 등 위협도 그 어느 때보다 높아졌다.

이외에도 철도, 공항, 지하철 등 대중 이용시설과 발전시설, 화학공장 등 국가전략시설에 대한 위협에도 대비해야 할 상황이다. 이는 한반도의 긴장을 조성하고 위기감을 고조시켜 국제사회의 불안감을 증폭시키고, 이를 통해 대회의 원할 한 개최를 방해할 목적으로 이뤄질 것이다.

나. 국제테러단체에 의한 위협

9 · 11 테러사건이후 미국이 대테러 전을 수행하면서 국제테러단체에 의한 테러발생 우려가 고조 되는 실정이다. 더구나 한국은 미국의 우방국이라는 측면에서 중동을 중심으로 한 테러 세력들로부터 공격의 대상이 되고 있다.

한국인 주요테러사건을 보면 국내보다는 주로 국외에서 발생하는데 2003년 이라크 저항 세력에 한국인 근로자 4명이 피습된 이후 2008년만 제외하고 매년 발생하고 있다.

특히 최근에는 미국의 IS(이슬람국가)격퇴에 지지하는 여타 국가들의 민간인 인질 협박 사태가 현실화되며 한국도 예외는 아니라는 지적이 제기되고 있다. 이는

---

26) 이만종 · 김강녕, "북한의 테러가능성과 대비전략", 한국테러학회,「한국테러학회보」, 제3권 제1호, P.34.

미국의 시리아 공습 개시로 IS의 반발은 더욱 거세질 것으로 보여 정부 당국도 중동 지역 등 해외 체류 중인 우리국민 신변안전 대책을 고심하고 있다.

또한 미국 국방부 핵 테러 검토서인 「2002년NPR」에서는 북한, 이라크. 이란, 시리아, 리비아 등 5개국을 미국과 적대관계, 대량살상 무기능력 보유, 테러지원, 예측불가 성 등으로 언제라도 미국과 적대행위에 돌입할 수 있는 국가로 지목하기도 하였다.[27]

북한은 주로 3세계에 테러리즘을 수출하는 테러수출국가로 악명이 높다. 게릴라 훈련과 테러기법을 수출함으로써 해외에서 우회적으로 국제테러단체 세력을 지원할 수 있으며 또한 국제테러조직과 밀접하게 연계하여 다양한 방법으로 군사 게릴라 훈련을 제공하고 테러기법을 전개하는데 주력하고 있어 매우 우려되는 사항이다.

얼마 전에는 북한이 미국 국무부에 의해 테러단체로 지정된 조직들에 무기와 훈련을 지원했다는 내용의 미 의회보고서가 발표돼 그 파장이 주목되기도 하였다.[28] 내용을 보면 북한이 미국 정부에 의해 테러단체로 지정된 레바논의 무장세력 헤즈볼라와 스리랑카의 타밀 엘람해방 호랑이 반군의 무장지원을 도왔을 가능성이 있다고 미 의회 보고서가 밝힌바가 있다.[29]

따라서 국내에서 개최되는 국제스포츠행사시에는 북한에 의한 직접공격도 대비할 사항이지만 국제테러단체에 의한 테러대비에도 사전적 대응태세를 구축해야 할 것이다.

다. 사회 환경 변화에 따른 위협

(1) 국제화 · 사회진입에 따른 자생적 테러가능성 증대

최근 자생적 테러리즘(homegrown terrorism)이 새로운 위협으로 대두되고 있

27) 이만종 · 김강녕, 전게논문, 2010, P.23.

28) 미 의회 산하 의회조사국 (CRS)은 이번 주 초에 발표한 보고서에서 북한이 헤즈볼라와 타밀 호랑이 반군에 무기를 제공하고 무장요원들을 훈련했다고 밝혔습니다.

29) 외국의 게릴라 훈련방식은 두가지로 대상국의 게릴라 요원을 북한으로 초천하여 훈련시키는 초청지도방식과 북한이 직접 전문교관을 대상국에 파견하여 현지에 상주하면서 훈련시키는 현지지도방식을 택하여왔다.

으며 이에 대한 대비책이 함께 강조되고 있다. 버락 오바마(Barack Hussein Obama) 행정부는 지난 2010년 5월 27일 취임 16개월 만에 미국 국가안보의 현주소와 앞으로 나아갈 방향을 담은 지침서 격인 국가안보전략(NSS: National Security Strategy)보고서를 공개한 바 있는데, 이 보고서를 통해 미국 내에서 자라고 있는 '자생적 테러리즘에 대한 대책마련의 필요성을 강조한 바 있다.[30)]

국내테러 발생 환경역시 한국도 더 이상 이와 같은 자생적 테러발생의 안전지대가 아니라는 것을 보여주고 있다. 첫째 국내 입출국자 증가로 테러노출 가능성이 증대하였다. 1961년 내국인 출국자수가 1만여 명에 불과하였으나 1988년 출국자 유화 조치로 급격하게 증가하여 2014년에는 1천 3백만 명을 넘어서고 있다.

통계청이 발표한 '국제인구이동 통계'에 따르면 2013년 입국자에서 출국자를 뺀 외국인 국제 순 이동 자 수가 10만1000명으로 나타났다. 이는 2012년 취업 자격 만료(5년)로 돌아갔던 중국동포 등이 지난해 재입국한 영향으로 입국자가 대폭 늘었다. 2013년 체류기간 90일을 초과한 국제 이동 자는 131만6000명으로 집계됐다. 전년보다 3만7000명(2.9%) 증가했다. 2010년 이후 4년 연속 증가세다. 입국자가 70만5000명으로 전년대비 6만2000명(9.6%) 증가했고 출국자는 61만1000명으로 전년보다 2만5000명(3.9%) 감소했다.

이 중 내국인 입국자는 33만6000명으로 전년보다 7000명(2.1%) 감소했고 내국인 출국자는 34만3000명으로 전년대비 3000명(1.0%) 줄었다. 내국인 국제 이동자는 모두 67만9000명이다. 외국인 국제 이동 자는 63만8000명으로 전년대비 4만8000명(8000명) 증가했다.

외국인 출국자는 26만9000명으로 전년대비 2만2000명(7.4%) 늘었다. 입국자는 36만9000명으로 6만9000명(23.0%) 증가했다. 이에 따라 국제 순이동 자 중 외국인 순유입은 10만1000명을 기록했다. 전년보다 순유입이 9만1000명이나 증가한 것이다. 2007년 외국인 순유입 인구가 14만8288명을 기록한 뒤 최대치다. 내국인은 7000명이 순유출을 기록했다. 전년대비로는 4000명 증가했다.[31)]

---

30) 이 국가안보전략(NSS)보고서의 큰 줄기는 두 가지다. 미국 본토에서 자생적 테러리즘을 중점 부각시키고, 선제공격론(pre-emptive war)으로 대변되는 전임 조지 W 부시 행정부의 일방통행식 외교를 폐기한다는 것이다. 김영석, "오바마 새 안보전략 공개…일방주의 외교 폐기, 미 본토 자생적 테러 대책 '중심축,'" 『국민일보』, 2010.5.27.

이처럼 외국인 출입국자 및 체류자 증가와 국제결혼과 탈북 새터민 증가가 최근 우리 사회의 특징이며, 이로 인해 국내테러 발생 가능성은 더욱 증가 하고 있다.

또한 '코리안 드림'을 안고 국내 취업한 외국인 상당수가 낮은 급여를 받으며 장시간 노동에 시달리는 것으로 나타났다. 외국인 취업자 상당수가 월급이 200만원도 채 되지 않는데다 외국인 10명 중 3명은 60시간 이상의 장시간 노동에 시달리고 있었다.

통계청 '2014년 외국인 고용조사 결과'를 보면 2014년5월 현재 국내 상주하는 15세 이상 외국인은 총 125만6000명으로 이중 취업자는 85만2000명이었다. 취업자 85만2000명 중 월 급여가 200만원 미만인 노동자는 53만3000명(65%)에 달했다. 외국인 취업자 5명 중 3명은 월 급여가 200만원이 채 되지 않는 것이다. 월 급여 200~300만원은 23만 명(28%), 300 만 원 이상이 5만4000명(6%)로 나타났다.

더구나 외국인 취업자의 절반 이상이 1주일에 50일 이상 일하는 장시간 노동자였다. 법정노동시간인 주 52시간(40시간+연장근로 12시간)을 초과하는 근무형태가 상당수에 달했다.

외국인 취업자 중 50시간 이상~60시간미만 일하는 노동자는 19만4000명(22.7%), 60시간 이상 일하는 노동자는 26만4000명(30.9)에 달했다. 50시간 이상 장시간 노동자는 1년 전보다도 6만1000명 늘어났다.

국제결혼은 2009년 한해 3만 여건으로 이는 전체 결혼의 13%이며, 이로 인한 2세 수는 14만 명이다. 또한 탈북 새 터 민 도 계속 증가 하고 있어 매년 평균 2,000여명이 입국하여 2014년 현재 새 터민 수는 2만6천여 명에 육박하며 그 중 2~30대 여성 수가 80% 정도로 조사됐다.

그러나 이들 연 소득은 년 1,400만원 내외(남한 근로자 평균 2,780 만원)에 불과하여 차별과 좌절로 인한 불만 세력화가 우려되고 있다. 스페인 마드리드 열차테러(2004.3)는 모로코계 스페인이 자행하였으며 런던지하철 테러(2005.7)는 파키스탄계 영국인이 자행한 테러 사건이다.[32]

---

31) 국적별 입국자를 보면 중국(18만5000명)이 가장 많았고, 미국(2만8000명), 베트남(2만2000명), 태국(1만8000명), 우즈베키스탄(1만2000명) 등의 순이었다. 중국인 입국자는 2012년(12만7000명)에 비해 5만8000명(45.67%)이나 급증했다. 국가별 외국인 출국자 수는 중국(13만1000명), 미국(2만3000명), 베트남(2만명), 태국(9000명), 우즈베키스탄(9000명) 등으로 나타났다.

이처럼 주류 계층에 진입하지 못해 상대적 박탈감과 좌절감은 자생적 테러를 유발할 수 있다.한국과 영국 및 스페인, 미국 간에는 외국인 노동자의 유입, 국제결혼인구의 증가, 대테러전쟁 참여 등 환경적인 측면에서 공통점이 적지 않아 영국과 스페인, 미국에서 발생한 자생테러가 주는 시사점은 결코 적지 않다고 할 수 있다.[33]

한국 사회 역시 6.25 이후 장기간 휴전으로 안전에 대한 불감증이 증대하고 경기 침체에 따른 잠재적 위해요소(대졸 실업: 44만, 여성 실업: 20만, 고졸 실업: 50만)가 급증하고 있으며 정치권 정쟁의 심화, 경찰 방범 및 치안사각, 소방 방재 관리의 한계와 함께 다양한 국제적 대규모 행사 개최등도 잠재적 테러 위협의 결정적 요소로 작용될 수 있다.

(2) 다중이용 시설에 대한 위험증가

도심지가 상승으로 인한 요인과 특정기업이나 국가적 상징물로서 상징성 높은 다중이용 시설용 초고층건물이 개발되는 경향이 증가하고 있어 이러한 것도 테러에 취약 요인으로 작용될 수 있다.

대표적으로는 제2롯데월드(123층, 555m), 상암DMC(133층, 640m), 코엑스몰(올림픽 주경기장의 14.5배)등은 테러의 대상물로서 목표가 우려된다.

미국에서는 2001.9.11 발생 당시 미국 무역 센터건물(WTC)테러 사건 이후 초대형 다중이용 시설에 대한 테러 예방 설계 중요성이 강조 되고 있는 실정이다.

초고층 빌딩에 대한 테러를 방지하고 피해를 최소화하기 위해 2009년부터 국토해양부와 서울시에서도 초고층 빌딩 테러예방 설계 의무화(클리어 존)를 하도록 '초고층 건축물 가이드라인'등 관련 규정을 마련하였다(이경훈, 2010:181-222).[34]

---

32) 외국인 취업자의 급여가 낮고 노동시간이 긴 것은 취업자의 상당수가 소규모 기업에 취업했기 때문으로 보인다. 외국인 취업자 5명 중 2명은 10인 미만의 소규모 기업에 취직했다. 1~4인 기업 취업자 수는 17만2000명(20.2%), 5~9인 기업 취업자 수는 16만7000명(19.6%)로 나타났다. 10~29인 기업 취업자는 23만8000명(28.0%), 50~299인 기업 취업자는 14만4000명(16.9%)이었다.

33) 국제결혼이민자, 외국인노동자, 북한이탈주민 등의 국내유입증가에 따라 나타나고 있는 다양한 유형의 차별 등은 사회적 갈등의 근원이 될 수 있으며, 이는 자생테러의 잠재적 원인으로 작용하여 한국의 새로운 테러환경이 될 수도 있기 때문이다.

34) 가이드라인의 핵심은 바닥면적 2만㎡ 이상 건축물(문화 · 집회 · 판매 · 운수 · 업무 · 관광 · 숙박 ·

특히 각종 재난사고와 다중 이용시설에 대한 테러, 화재 등 복합적인 상황을 상정해 발생 초기에 즉각적인 조치가 이뤄질 수 있도록 지속적인 훈련이 필요하다.

통상 다중이용시설에 대한 안전사고는 다른 사고에 비해 그 규모가 크고 인명과 재산피해가 심각하기 때문에 이제는 국가위기관리가 안보위협에 대응하는 것뿐 아니라 각종 재난과 대형 사고에도 동시에 대비할 수 있도록 해야 한다.

따라서 평시 "훈련을 통해 전시상황에서 정부기능을 유지하고 군사작전을 지원해 전쟁지속 능력을 보장할 수 있도록 기관별 전시전환 절차와 전시임무 이행체계 정리, 전시적용 계획, 소산(피난)시설 등을 종합 점검하여야한다.

(3) 법 정책 및 조직적 측면에서의 유연성부족

최근 미국의 법무장관은 IS사태와 관련하여 "시리아에서 돌아온 자국민에 의한 테러는 전 세계적인 해법이 필요한 전 세계적 문제"라며 "유럽 국가들은 미국의 대테러 수사법과 테러방지법에서 배울 게 있을 것"이라고 말한 바 가있다. 그는 시리아에서 돌아온 미국인 수십 명이 현재 조사를 받고 있다고 덧붙였다.

프랑스 정부는 9일 자국민 테러를 막기 위해 수위를 높인 대테러법안 개정안을 내각에 제출할 예정이다. 개정안은 이슬람 극단주의자로 의심될 경우 미성년자라도 해외여행을 6개월로 제한하고 임시로 여권을 압수하거나 무효로 하는 권한을 정부에 부여하는 것을 골자로 한다.

병원시설)과 높이 200m 또는 50층 이상인 초고층 건축물 설계 때 다양한 테러예방 설계를 적용하는 것이다. 세부 기법으로는 건축물 대지 및 배치계획 때 부지를 높게 조성해 감시를 용이하게 하고 부지 주변에 볼라드, 플랜트 박스, 조경수를 연속적으로 배치해 폭탄테러 차량 진입을 막는 방식이 도입된다. 많은 사람이 이용하거나 폭발 테러 시 인명 피해가 커질 수 있는 공간은 가급적 건물 중앙부에 배치하고, 건물 외벽과의 사이에 완충 공간이나 강화된 별체 등을 배치하도록 했다. 차량 진입 동선도 곡선형으로 설계해 감속토록 유도하고 직원.방문객 이용 주차장은 가급적 분리하되 필로티 하부의 차량통행 동선 도 최소화한다. 지하주차장이나 지하철역과 연결된 보행 동선 에는 안전요원 확인지점을 통과한 후 건물 내부로 진입토록 설계하고 우편물 수집, 분류실, 택배접수 창구 등은 위험물이 무단으로 반입되는 것을 막기 위해 경비실 인근에 배치하도록 했다. 건축물 형태와 실내공간도 폭발 때 피해가 큰 오목 형이나 상부돌출 설계를 억제한다. 피난통로는 양방향으로 쉽게 구분할 수 있게 설치하고 공기흡입구도 생화학 테러에 대비하여 테러범의 접근이나 독가스 등의 유입을 막기 위해 지면 3m 이상 높이에 설치한다. 새 기준은 공사입찰 및 발주, 설계평가, 기존 건축물 성능평가, 건축위원회 설계심의 때 권장기준으로 제시됐기 때문에 실제 적용 폭은 발주기관이나 지방자치단체 의지에 달렸다는 게 국토부 설명이다.

또한 '테러 의심 자'의 탑승을 금지하며 항공사는 이들이 항공편을 예약하면 정부에 바로 명단을 통보해야 하는 의무조항도 포함됐다. 감시망을 뚫고 출국한다고 해도 프랑스 내무장관의 결정에 따라 국제적으로 체포영장이 발부된다.

이처럼 세계 각국은 테러방지를 위한 관련법규를 제정, 강화하고 있으나 우리나라는 여전히 유기적이고 효율적으로 대응할 수 있는 대응체계가 법제화 되어있지 못한 실정이다. 적용되고 있는 테러대응 법제는 대통령 훈령 제 47호 '국가 대테러 활동 지침'으로 법률도 법규명령도 아니고 지침이라 불리는 행정 규칙 뿐이다.[35]

국가 테러 대응 체계역시 2005.4.1 개정된 대통령 훈령 제 47조에 근거에 의해 '테러대책회의, 테러 대책 상임 위원회, 테러 종합 정보 센터'로 구성되어 있다.[36] 아울러 테러조직의 분산과 컨트롤타워가 미흡한 것도 지적할 사항이다. 정부의 대테러 시스템에 컨트롤 타워가 없기 때문에 대테러 업무의 효율성이 미흡하다. 일례로 아프간 피납 사태(2007)시 협상은 외교부에서, 피랍 자 귀국은 국정원에서, 이송은 국방부에서 담당하는 등 테러 담당 업무처리를 많은 부처(11개 부처)에서 하고 있어 이해관계가 맞지 않아 부처 간 업무 협조가 미흡하였다. 더구나 테러 업무는 유기적 이어야 하기 때문에 '컨트롤 타워'의 역할을 담당할 기구의 설립이 필수적이다. 그래야 테러업무의 효율성을 증대시킬 수 있고 그렇지 않으면 부처 간 힘겨루기 양상으로 흐를 수밖에 없다

35) 현재 대테러 활동 전개는 지난 1982년 대통령 훈령 제 47호로 제정된 '국가대테러 활동지침', '국가정보원법', '통합 방위법' 등 몇 가지 법령에 근거하여 제한적으로 대응하고 있는 실정이다. 그러나 훈령은 일종의 행정규칙 성격으로 법규로서의 효력 측면에서 대외적 구속력이 미흡하고, 기존법령들 역시 사후 대응방식이기 때문에 사전 예방이 중요한 다양한 테러 사태에 효과적으로 대응할 수 없다. 그러므로 대테러 행정의 법률성 확보 측면에서도 테러 범죄에 대해 직접적이고 통일적으로 규율할 수 있는 테러 방지법의 제정이 시급하다. 테러방지 법의 추진은 2001년 9.11테러 이후 관련법의 필요성이 제기되어 2001년 11월 정부 입법으로 국회에 제출되어 정보위에서 여야 합의를 거쳐 법사위에 회부된 이후 17대, 18대 국회에 재차 발의 되었으나 여야 반대 입장으로 입법이 계속 진행 되지 않고 있는 실정이다.

36) 대테러 대책 위원회는 국무총리가 위원장이며 국가 대 테러리즘 정책의 심의와 결정을 하는 기구로 외교통상부 장관, 국방장관, 국정원장 등 10명의 위원으로 구성되며, 대테러 실무위는 관계 기관 간 대 테러리즘의 실무 정책 검토와 업무 협조, 조정을 담당하는 기구로 관계부처 국장급 실무자 14명의 위원으로 구성 된다. 또한 '공항만 보안대책 협의회'와 '지역대테러 실무 협의회'가 실무 협의를 위해 운영되고 있다. 아울러 대 테러리즘 정책의 실질적 수행을 위해 국정원을 중심으로 20여개 기관이 업무를 수행하고 있다. 반면에 국가 안전보장회의(NSC)는 안보위기 예방관리, 재난관리 및 국가 핵심기반 분야 등 통합된 국가 위기관리 체계의 종합적 기획, 조정역할을 하는 중심적 기구라 할 수 있다.

6. 세계의 대표적 테러 조직

테러조직	투쟁목표	근거지	비고
일본 적군파	세계혁명	레바논, 북한, 남미	항공기 납치사건 다수 팔레스타인 게릴라 제휴
IS(Islamic State)	수니파 이슬람국가건설	이라크, 시리아등 지역에 산재	참수등 공포, 극단주의
아일랜드 공화군 IRA	북아일랜드와 아일랜드 통합	북아일랜드 및 영국	정부군등 고위층에 테러
하마스	이스라엘에 팔레스타인 이슬람국가 건설	가나 지구 등	폭탄 및 암살, 납치
알카에다	미국에 대한 성전 중동의 이슬람종교화	중동 및 아프리카등 전 세계 60여개국	2001년911테러자행
지하드	반미, 이스라엘에 팔레스타인 국가 건설	이란, 팔레스타인, 이집트 등	자살 테러, 암살
헤즈볼라	이란식 이슬람국가건설, 미국 등 외세 추방	남부 레바논	자살 폭탄
보코하람	샤리아(이슬람교리) 도입목표	나이지리아	대규모 여학생 납치등
쿠 클럭스 클랜(K.K.K)	백인 민족 우월주의표방	미국	흑인에 무차별 폭력
바스크 조국과 자유(ETA)	스페인 북부 바스크 자치주의 독립	프랑스	스페인 정부인사에 대한 폭탄테러, 암살
콜롬비아 혁명군 (FARC)	반미, 반 정부 (남미최대 테러조직)	콜럼비아	폭탄테러, 요인납치

▶ 美 대참사에서 보는 테러라는 새로운 전쟁

2001. 9. 11 미국의 심장부인 세계무역센터, 국방성에 대하여 항공기를 이용한 자살폭격사건은 영화 또는 소설 속에서나 일어날 상황이 실제 일어났다는 사실에 전 세계가 경악하지 않을 수 없었다. 상상하지 못한 전대미문의 폭파사건을 통해 21세기 탈냉전시대의 국제 평화와 안전을 위협하는 적의 존재가 분명해졌다.

지금까지의 테러 3대 유형은 폭탄공격, 항공기 납치, 인질납치 등이었으나 미국의 대참사는 이러한 유형들을 총동원하다시피 방대하고 치밀한 군사작전을 연상시키게 했다.
미국의 심장부를 겨냥한 테러사건을 보는 우리는 그 동안 여러 차례 테러로 피해를 본 뼈아픈 상처를 가지고 있기에 테러방지의 중요성을 아무리 강조해도 지나치지 않음은 물론이다. 모든 것이 불확실해진 포스트 냉전시대에서 우리도 언제 어떤 형태의 위험에 노출 될지 모른다. 아직도 미국은 이란, 이라크와 함께 북한을 테러지원국으로 분류해 놓고 있기 때문에 더욱 그렇다. 어쩌면 미래의 '3차 대전'은 나라와 나라 간의 재래식 정규전이 아닌 예측할 수 없는 소수의 상대방으로부터 날아오는 물리적, 생화학적, 사이버적, 그리고 최악의 경우에는 소규모 핵 테러와 같은 전쟁이 될지도 모른다.

이제 우리는 테러발생방지에 최선을 다하고 발생 후 상황 유형에 따른 대응규범(매뉴얼)을 즉, 군사적 대응방안, 우방과의 채널가동 등 유사 시 자동적으로 실천에 옮길 수 있는 모든 대비책을 분, 초 단위로 준비해 놓아야 한다.
테러는 어느 한 나라만의 문제일 수 없으며, 또한 어느 한 나라만의 노력만으로 해결될 수 있는 것도 아니다. 세계는 테러 근절을 위한 국제적 연대를 강화하고 유기적이고 효과적인 공조체제 속에서 이들에 대한 정보와 상호 테러진압 기술 등을 교류해야 한다.

▶ 뉴테러리즘

미국의 대 참사사건은 지금의 테러규율을 깨고 비행기를 납치해 자신들의 주장을 알린 뒤 풀어주거나 하는 등의 민간인들의 희생을 줄여왔던 이전의 상식을 파괴했다. 아무런 요구조건도 없고 "내가 공격했다." 고 나서는 사람도 없는 테러, 그러나 피해규모는 전쟁수준인 이러한 공격을 '뉴테러리즘' 또는 '포스트모던 테러리즘' 이라고 지칭하고 있으며, 이와 같은 준(準) 전쟁적인 테러리즘이 기승을 부리지 않을까 전 세계는 우려하고 있다. 대량 살상을 노린 대기업체, 쇼핑센터, 정부청사 등을 표적으로 한 폭탄, 항공테러, 인터넷에 바이러스를 퍼뜨려 경제적, 행정적 손실을 입히는 사이버테러, 독가스나 세균을 살포해 불특정 다수에 심각한 피해를 주는 생화학공격 등이 그것이다.

– 과거의 테러형태와 다른 점

구 분	과거의 테러리즘	뉴테러리즘
패러다임의 변화	극단적 수단을 동원한 의사소통(커뮤니케이션) 행위	전쟁수준의 무차별 인명살상
목 적	세인의 이목을 끌어 존재확인 / 요구관철	구질서를 붕괴 / 새로운 질서 구축
조 직	단일국가 / 단일조직	그물망 조직의 이념적 결사체
지 배	카리스마적인 수직형 체제	중심이 다원화된 그물코 체제
진 압	정점의 지도부 제거로 무력화 가능	중심이 제거 되도 다른 중심이 역할을 대신
연락수단	직접 또는 유 · 무선통신	인터넷의 채팅룸이 전략회의실, e – 메일이 전령역할

7. 테러 공격

미국의 9·11테러(20001년)나, 파리의 테러(2015년)가 남의나라만의 일일까? 우리나라경우도 세계화속에서 해외교민이나 여행객, 유학생, 선교사뿐만 아니라 국내에서도 테러의 가능성이 점차 높아지고 있는 상황이다. 더구나 세계에서 유일한 분단국가라는 상황에서 북한에 의한 테러는 가장 경계해야 할 사항이다.

더불어 '외로운 늑대'형 테러인 자생테러의 위험에 대해서도 경각심이 필요하다. 이는 급속한 사회발전이 이루어지는 사회에서 구성원들의 기대감은 시간에 따라 증가하지만 그 열망을 채워줄 수 있는 충족감은 변하지 않을 때, 기대감과 충족감 사이의 격차가 확대되면서 폭력행위로 분출될 수도 있다. 우리나라는 지난 반세기 동안 서구 사회가 200년 동안에 겪어온 사회변동을 축약적 으로 경험했다.

그 동안의 급격한 상업화, 민주화 과정에서 경제적, 정치적 소외집단이 발생한 것이 사실이다. 이들은 상대적 박탈감에 빠지면서 사회발전에 대한 불만을 폭력을 통해 해소하려고 한다. 그 결과 특정 이데올로기에 기반을 두거나 테러집단과 연계되지도 않으면서도 테러를 자행할 수 있는 소외계층이 형성될 수도 있다는 것에도 유념하여 이에 대한 대비책도 함께 강구해 나가야 할 것이다.[37)]

테러의 위협 또한 많아지고 있다. 자살사이트 운영자라고 밝힌 한 남성이 백화점 안에 폭발물을 가진 자살사이트 회원들을 배치해 터뜨리겠다고 협박했고 공원묘지에서 승용차도 폭발시키는 등 불특정 다수의 안전을 위협하는 사건이 발생하기도 하여 경찰과 군 당국이 출동해 긴급 수색에 나서는 일도 있었다.

서울 강남고속버스터미널과 서울역 대합실의 물품보관함에 부탄가스통으로 추정되는 물건이 터지면서 불이 나는 사건이 발생하여, 다행히 인명피해는 없었지만 폭발음과 함께 불이 나면서 터미널에서 버스를 기다리던 승객들이 놀라 대피하는 소동이 벌어지는 사태가 발생하기도 했다. 경찰청 통계자료에 의하면 2010년부터 2013년까지 3년 동안 폭탄테러 신고는 241건이며 연도별로는 2010년 77건, 2011년 81건, 지난해 83건으로 매년 증가하고 있다. 지역별로는 서울이 51%(123건)로 가장 많았으며 인천 12%(29건), 부산 11%(27건), 경기 8%(20건) 순으로 나타났

37) 최진태, 『테러, 테러리스트, 테러리즘』(서울: 대영문화사, 1997), pp.44-49.

다. 특히 유형별로는 인천 및 김포공항 등 항공기 폭파신고가 48%로 가장 많았고 지하철 및 기차역이 28%, 국회·대법원 등 공공기관이 10%로 조사됐다.

폭탄이 없어도 많은 사상자를 발생시킬 수 있는 테러가 충분히 가능하다. 2003년에 발생한 대구 지하철 방화사건은 위기대응능력의 부재가 드러난 사건 중 하나였지만, 신나와 라이터만으로 약 200명이라는 엄청난 인명을 앗아간 사건이기도 하다. 부부싸움으로 불을 지르거나, 층간 소음문제로 이웃을 살해하고 보험금을 위해 친지, 가족을 살해하는 사건 등을 보면 이미 우리나라에도 많은 테러 사건이 발생할 개연성은 충분하다고 보면 될 것 같다.

인류는 전쟁의 위협보다 테러의 위협을 더 심각히 인식하게 되었다. 전쟁이 상대 적국을 대상으로 전개된 것과 달리 테러는 미국의 9·11 테러, 중동지역 과격단체들의 자살테러 등에서 보듯이 그 대상의 범위에 있어 정부, 군인, 민간인, 남녀노소를 구분하지 않고 언제, 어디서 진행될지 모르는 무차별적 특징을 지니고 있다. 특히 수단, 방법 등이 다양해지고 있어 언제 어디서나 테러 위협에 시달릴 수 있게 된 것이다.

즉, 테러의 대상이 나 자신은 아닐 것이란 예외가 있을 수 없는 상태가 되고 있다는 셈이다. 그러나 아쉽게도 우리 국민이 피부로 느끼는 테러의 위협은 그다지 심각한 수준은 아니어서 다소 우려스러운 부분이다. 테러는 언제 어디서 우리를 덮칠지 모른다. 더 이상 우리나라도 더 이상 테러 안전국가가 아닌 이상 어느 때보다 국민의 안전과 보안에 대한 세심한 관심과 주의, 성숙된 신고정신이 요구된다는 사실을 인식해야 한다. 테러 예방 또한 모든 사람의 참여와 의지가 바탕이 되어야 가능한 것임을 잊지 말아야 한다.

[테러 대응요령]

△ 전화로 폭탄 협박을 받는 경우

- 침착할 것
- 가능한 한 통화를 길게 유지할 것
- 통화 시간 및 걸려온 전화 번호 및 든 통화 기록을 메모할 것
- 메시지를 반복하도록 요구할 것

- 다음 사항들을 질문해 파악할 것
  - 폭탄이 어디에 있는가?
  - 언제 폭발할 것인가?
  - 폭탄이 어떻게 생겼고 어떤 종류의 폭탄인가?
  - 이름은 무엇이며 왜 폭탄을 설치하였나?
  - 직원인가?
- 목소리 특징, 성별, 배경음을 메모할 것
- 관계기관(소방서, 경찰서 등)에 신고할 것

△ 협박 편지 혹은 소포인 경우

- 침착할 것
- 관계기관에 신고할 것
- 포장을 열거나 불필요한 취급을 하지 말 것
- 그 물건을 물속이나 서랍과 같은 제한된 공간에 두지 말 것
- 가까이 가거나 만지지 말 것
- 소포와의 거리가 근거리인 경우, 휴대전화나 라디오를 사용하는 경우, 전자파가 폭발물에 설치된 기폭장치를 활성화할 수 있으므로 휴대전화나 라디오를 사용하지 말 것
- 편지 및 소포 내역을 기록할 것

△ 만일 폭발음을 들었거나 폭발로 인한 부상을 입었을 경우

- 침착할 것
- 관계기관에 통보해 위치를 알리고 어떤 일이 발생했고 무엇을 목격했는지 설명할 것
- 추가적인 폭발 가능성에 대한 대비를 할 것
- 탁자 혹은 책상 밑에 숨을 것
- 창문, 거울, 천정의 구조물, 캐비닛, 책장, 전기장비, 그리고 무겁고 크며 불안정한 물건으로부터 멀리 떨어져 있을 것

- 관계기관의 지정된 자의 안내를 받을 것
- 만일 대피명령이 떨어질 경우 지정된 집결지로 갈 것
- 중상을 입은 자가 있는 곳이 위험지역이 아니라면(예: 화재, 건물 붕괴 등) 옮기려 하지 말 것
- 대피 시는 문을 조심스럽게 열고 유리파편, 낙하물에 유의할 것
- 엘리베이터 사용을 금할 것
- 필요하다면 도움이 필요한 장애우와 동행하거나 보조해 줄 것
- 성냥이나 라이터 사용을 금할 것
- 건물에 대한 가능한 위험요소를 인지하고 비상대피로 및 소화기, 소화장비 위치 등에 대해 숙지할 것 (보안뉴스,2014.2.20.일자 참고)

테러공격은 사전에 치밀한 계획 및 가장 효과적인 방법을 선택하는 것을 기본으로 한다. 완벽한 성공과 테러의 홍보적 효과를 기대하기 위하여 매우 잔인한 방법을 선택하는 것이 특징이다. 또한 이러한 테러를 홍보하기 위하여 언론 또는 방송을 이용하기도 한다. 일반적으로 테러공격은 5단계의 진행절차를 걸쳐 수립하여 실시한다.

가. 테러계획

테러범들이 대상(목표), 시간, 장소, 공격 수단 등으로 계획을 실시한다.

(1) 정보 획득

테러 목적을 달성하기 위하여 가장 효과적인 목표물을 설정하고 그 목표물에 대한 정보획득 활동을 하게 되며, 이러한 활동은 직·간접적인 활동을 통하여 첩보를 수집·분석하고 계획을 완전무결하게 하기 위하여 현장답사(미행, 정찰활동)를 실시한다.

(2) 장비 확보

첩보, 정보를 토대로 테러 실시에 필요한 자료를 분석하고 문제점을 보완하여

필요한 장비를 사전 준비한다. 통상 테러행위 시 최첨단 및 성능이 좋은 장비 보다 휴대가 간편한 장비 개발로 테러수단의 효과를 더욱 더 증대시키고 있다.

⑶ 공모 테러

필요에 따라 타인이 도움이 요구되는 경우 직·간접적으로 (원한, 배신, 이익) 연관 된 대상자에게 직접 참여를 권유하거나 간접도움을 청하기도 한다.

나. 테러 공격 5단계

⑴ 1단계

대상자의 습관적 활동이나 이동에 관한 첩보 및 정보를 수집하기 위한 관찰 활동을 실시한다.

⑵ 2단계

공격 계획을 수립한다. 즉, 1단계의 장시간 관찰 활동을 통해 공격하기에 가장 유리한 장소, 방법, 시간 등을 결정하는 것이다.

⑶ 3단계

공격(행동)조를 구성하는 단계로서, 결정 된 공격방법을 실행할 수 있도록 잘 훈련 된 3~6명을 공격조로 구성한다. 이 때 각각의 임무와 목적에 따라 사용할 무기와 장비가 정해진다.

⑷ 4단계

은거지를 확보하고 공격을 준비하는 단계로서, 공격지점을 늘 관찰하고 계획할 수 있도록 공격지점 근처에 은거지를 확보하여 공격을 준비하게 된다. 이때에는 주변 환경에 어울리는 복장 및 임무에 따라 잠복이 필요시는 다량의 식량도 준비한다.

(5) 5단계

계획된 방법에 의거 공격을 실시하는 단계로서, 이때에는 관계기관의 관심 및 병력을 다른 곳으로 유인하기 위하여 변칙공격(기만)등 양동작전도 실시될 수 있다.

다. 테러의 목표

(1) 시설물

(가) 발전소 (원자력, 수력)
(나) 방송국 (TV, 라디오, 군사 통신국)
(다) 댐, 저수지
(라) 유류, 가스시설 (기름 · 가스저장 기지, 송유, 가스관)
(마) 역, 철도, 공항, 항공기, 항구, 선박 등
(바) 국가 중요건물
(사) 외국 대사관 및 공관 등
(아) 고층 빌딩 (63빌딩 등)
(자) 대중 교통량이 많은 다리 (원효대교, 한강대교, 반포대교 등)
(차) 중요 고속도로 (경부 · 호남 · 중부 고속도로 등)
(카) 기타 중요 기업체, 공장, 군수 산업체 등

(2) 중요인물 목표

(가) 대통령, 국무총리 및 유명 정치인 (대선 후보자)
(나) 정치, 군사, 외교, 정보 등의 중요 직위자
(다) 경제인
(라) 종교지도자 (기독교, 가톨릭, 불교 등)
(마) 과학자 (물리학, 전자공학, 원자학, 생물학 등)
(바) 문화, 예술 유명인 (가수, 배우, 탤런트, 체육인 등)

8. 예방 및 대응책

가. 테러의 예방

- 테러행위의 예방을 3가지 방향에서 생각하면 다음과 같다.
- 조직의 근원지 (집결지 추적 - 무력화 - 활동봉쇄)를 차단한다.
- 물리적으로 봉쇄되지 않은 조직이나 범인이 스스로 행동을 중단하도록 유도한다.
- 용의자는 사전 차단한다.

(1) 원초적 근절 방안

(가) 테러범 또는 조직 색출 및 검거

(나) 자금의 봉쇄

(다) 정치적 및 기타의 방법으로 테러범의 안식처(직업알선) 재공

(2) 근절 방안의 문제점

(가) 테러범을 살상 또는 구금하면 타조직원에 의한 보복테러 가능성이 있다.

(나) 물리적 진압작전 자체가 위험소지가 있다.

(다) 초국적 테러조직은 그들을 지원하는 제 3국에 근거지를 두고 활동함으로서 이들 공격은 외교적 분쟁을 초래할 가능성이 크다.

(라) 자국의 이익에 입각, 음성적 자금지원을 통해 테러 집단을 대리전에 이용하므로 효과적인 자금 · 자원 봉쇄에 어려움이 있다.

(마) 테러 근거지 제거도 테러조직을 수용하고 있는 국가 나름대로의 이유로 협력이 이루어지지 않는 경우도 있다.

(3) 테러행위 기피태도 유도

가용수단을 총동원하여 테러범으로 하여금 행동을 중단케 하는 심리학적 고려가 가장 많이 요구되는 수법

⑷ 목적 달성 확률을 낮추는 방법

(가) 경비와 검문, 검색 강화
(나) 테러범과의 협상에 절대 응하지 않겠다는 강경대책
(다) 범행에 필요한 협조를 얻기 힘들게 하는 방법

⑸ 범행 부담을 높이는 방법

(가) 테러범에 대한 법적 처벌 강화
(나) 범행에 대한 보복 공격
(다) 국제 사회에서 매장

⑹ 테러범에 대한 사전 검거

사전에 테러분자의 입국을 확인하여 거부하고 또 다른 증거로 보아 테러행위 가능성 있는 인물을 찾아내는 것으로서, 이것은 주로 경찰, 공항 및 항만의 보안 당국, 세관에서 행하는 통상업무에 해당되나 특별히 문제가 되는 것은 변장, 여권위조, 가장 등의 신분위장과 사전 통보를 받지 않은 상태에서 갑작스런 테러범의 출현이다.

즉, 불과 2~3명의 인원으로 승객 200~300명을 인질로 하여 그들의 목적하는 사회적 효과 등을 충분히 노릴 수 있다는 점에서 테러범들이 항공기의 납치를 가장 손쉬운 수단으로 선택하는 만큼 여기에 대한 대비책으로 입국자의 감시, 탑승자 및 화물의 검문, 검색은 물론 탑승구 경비, 기체 내 방어체제 강화가 이루어져야 한다.

나. 테러 발생 시 대응책

테러 사건 발생 시 우선 피해의 극소한 조치 및 범인과의 협상, 설득 또는 무력을 통한 인질 구출 계획을 수립해야 한다.

⑴ 위협단계

사건 발생 초기단계에서 범인 정체를 빨리 파악하여 제반 대응수단을 강구하여

야 한다. 항공기 납치범의 경우 인명피해를 미연에 방지하기 위해 보안 승무원과 기장을 포함한 전 승무원들이 스턴탄, 총기, 소형폭음탄 등을 이용, 범인들의 기선을 제압하는 행동지침이 마련되어 있어야 한다. 또한 평소에는 이미 발생하였던 항공기 납치 사례를 중심으로 범인들이 취약점, 범인이 소지한 소지품과 화물 탑재 여부 등을 분석, 검토하여 유사시 대응할 수 있도록 교육, 훈련되어 있어야 한다.

(2) 검거 단계

사건 발생 후 범인들이 일단 주도권을 장악하게 되면 검거단계로 돌입하게 되는데, 이 단계에서는 범인들의 정체는 물론 요구 조건을 제시하게 되며 또한 그들의 성격이나 범행동기가 어느 정도 밝혀지게 된다. 따라서 이들과 대응하는 일정한 조직이 구성되어 협상, 설득 또는 작전을 통한 본격적인 활동을 전개하게 된다.

(3) 인질 구출 및 종결 단계

(가) 사건의 종결에는 범인 스스로 인질을 석방하거나 범인의 투항, 무력에 의한 인질 구출 등이 있으며, 만약 인질 석방, 범인 투항 등으로 해결을 못했을 경우에 후속되는 것을 처음부터 잘 훈련된 특수 요원이 있어야 하며, 또한 작전의 전제는 성공적으로 종결된다면 더할 나위 없겠지만 진압작전 시에는 인질과 작전 요원의 희생을 각오해야 한다. 그러므로 최소의 희생으로 성공할 수 있다는 확신이 있을 때에만 선택하여야 한다.

(나) 작전 실행 시기는 납치범에 의한 인명 살상 또는 그 위험이 가중된 때이며, 무력 구출 작전이 성공을 거두기 위해서는 범인들을 조종하고 있는 배후 세력의 동향에 관한 정확한 정보수집과 인질 구출 계획이 진행되고 있음을 은폐하기 위한 각종 위장전술과 역정보의 전파가 필요하며, 아울러 철저한 보안이 이루어져야 한다. 또한 국외에서 작전을 실시해야 할 경우에는 사전에 외교적 협조 및 공작이 작전의 성공에 필수적이다.

▶ 테러 중에 있는 범인들의 약한 심리 상태

(1) 사망했거나 붙잡고 있는 인질들에 대한 책임감
(2) 누군가와 정기적으로 이야기하고 싶은 강한 욕구
(3) 속고 있다는 의심, 특히 관계당국에 이야기하고 싶은 욕구
(4) 빨리 정상상태로 돌아가고 싶은 마음
(5) 자신감의 상실 (가족 및 친구들로 부터의 설득)
(6) 테러를 위하여 준비해 온 고된 시련의 시간과 노력에 대한 회의

▶ 공격 시기 및 방법

(1) 범인들이 극도로 지쳤을 때
(2) 범인들의 주위가 산만할 때
(3) 범인들이 전혀 공격을 예상치 못한 시간 및 시기
※ 공격 시기 및 방법은 범인들의 자세, 심리 상태에 크게 좌우되며, 유리한 조건은 고도의 심리전을 통한 지연전을 전개함으로서 가능하다.

9. 세계 주요국가 테러진압 특수부대

구분	부대	창설	소속	창설 동기 및 규모
한국	707 특수임무 대대	1981	국방부 (특전사)	- 12,12 사태가 동기(특전사령관이 직접 지휘할 수 없는 부대가 없어 문제 되었음) - 4개팀, 약 160여명
	868경찰 특공대	1982	서울 경찰청	- 1982 미문화원 방화사건과 86 아시안 게임, 88 서울 올림픽이 확정되면서 각종 테러 및 인질 난동, 국내 강력사건 해결을 위해 창설되었음
	특수수색대 (UDT/SEAL) 해난구조대 (SSU)		국방부 (해군)	- UDT/SEAL : 해상 특수전부대로서 수중침투, 폭파전문부대 - SSU : 함정 및 인원 구조 (해난구조)
	항공구조대		국방부 (공군)	- 항공기 및 조종사 탐색구조 (항공구조)

미국	델타포스 (AFT)	1985	국방부	- 육·해 공군의 특수 임무대와 미정보국 및 연방수사국 소속 대 테러 부대가 있지만 국내 테러 전담 부대의 운영 필요성의 강조로 창설 - 400명
영국	SAS	1941	국방부	- 2차 세계대전 당시 독일과 이탈리아군에 대한 게릴라전의 전개를 위해 창설 - 전 세계 대 테러 진압 부대 창설을 위한 원형이 되었음
	코만도	1940	국방부	- 2차 세계대전 중 해상을 통한 적진 침투를 위해 창설 - 전 세계 특수부대의 원조
프랑스	국립헌병 개입대 (GIGN)	1974	국방부	- 1972 뮌헨 올림픽 때 팔레스타인 게릴라들에 의한 이스라엘 선수촌 테러 사건 발생으로 창설 - 80 ~ 90 명
러시아	알파부대 (ATC)	1974	연방 보안국 (FSB)	- 소- 련체제 붕괴의 초기인 70년대에 브레즈네프 서기장의 명령으로 창설 - 모스크바 본부에 220 ~ 230 명 및 기타 각 지부 마다 50명씩 배치
	빔펠	1979	연방 보안국 (FSB)	- KGB의 대외 첩보수집을 위한 전위부대로 창설 - 빔펠 내에 "배가" 라는 핵폭탄 테러대비 부대 운영

이스라엘	하헤브레	1957	국방부	- 민족 간의 갈등, 주변 아랍 국가들과의 마찰 등으로 인한 테러 문제가 발생되어 창설
오스트리아	국가헌병대(코브라)	1973	내무부	- 1973년 당시 구소련에서 이스라엘로 망명하는 소련계 유태인 또는 반체제 인사들이 지리적 여건으로 오스트리아를 경유하여 탈출할 시 이들을 안전하게 호송하기 위하여 창설 - 170명

※ 특수부대의 공통 임무

비정규전(UW), 특수정찰(SW), 목표타격(DA), 대테러(CT)

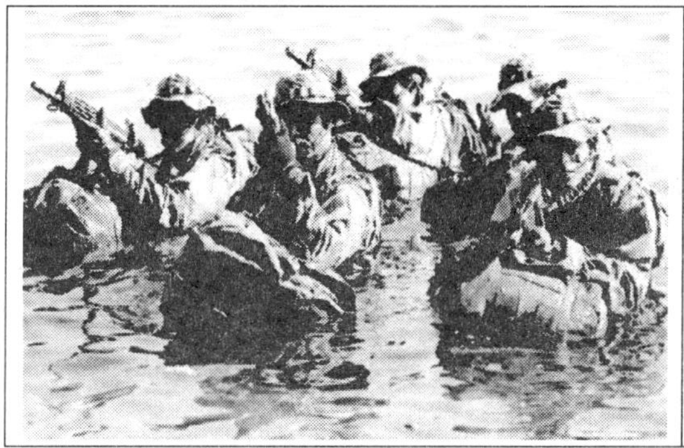

※출처 : 네이버 이미지

UDT 대원의 해상침투훈련모습

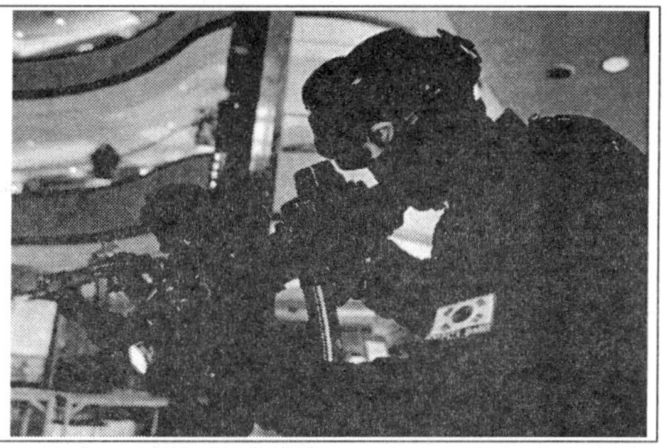

※출처 : 네이버 이미지

707 특수 임무대 대요원 훈련 모습

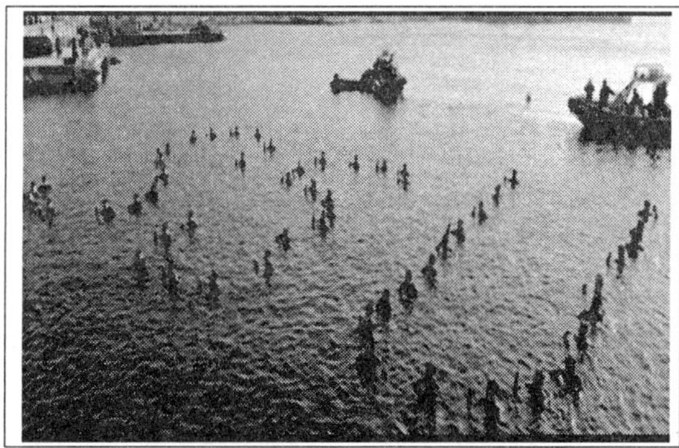

※출처 : 네이버 이미지

SSU 요원의 동계혹한기 훈련모습

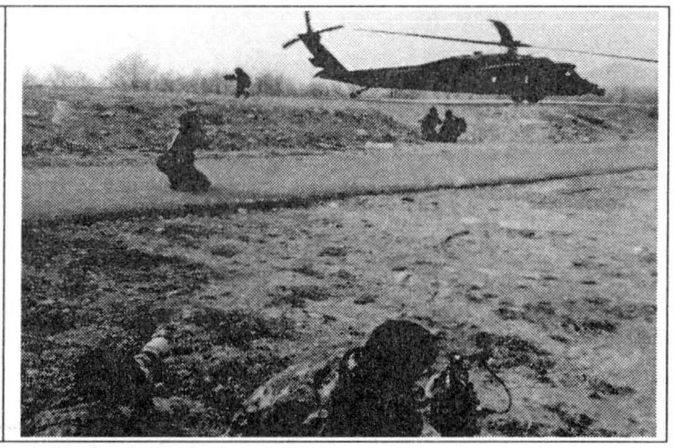

※출처 : 네이버 이미지

공군항공구조대 대원들의 훈련모습

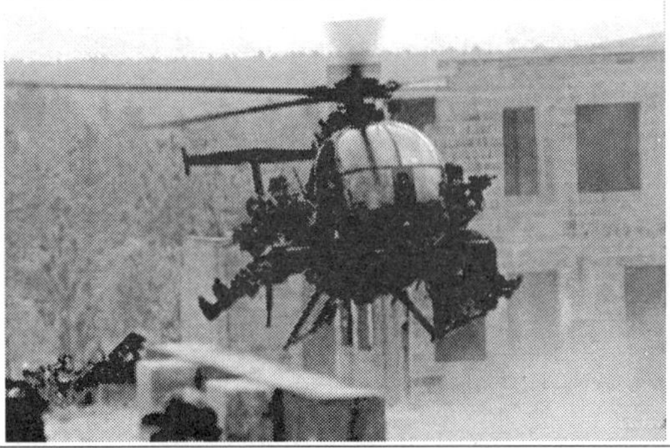

※출처 : 네이버 이미지

미국 : 델타포스 대원들의 인질구출작전

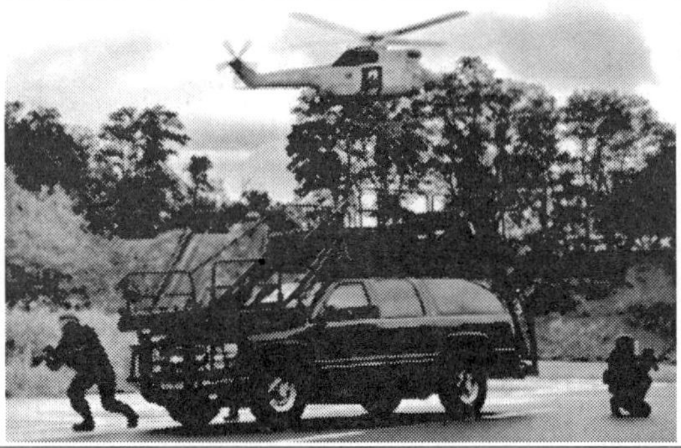

※출처 : 네이버 이미지

프랑스 : "GIGN"의 범인검거훈련 모습

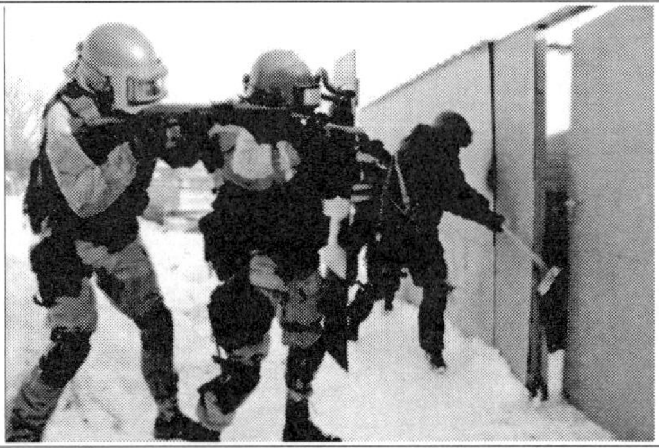

※출처 : 네이버 이미지

러시아 : 알파팀 훈련모습

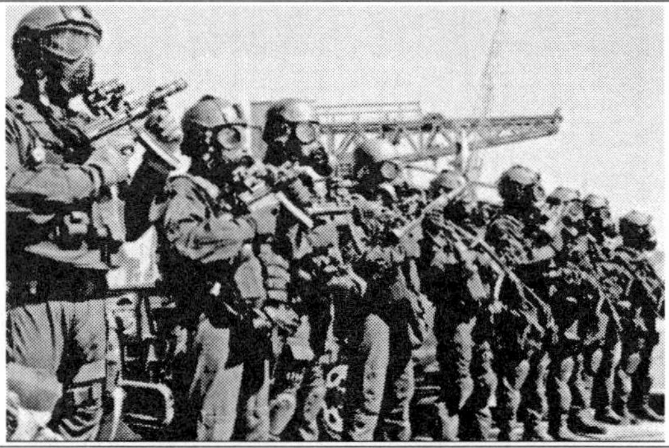

※출처 : 네이버 이미지

영국 : SAS 특수대원들의 훈련모습

▶ 북한 공작원 학교 선발/ 교육/ 훈련과정

본 내용은 그 동안 북한 및 해외에서 공작원으로 활동하다가 귀순 또는 망명한 사람들의 증언 내용임.

북한의 공작원 양성학교는 「김정일 정치군사 대학」이며, 노동당 중앙위원회 직속이었으나 92년 1월 김정일 정치군사대학으로 개칭되었다. 김정일정치군사대학(金正日政治軍事大學)는 조선민주주의인민공화국 평양직할시 근교 산속에 있는 대학교이며, 주로 공작원 훈련교육을 위해 설립되었다고 한다. 구명칭은 금성정치군사대학(金星政治軍事大學)이었으며, 여기서 '금성'(金星)은 김일성을 의미한다.

1. 선발과정

가. 북한에서 요구하는 이념 및 사상으로 무장된 자.
나. 고등·중등학교 졸업생으로 성적이 우수하고 신장 175cm 이상인 자.
다. 혹독한 훈련에 견딜 수 있는 신체 단련자.
라. 간부자제 및 평양출신자는 제외.

2. 교육과정(4년)

구 분	교 육 내 용
1학년	• 이론 80%, 훈련 20% – 김일성 노작 철학, 수학, 물리, 화학, 영어 등 – 12시간 교육 후 8km를 2시간 만에 돌파해야하며, 행군은 20kg의 모래 배낭을 짊어지고 산악 30리(12km)를 30 ~ 35분 만에 주파(매일 : 20kg 모래배낭에 30리, 주말 : 50리행군, 월말 : 100리, 분기말 : 300리 행군)
2학년	• 이론 60% , 훈련 40% – 남한의 정세교육 및 매잉ㄹ 25일동안 4km 잠수훈련
3 ~ 4 학년	• 이론 20 ~ 40%, 훈련 60 ~ 80% – 특공훈련 : 특공대반, 항해반, 기관반, 통신반으로 편성하며 특공대반은 침투, 납치, 암살 등을 담당

※ 4년 교육 후 1기에 보통 100명 정도 졸업

3. 정치대학 졸업 후 특수교육(2년)
가. 각 연락소에 배치되어 전문적인 특수훈련 등을 교육받고 2년 후 평균 $\frac{1}{2}$ 정도 탈락.
나. 훈련에서 이겨낸 자들에게는 공민증이 없고 공작명만 존재하며, 주민들은 헐벗고 굶주려도 이들에게는 특급대우.
다. 해외공관에 배속되어도 대사나 보위부원 등 어느 누구의 간섭을 받지 않음.

제 2 절 폭발물

1. 보호대상

오늘날 기술의 첨단고도화, 정보화로 폭약제조기술이 테러집단이나 범죄를 일으키려는 일반인에게 많이 노출되어 있으므로 경호원은 폭발물 제거기술을 익혀 인명 및 재산손실을 최대한 억제하도록 노력해야 한다. 또한 주요 국가시설, 방송시설, 교도소, 수원지, 발전시설, 외국공관 및 관련건물, 항공기 및 선박, 기타 경호대상인물을 포함한 중요VIP 요인이 주 보호 대상이므로 이에 대한 보호대책이 수립되어야 한다.

2. 폭발물의 종류

가. 인명살상용

많은 인원을 살상하는 효과를 거두도록 제조된 폭탄.

나. 주요시설 폭파용

군사시설, 통신시설, 관공서, 주요 비행장 및 항만 등을 폭파할 목적으로 제조된 폭탄.

다. 모형폭탄

교육용 연습탄으로 인명 및 시설물에 유해하지 않거나 적을 기만할 목적으로 제조된 모형폭탄.

3. 부비트랩

부비트랩은 사람을 기만 시켜 그것이 외관상 해롭지 않다고 인정되어 무심코 만지거나 또는 옮겼을 경우에 폭발되도록 고안된 폭발물을 말한다.

가. 제거방법

(1) 폭파제거 하는 방법

폭발물의 설치장소 및 폭파되었을 경우, 주변 시설물의 운용가치가 없다고 판단될 때 현장폭파를 실시한다.

- 파괴폭약을 사용
- 수목을 이용한 연소방법
- 화기사용 (직사, 곡사)
- 밧줄, 또는 철선 등 기타 폭발 가능한 줄에 의한 방법

(2) 분리 제거하는 방법

폭발물로 인하여 유용한 시설물 보호를 위한 제거 방법이다.

- 시설물을 보호해야 할 가치가 있다고 판단될 때
- 시민의 안전 요구 및 경호대상의 신변 위협이 예상될 때

• 테러집단이나 개인의 범죄행위를 판단하여 범인 체포의 단서를 찾기 위한 회수가 요구될 때

나. 폭발물 제거 시 확인사항

(1) 폭발물의 위치판단
(2) 폭발물 형태 및 휴즈의 종류
(3) 폭발물에 또 다른 장치연결 여부 판단
(4) 폭발물 제거반 인원과 일반인과의 안전거리 유지
(5) 뛰거나 잡담금지

다. 폭발물 제거 및 유의사항

(1) 폭발물 발견 시에는 군, 경 폭발물 제거반에 알려 그들이 올 때까지 기다려야하며, 그러나 시설물과 시민, 경호 대상자가 위급할 때는 직접 제거하여 주변의 안전을 도모하는 살신 경호정신을 가져야 한다.

(2) 유의사항

• 모든 기계장치의 숙지 및 조작능력이 숙달되어야 한다.
• 부주의로 자신 및 타인을 파멸하게 하는 일이 없도록 해야 한다.
• 완벽한 제거기술능력은 자신감을 갖게 한다.
• 제거 시 한 사람이 제거하고 다른 사람은 안전한 곳으로 피신한다.
• 제거 시 의심나거나 폭발물 종류가 잘 식별되지 않을 때에는 전문가에게 협조를 구한다.
• 모든 이상 물건에 대하여 의심을 갖는다.
• 테러범들은 잔인하고 교활한 살인자임을 명심한다.

4. 급조 폭발물(improvised explosive device)

가. 급조폭발물개념

급조폭발물은 집에서 만든 사제 폭탄이다. IED(Improvised explosive device) 또는 도로매설폭탄(roadside bomb)이라고 부른다. IED의 재료로 ANFO가 많이 사용되는데, ANFO 폭약으로 만든 IED를 비료폭탄(fertilizer bomb)이라고도 부른다. 즉, 정해진 규격이나 절차와는 무관하게 제작되어 설치한 폭발물을 말한다. 폭탄의 위력을 군용 대인지뢰 크레모아에 비유해 홈 메이드 크레모아(home made claymore)라고 부르기도 한다.

게릴라 혹은 특공대가 작전에 사용하기도 하며, 무장세력이 테러 공격 시 이용하기도 한다. 주로 차량, 보트, 동물 등에 설치하거나 직접 몸에 지니고 있다가 자살 테러를 행한다. 2013년 4월 15일 미국 매사추세츠 주에서 열린 보스턴마라톤 대회 도중 폭발해 많은 사상자를 발생시킨 압력솥 폭탄도 급조폭발물의 일종이다.

또한 아무 의심 없이 관심을 가질만한 여러 가지 물건에다 독창적인방법으로 설치하여 사용한다. 또한 사제폭발물(IED)을 사용함에 있어서는 제조방법이 비교적 용이하고 즉흥적으로 만들어지기 때문에 작은 파이프 폭탄의 형태에서 정교한 장치에 이르기까지 여러 형태로 나타나며 2003년에는 이라크 전쟁 중에 특히 많이 사용되었다(Clay Wilson, 2005: CRS1-2).

원래 사제폭발물(IED)이라는 용어가 사용된 배경은 1970년대 영국군에 의해 유래되었으며, 이후에 아일랜드 공화국군(Irish Republican Army: IRA)이 효율성이 상당히 높은 폭탄인 뷰비츄렙(boobytrap) 또는 원격제어폭탄을 만들기 위해 리비아에서 몰래 들여온 농업비료와 셈텍스(semtex)로 폭탄을 사용한 것을 시초로 수제폭탄 또는 길가에 놓인 폭탄(Roadside Bomb)이라는 용어와 혼용되어서 사용하고 있다(Rens de Graaff, 2010: 1).

나. 사제폭발물의 구성요소

사제폭발물(IED)은 일반적으로 주 장약(Main Charge), 기폭장치(Initiating System), 용기(Casing)로 구성되어 있다. 주 장약(Main Charge)은 폭발력을 발휘하는데 가장 중요한 요소로서 군용탄약이 많이 사용되고 있으며, 다이나마이트(dynamite)[38]나 최근에는 화학물질 등을 혼합[39]하여 주 장약으로 사용하는 경우도 있다.

기폭장치(Initiating System)의 경우 초기화 시스템이나 신관이 장치를 작동하며, 간단한 명령을 통한 무선조종으로 장난감 자동차나 음료수 캔 등의 원격제어로 폭발된다. 배터리는 뇌관을 위한 에너지원으로 사용되고 모든 유형의 배터리는 사제폭발물의 핵심이다. 배터리 건전지는 AA처럼 작은 것을 사용하고 자동차와 트럭 건전지로 장거리 무선 전화기에 사용되기도 하며 집이나 사무실의 로컬 전원 공급 장치로도 사용이 가능하다.

용기(Casing)는 사제폭발물에 사용되는 용기, 즉 음료수 캔이나 담배 케이스 또는 대형 트럭이나 비행기에 탑재시키는 등 다양하게 나타날 수가 있으며, 고정적인 형태가 아닐 뿐만 아니라 컨테이너 등에 폭발물을 은닉하여 필요시 공격을 행할 수도 있다(Department of the Army, 2005: 2-4).

다. 사제폭발물의 종류 및 설치형태

(1) 사제폭발물의 종류

사제폭발물은 단순폭발물부터 화학, 생물학 등 다양한 내용물을 담뱃값만큼의

---

38) 다이나마이트(dynamite)라 하면 니트로글리세린(nitroglycerine)을 7%이상 함유하는 폭약을 총칭해서 일컫는 말이다. 대게 니트로글리세린이 7% 정도 함유되어 있고 대부분이 질산암모늄(ammonium nitrate)과 가연물로 이루어진 것을 질산암모늄 다이나마이트(AMMON)라고 한다. 또한, 다이나마이트 에는 콜로이드모양과 가루모양이 있고 기폭은 주로 뇌관을 쓰며, 광산, 탄광, 토목공사 등에 널리 이용되고 있다.

39) 화학물질을 이용해 제조 가능한 사제폭발물은 다음과 같다; ANFO, 초안폭약, 흑색폭약, 플라스탁폭약, 텔미트 폭약, 미지안킷트, 니트로메탄·톱밥 폭약, 과망간산칼륨·알미늄 폭약, 니트로메틴: 질산암모늄 폭약, 백색화약A(염소산칼륨: 설탕: 유황), 백색화약C(염소산칼륨: 송진분말), TATP(아세톤·과산화수소·염산), P.L.X(니트로메탄·에틸렌디아민), 액체폭약(니트로메탄·암모니아), 염소산칼륨·등유 폭약 등이다(황세웅, 2012: 152).

작은 크기로 사용되는 형태에서 차량에 탑재하는 형태까지 그 크기와 사용방법 그리고 파괴규모 또한 다양하다.

〈표 10〉 사제폭발물 형태에 따른 폭발규모

위협설명	폭약량(TNT환산)	실내 배출거리	실외 배출거리
파이프 폭탄	5 lbs 2.3 kg	70 ft 21 m	850 ft 259 m
자살벨트	10 lbs 4.5 kg	90 ft 27 m	1,080 ft 330 m
자살조끼	20 lbs 9 kg	110 ft 34 m	1,360 ft 415 m
서류가방 폭탄	50 lbs 23 kg	150 ft 46 m	1,850 ft 564 m
소형 승용차 폭탄	500 lbs 227 kg	320 ft 98 m	1,500 ft 457 m
승용차 폭탄	1,000 lbs 454 kg	400 ft 122 m	1,750 ft 534 m
승합차 폭탄	4,000 lbs 1,814 kg	640 ft 195 m	2,750 ft 838 m
소형배달트럭	10,000 lbs 4,536 kg	860 ft 263 m	3,750 ft 1,143 m
화물트럭	30,000 lbs 13,608 kg	1,240 ft 375 m	6,500 ft 1,982 m
대형트럭	60,000 lbs 27,216 kg	1,570 ft 475 m	7,000 ft 2,134 m

※ 자료: 조홍제 · 이기헌, 2010: 92의 재구성.

(2) 사제폭발물 설치형태

(가) 고정 형 사제폭발물

고정 형 사제폭발물은 지정된 살상지점에 미리 폭발물을 설치·은닉해 놓고 공격목표가 폭발물의 위험반경 내에 들어왔을 때에 폭발시키는 형태를 말하며, 이동표적은 장갑차나 전차 등을 주목표로 한다. 이러한 고정 형 사제폭발물은 주로 전쟁 등에서 사용되며, 유·무선 센서 등을 기폭장치로 사용한다. 이 형태의 폭발물은 신발, 양말, 서류가방 폭탄, 비디오카메라나 비디오테이프, 장난감 등의 물건에 폭약을 은닉하여 원격 조정으로 폭파하는 폭탄 형태로서 일상생활에서 흔히 볼 수 있으며, 또한 휴대할 수 있는 배낭을 이용한 폭탄 등 폭약을 담을 수 있고 의심을 받지 않을 수 있는 모든 유형의 용기를 이용한 다양한 폭탄이 있다(최진태, 2010: 95).

〈표 11〉 사제폭발물의 설치형태

구 분	주요목표	기폭장치	운용방법	비고(특징)
고정 형 사제폭발물	이동표적 (장갑차, 전차 등)	유·무선, 센서 감응점화	피해자·공격자작동, 시한작동 등 발화	도로주변 설치
이동 형 사제폭발물	이동차량, 주요건물, 인원밀집지역 등	유·무선 점화	공격자작동 발화	자살폭탄에 주로 사용
투척 형 사제폭발물	창문이 내려지거나 서행차량, 원밀집지역, 주요건물 등	도화선에 뇌관연결, 시한점화 기폭장치	공격자작동 발화	의심받지 않도록 위장소형물체 사용

※ 출처: 이기헌, 2010: 242.

(나) 이동 형 사제폭발물

이동 형 사제폭발물은 공격 대상물의 주변 또는 공격 대상물의 지근거리에 위치하고 있다가 신속하게 목표물에 접근하여 폭발시키는 것을 의미한다. 이 중 차량탑재 형 사제폭발물VBIED(Vehicle Born Improvised Explosive Device)이 가장 대표적인 예이다(윤범기, 2005: 72). 차량탑재 형 사제폭발물은 많은 양의 폭탄을 차량에 탑재할 수 있고, 공격 목표로의 이동이 용이하다는 장점을 지니고 있어 무차별 폭발물 테러에 자주 이용된다.

이러한 차량탑재 형 폭발물 테러는 크게 직접 공격방식과 간접 공격방식으로 나눌 수가 있다. 직접 공격방식은 테러범들이 소유하고 있는 차량에 폭발물을 탑재한 이후 공격대상의 목표물 근처에 주차시킨 후 폭발을 시키는 방법과 직접 차량을 운전하면서 공격 목표에 충돌하는 자살폭탄 등이 있다.

간접 공격방식은 요인 암살에 주로 사용되는 방식으로 테러의 대상이 되는 요인이 탑승하고 있는 차량에 은밀히 접근해 폭발물을 부착시켜 폭발시키도록 하는 것이다. 간접 공격방식의 경우 폭발물은 엔진, 트렁크, 차량 하부, 예비 타이어 보관 등에 설치하며 세밀한 점검이 없이는 발견하기 어려운 경우가 많다(최진태, 2010: 96).

(다) 투척 형 사제폭발물

수류탄이나 깡통 등에 폭발 반응을 일으키는 화학물질 등을 혼합하여 휴대하면서 요인암살 및 차량의 창문을 열어놓은 채로 정지해 있거나 이동하는 차량, 밀집된 인원, 주요건물, 검문소 등을 목표로 공격하는 형태를 취한다(이강영·백성욱, 2011: 51).

라. 국내·외 사제폭발물 사용 현황

(1) 국내 사제폭발물 관련 주요사례

최근 10년간 주요 사제폭발물 관련 사례를 보면 자신의 삶에 대한 비관이나, 금품을 갈취할 목적, 치정에 의한 원한, 무동기, 회사에 대한 원한 등 개인의 분노표출방식으로 사제폭발물을 사용하였다. 사제폭발물 사용도 화공약품을 사용하거나 기타 폭죽용 화약을 이용하여 제작한 폭발물을 소지하여 사용하거나 또는 사용하려고 소지하는 등 개인의 분노표출방식의 수단으로 사제폭발물의 사용이 늘어나고 있는 추세이며, 그 방법이나 장소도 고정적이고 예측 가능한 장소가 아닌 다양한 장소와 방식을 취하고 있다.

〈표 12〉 국내 사제폭발물 관련 주요사례(2001~2011년)

구분	사 건 개 요
1	'01년 2월 대구 시민운동장 화단에 질산암모늄 등으로 제작한 시한폭탄이 든 노트북용 가방을 놓아 이를 주운 시민 2명에게 화상을 입힌 고등학생 임모군 검거
2	'02년 12월 서울 구로구 애경백화점 CGV영화관 광고판 뒤에 돈을 갈취하기 위해 폭죽용 화약으로 제작한 폭발물을 설치하고, CJ대표에게 폭발물을 우편발송하여 이를 열어본 비서에게 전치 2주의 상해를 가한 피의자 1명 검거
3	'02년 6월 광주에서 변심한 애인과 그 가족을 살해할 목적으로 폭죽용 화약 등을 이용한 폭발물을 피해자 우편함에 넣어 두어 가족의 신고로 지문감식 중이던 경찰관을 상해하고 피해자 직장 여자화장실을 폭죽용 화약 및 휘발유로 제작한 폭발물을 설치하여 청소중이던 빌딩 관리인(70세)에게 상해를 가해 치료 중 사망
4	'05년 10월 전주 소재 자신의 집에서 임차보증금을 받지 못하고 강제퇴거를 당하게 되자 이를 방해하기 위해 폭죽용 화약 등으로 제작한 사제폭발물과 LPG가스통을 설치하여 폭발물사용 예비
5	'09년 4월 충남 논산에서 산업용 타정 총 실탄에서 모아온 흑색화약 1.5kg 등을 이용하여 사제폭탄 2개를 제조한 뒤 인터넷을 통해 판매시도
6	'09년 10월 김해 소재 자신이 근무하는 회사 사장을 살해하기 위해 인터넷을 통해 구입한 질산칼륨(2~3kg), 알루미늄 분말가루(1kg), 유황가루(1kg)와 플라스틱 파이프(PVC)통을 이용해 제작한 폭발물을 신나와 함께 사장의 차량에 설치하여 살해하려고 하였으나 폭발하지 않아 미수에 그친 피의자 1명 검거
7	'11년 1월 남양주에서 도망간 옛 애인의 행방을 찾지 못하게 되자 불특정 여성을 대상으로 복수하기 위해 부탄가스와 폭죽을 이용한 사제폭발물을 제작하였으나 지인의 신고로 예비에 그친 용의자 검거
8	'11년 2월 포항에서 화공약품을 이용해 제작한 사제폭발물을 몸에 두르고 파출소를 찾아와 세상을 비관하는 말을 되풀이하며 자해소동을 벌이다 연락을 받고 찾아온 부모와 함께 귀가하였으나 인근 방파제에서 이를 터트려 자살
9	'11년 3월 포항의 한 식당에서 염소산칼륨과 같이 길이 10cm, 지름 3cm의 수도관 파이프로 만든 사제폭발물 10여개를 들고 위협하다 결국 검거
10	'11년 4월 부산의 옛 애인 오피스텔을 찾아가 시비중인 A를 112신고를 받고 출동한 경찰관이 엘리베이터에서 내리는 순간 불상의 폭발물을 터뜨려 용의자 현장에서 사망, 경찰관 2명 부상

※ 자료: 황세웅, 2012: 146.나. 폭발물 설치순서

제9장 무기 및 장비

제1절 무 기

1. 권총

가. CAL 38 구경 (스미스 & 웰슨사)	나. M1911A1 권총 (콜트45구경- 콜트사)
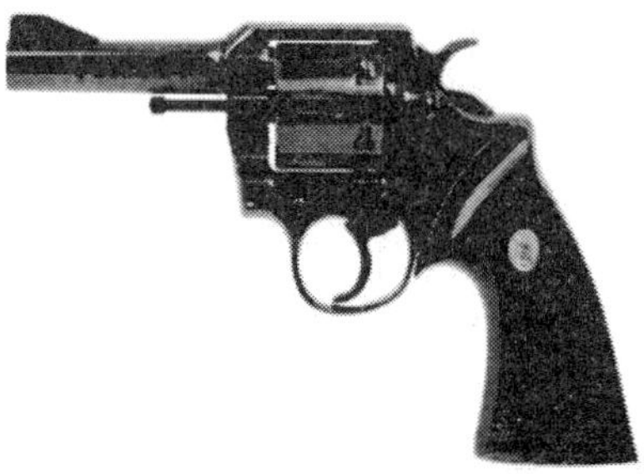	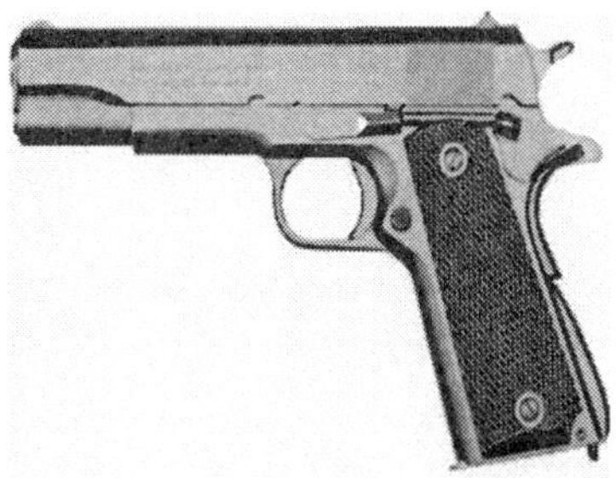
전장 23.5cm, 총신 10cm, 무게 840g, 6발 회전식 탄창 [출처: 국가지식포럼]	M1911A1은 제2차 세계대전이 끝난 뒤에도 미국과 미국의 동맹국에 의해 널리 쓰였다. 대한민국 국군도 K5 권총이 대체하기 전까지는 M1911A1를 사용하였다. [출처 : 위키백과]

다. K5 권총 (대우정밀)	라. Walther P99AS (독일)
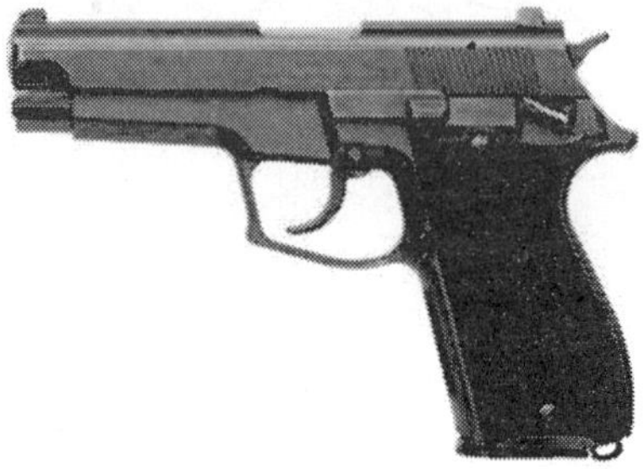	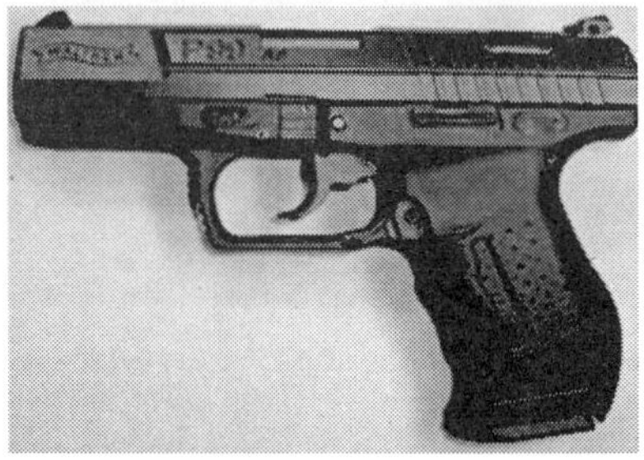
K5 권총은 현재 대한민국 국군 장교(장성은 38구경이 지급됨)와 전차병과 특수부대, 경찰 특수기동대에 주로 보급되어 있으며, 미국과 유럽에서는 DP-51이라는 이름으로 판매되고 있다. [출처 : 위키백과]	독일의 Carl Walther사에서 제작한 반자동 권총으로 1997년 생산이 시작되었다. 새로운 기능을 추가를 통해 P99QA, P99 Military, P99AS 등 10여종이 넘는 다양한 형태의 제품군을 이루고 있다. 초경량, 초소형 권총으로 오스트리아의 글록과 견줄 만큼 뛰어난 휴대성은 물론 탄속과 유효사거리 또한 기타 9미리 반자동권총에 뒤지지 않는 우수한 성능을 자랑한다. [출처: 나무위키]

마. Smith & Wesson M&P 자동권총 (미국)

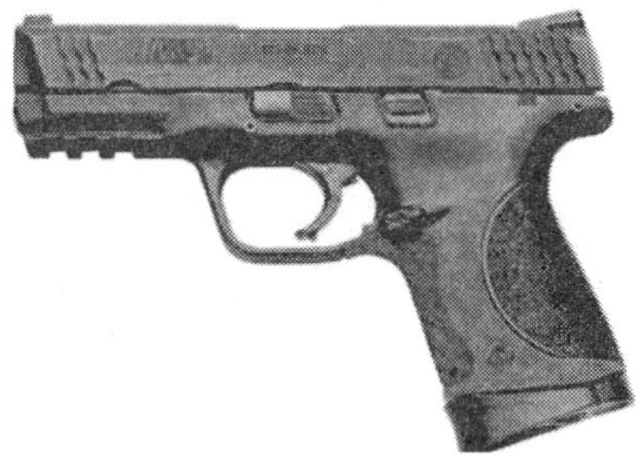

S&W사가 기존의 자사 권총 어느 모델과도 파츠가 호환되지 않는, 완전히 새로운 독자모델 폴리머 프레임 권총을 개발하여 2005년부터 생산 및 판매하고 있다. M&P는 Military and Police의 약자로, 군경용 시장을 주로 노리고 개발한 것이지만 민수 시장에서도 대호평을 받고 있다.

[출처: 나무위키]

바. CZ75 자동권총 (체코)

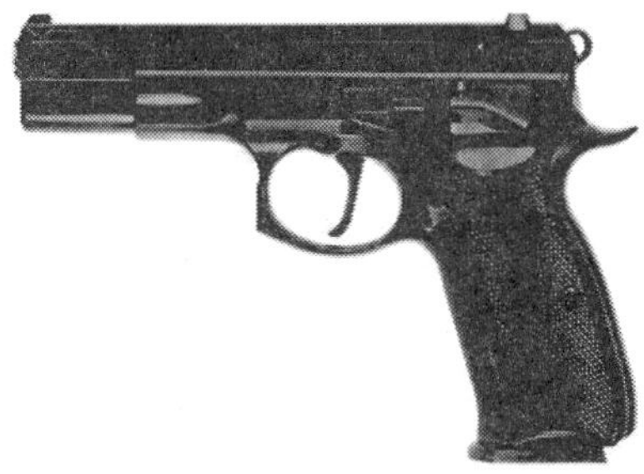

1976년 체코에서 최초 생산된 총으로 총 100만대 이상 생산된, 20세기에 출시된 권총 중 꽤 높은 판매 실적을 보이고 있으며, 현재도 생산중인 화기이다.

[출처:위키백과]

사. 슈타이어 TMP 기관권총 (오스트리아)

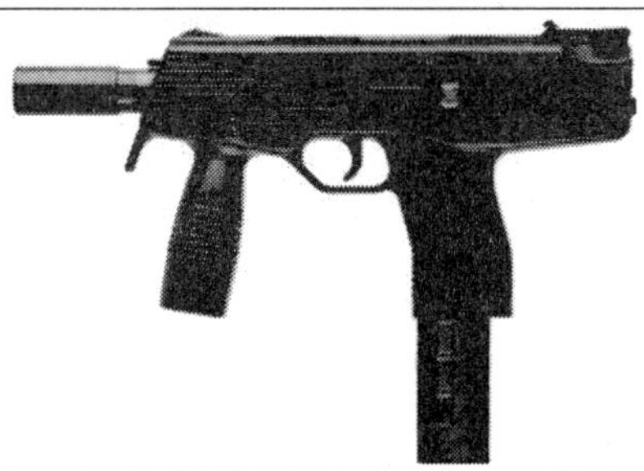

경호원들이 쓸 수 있는 기관권총으로 분당 최대 800~900발을 발사할 수 있다.

[출처: 위키백과]

아. 저격용 권총

(1) M92FS 권총 (미국) 망원렌즈/ 소음기 부착	⑵ Mk.23 Mod.0(독일) 소음기 / 레이저 빔기 부착
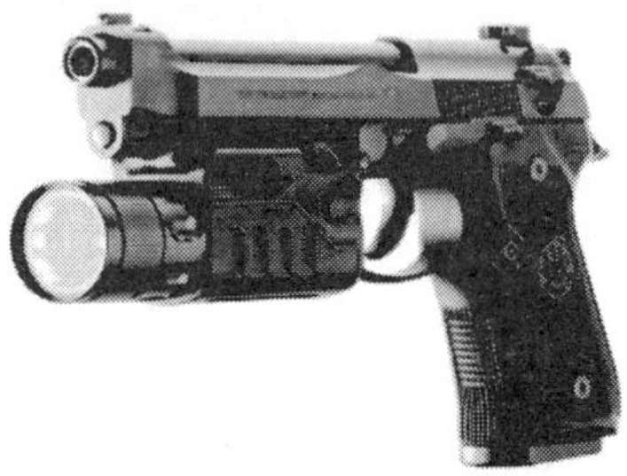	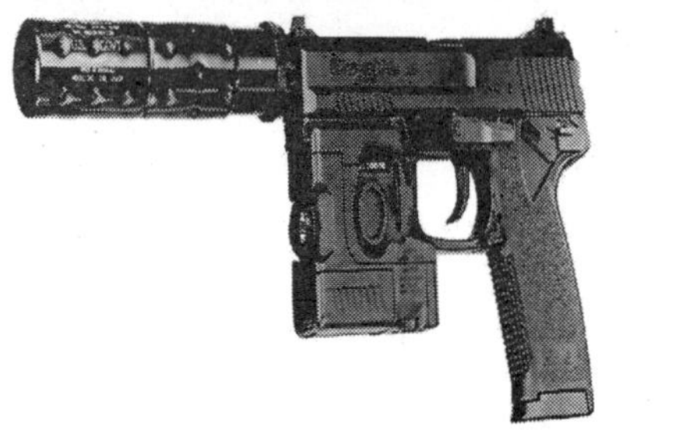
- Super Fire라는 전술 라이트를 부착 - 1985년 미군의 군 합동 소형총기 선발 프로그램(JSSAP)을 통과하여 콜트 M1911 (거버먼트)의 후속 권총으로 선택되었다. 미군이 채용한 버전의 제식명칭은 M9이다. [출처: 나무위키]	Mk.23 Mod.0 OHWS(Offensive Handgun Weapon System, 즉 공격형 권총 시스템의 약자). 미국 특수작전사령부 네이비씰의 요청에 의거 독일 Heckler & Koch 사에서 주무장으로 만들어진 권총. 일명 SOCOM 피스톨이다. [출처: 나무위키]

자. 북한 특수부대 사용 권총

(1) 브라우닝 Hi-Power Mk.3	(2) CZ 83
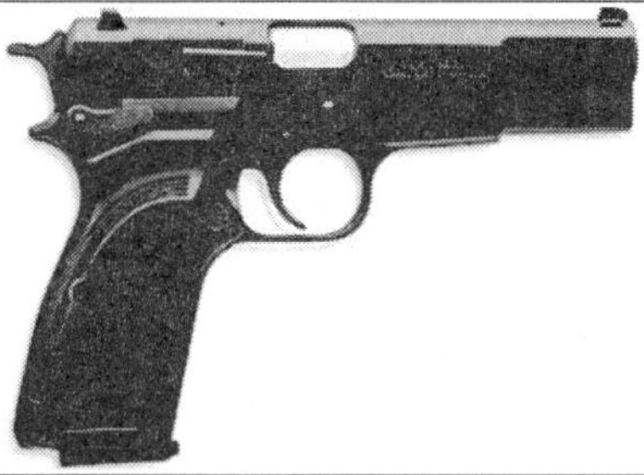	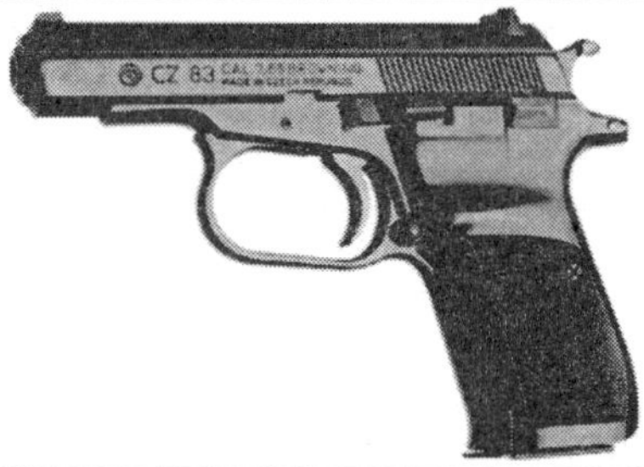
브라우닝 (9mm) 체코에서 생산되었으며 60년대에서 현재까지 북한의 간첩 또는 공작원들이 고정적으로 사용해오던 총기로 소형이므로 호주머니 등에 숨기기는 쉬우나 위력이 작고 장탄수(6발)가 너무 적으며, 수 년 전 발생한 귀순자 이한영 피살사건 등에 사용 되었다. [출처 : 나무위키]	CZ 83(7.65mm) 체코에서 생산되었으며 97. 11월 간첩단 검거 시 발견된 것으로 최근에 북한은 남파간첩들에게 구시그이 브라우닝 권총대신 CZ83(일명 엠오디83)을 지급하는 것으로 파악 되고 있으며, 가늠쇠에 야광 칠이 되어있고, 나사홈만 만들면 소음기 장착이 가능하며 성능이 좋은 편이고, 반동이 약해 사격이 쉬우나 위력은 약하며 장탄수는 15발이다. ※ 브라우닝/CZ83 총기는 우리나라에서는 사용하지 않는 총기이므로 이것을 휴대한 자는 북한의 간첩이라고 단정 지어도 좋으므로 잘 관찰 바람 [출처 : 나무위키]

2. 소총 및 기관총

가. M16 / 나. K1A기관단총

가. M16	나. K1A기관단총
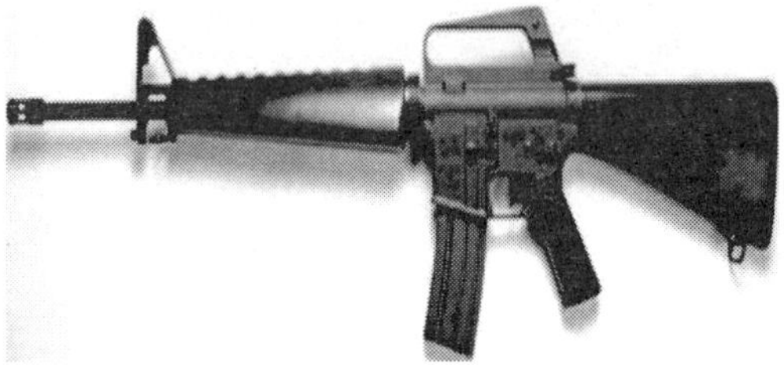	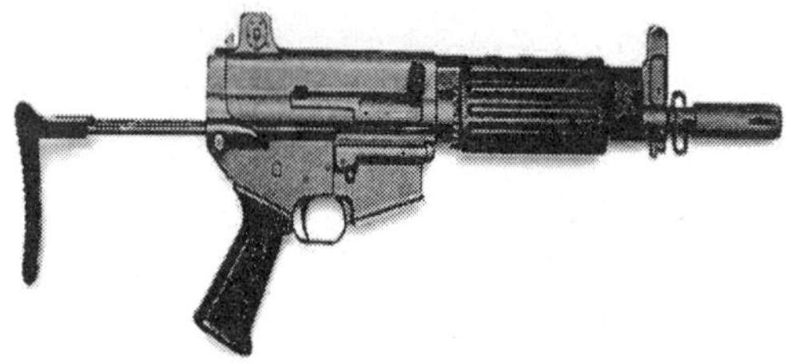
한국에 들어오게 된 계기는 월남전에 참전하는 대가로 미국에 한국군 현대화를 요구하여 베트남 파견 병력에게 M16A1을 지급한 것이 그 시작이다. 1975년부터는 아예 부산 육군 제1조병창, 현재의 S&T 대우에서 콜트와 면허계약을 맺어 국산화 생산이 추진되어 총 60만여정의 M16A1이국내에서 생산되었다. 참고로 총의 각인은 민영화 이후부터 대우정밀이다. [출처 : 나무위키]	1970년대에 특전사가 M3 그리스 건을 대체할 신형 기관단총의 필요성을 제기하며 개발을 요청하자 이에 국방과학연구소(ADD)가 연구, 개발하여 탄생했는데 이는 한국 최초의 자체 개발 총기다. 주로 특전사, 해군 특수전전단 등의 특수부대와 헌병, 전차병, 공병 등이 사용하며, 화기소대, 중대의 사수급 병사나 통신병과 같은 몇몇 특정 보직의 병사들도 사용한다. [출처 : 나무위키]

다. K_2 소총

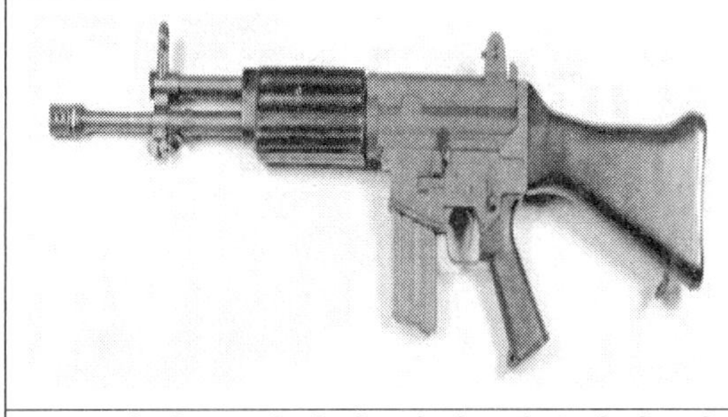
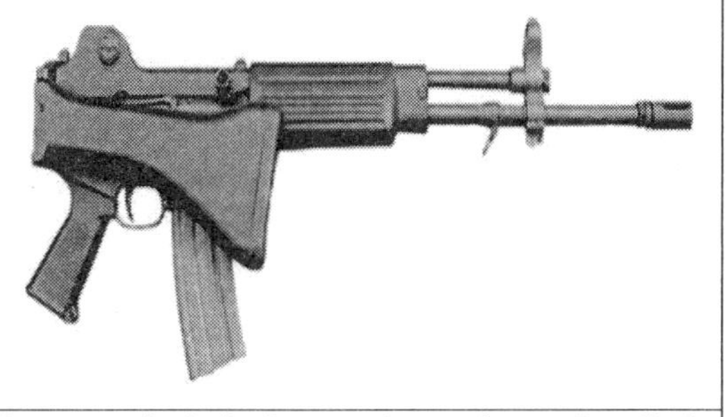

1972년에는 박정희 당시 대통령의 지시로 국방과학연구소에 국산 소총 개발 계획이 시작되어었다. 1974년까지 개발된 B형 소총을 개량하여 XB-1형이 나왔으며, $M_{16}A_1$ 소총 부품을 활용해 4가지의 시험용 XB-2~5이 개발되었다. 이후 1975년부터 7.62㎜ 나토탄용 XB-6 및 XB-6A가 개발되었고, 1977년 6월부터 이것을 기반으로 한 5.56mm용 소총을 개발해 XB-7이 개발되었다. 이후 1980년에 XB-7B형이 완성되었다. 최종적으로는 XB-7C형이 XK_2가 되었고 마침내 XK2가 정식으로 인가를 받아 지금의 K_2 자동소총으로 명명되었다. 이후 K2 자동소총은 국군의 제식화기로 선정되어 1984년에 K_2가 양산되기 시작하였고, 1986년부터 배치되었다.
[출처; 나무위키]

라. MP5 기관단총	마. 우지(UZI)기관단총
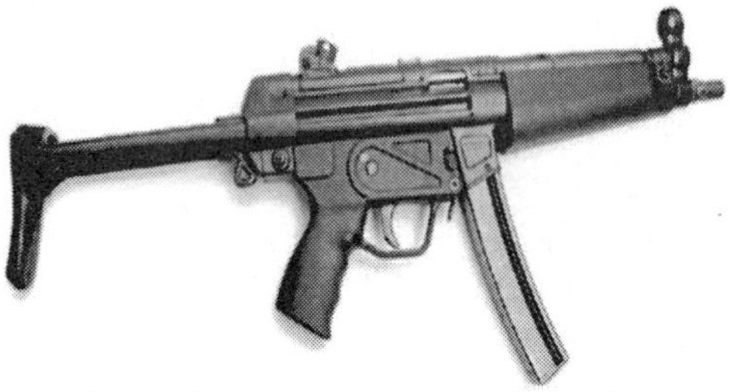	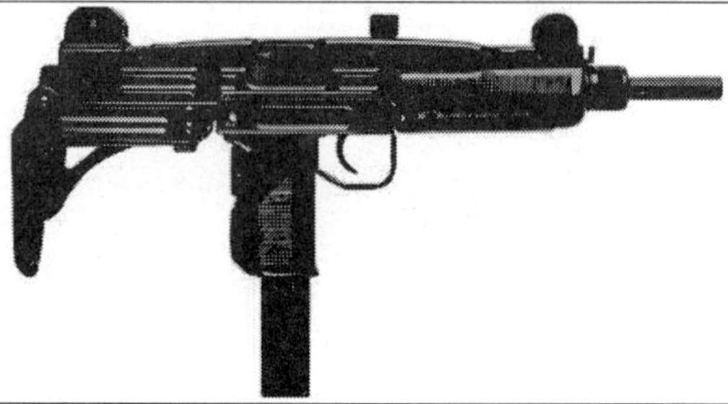
-한국의 대 테러 부대에서 사용 -Maschinenpistole 5. 독일의 Heckler & Koch 사에서 만든 9mm탄 사용 기관단총. 한국에서도 육군특수전사령부, 경찰특공대와 공군 공정통제사 등 대부분의 특수부대에서 주무기로 사용하며, 아덴만의 여명 작전에서 한국 해군 청해부대가 사용한 화기 중에도 MP5가 있었다. MP5K부터 MP5SD6까지 다양한 버전을 운용하고 있다. [출처: 나무위키]	이스라엘에서 만든 기관단총. 우지라는 이름은 설계자인 우지르 갈 중령에게서 따왔다. 51년 설계가 완성되고 53년부터 양산을 시작, 56년 2차 중동전쟁부터 실전을 투입되었다. [출처 : 나무위키]

바. 세계 각 국의 소총 및 기관총

AK-47 소총 (소련)	슈타이어 AUG (오스트리아)
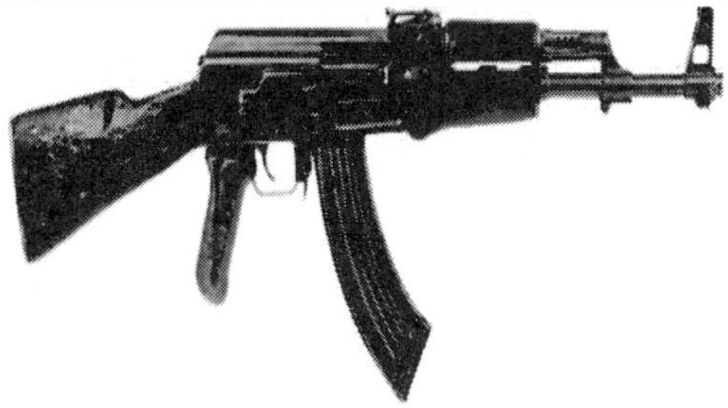	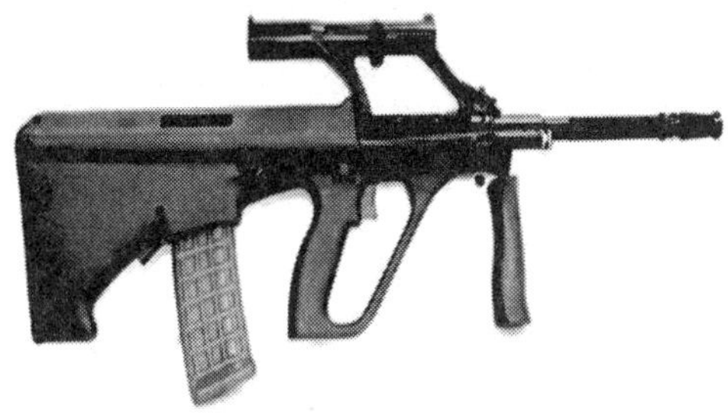
소련군 전차부대의 부사관이던 미하일 칼리시니코프는 1942년 전투에서 부상을 당한 이후에 기관단총의 설계안을 상부로 올리면서 주목을 받아 총기개발자로 임명되었다. 그가 개발한 AK-1 소총은 소련군 주력 자동소총의 후보 가운데 하나로 선정되어 1946년 시험평가를 거쳤다. 내부 구조의 설계는 M1개런드를 참고하였다고 한다. 이후 AK-1의 문제점을 보완하여 등장한 것이 바로 AK-47이다. AK-47 소총은 다른 후보 총기들과 치열한 경쟁 이후에 1949년 소련군의 제식 총기로 선정되었다. 이렇게 제식화가 결정된 AK-47 소총은 소련군뿐만 아니라 공산권 전체로 펴져 나가게 되었다. 심지어는 북한도 58식 보총(보병이 사용하는 총기라는 뜻)이란 명칭으로 AK-47을 1958년부터 자체 생산하기 시작했다. [출처 : 유용원의 군사세계]	슈타이어 AUG(Steyr AUG)는 오스트리아의 슈타이어(Steyr Mannlicher)사가 1977년에 처음 내놓은 화기 시리즈로, "육군 다목적 소총"을 뜻한다. 일반적으로는 5.56mm NATO 탄을 사용하며 눈에 띄는 녹색 몸통과 통합된 스코프를 갖는 초기형(AUG A1) 불펍식 돌격소총을 말하는 경우가 많다. AUG에는 기관단총, 지정 사수용 소총(designated marksman rifle), 경기관총 형 등 다양한 변형들이 있다. AUG 돌격소총은 오스트리아, 오스트레일리아, 뉴질랜드, 룩셈부르크, 아일랜드의 제식소총으로 채택되었다. 슈타이어 AUG는 상업적으로 가장 성공한 불펍식 돌격소총이다. [출처 : 위키백과]

FAMAS F1 (프랑스)	L85A1(영국)
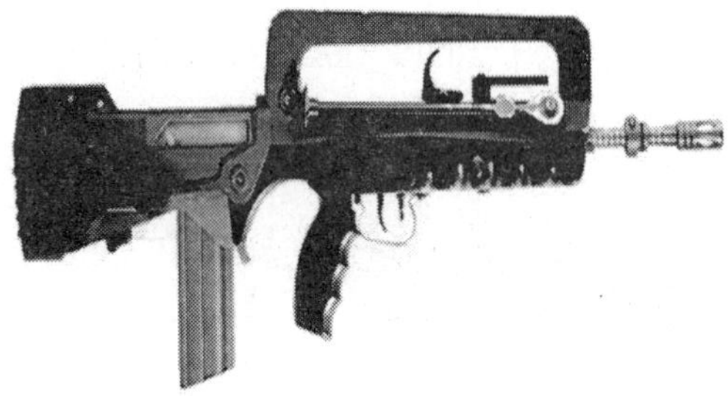	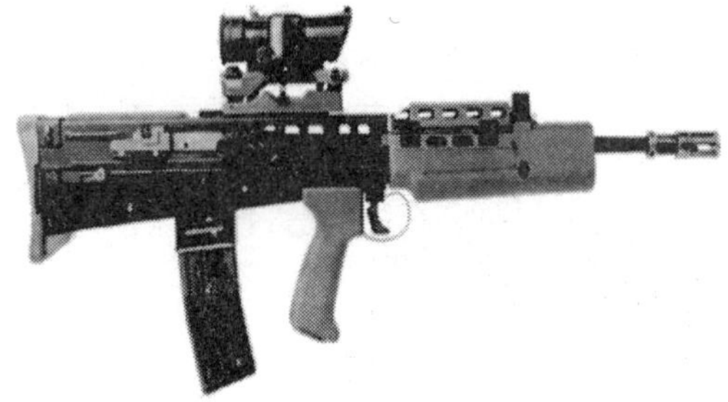
FA-MAS. 1967년 폴 텔리(Paul Tellie)의 주도하에 생테티엔 공정에서 만들어진 돌격소총으로, 그 역사는 1946년 프랑스 내에서 최초로 만들어졌던 AME (Atelier M canique de Mulhouse / 뮐루즈 공업소)의 프로토타입 총기에서 시작되었다. 당시 프랑스군은 막 2차 세계대전이 끝난 직후 돌격소총의 개념없이 일단 전군을 빠르게 무장시키는게 중요했기에, 영국의 스텐 기관단총에 맞먹는 급조품인 기관단총인 MAT-49를 제식병기로 사용하고 있었다. 하지만 이후 시간이 지나 미국의 M14 소총이 등장한 이후 NATO군의 표준이 된 7.62mm NATO 탄을 사용하는 소총 개발에 착수하였다. 이후 MAS 공업에서 1952년도에 제작한 FA-MAS 62식 소총(Type 62)이 최초로 FA-MAS라는 이름을 달고 등장했다. 1978년에 최초배치가 시작된 채택된 프랑스군의 제식 소총이자, 대표적인 불펍형 소총이다. [출처 : 나무위키]	SA80은 Small Arms for the 1980s의 약자로 1980년대의 소화기라는 뜻으로서 이 계열 총기 전체를 뜻하는 명칭이다. 가장 유명한 돌격소총형인 L85A1/2 모델의 L은 Land Service의 약자이다. 1970년대에 개발되었고 1985년부터 1994년까지 생산되었다. 그 때부터 21세기에 들어서도 영국군의 제식소총은 SA80A2다. [출처 : 나무위키]

M60E4 기관총	저격용 총기- MSG90저격소총
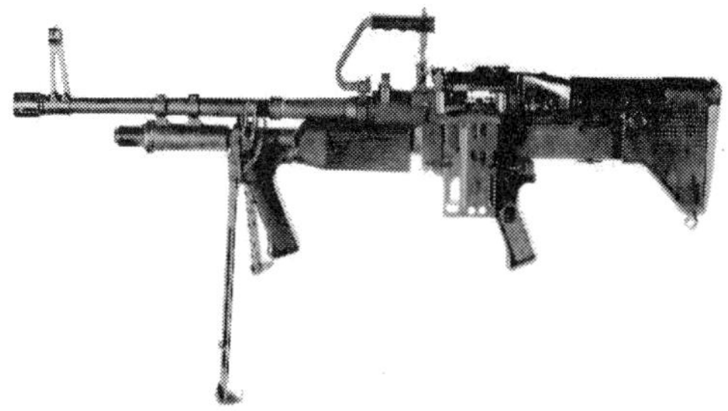	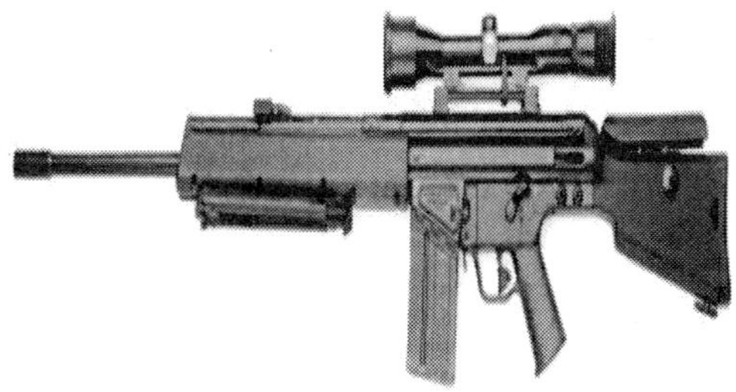
미국 GPMG(General Purpose Machine Gun: 다목적 기관총)의 개량형. 미 해군은 1990년대에 M60E4를 개발하여 사용하고 있었는데, 해군 함정들의 자체 방어용 무기로 생산하여 운용 중이다. [출처 : 나무위키]	Milit rische Scharfsch tzengewehr. 경찰용이 아닌 군용으로 만든 버전. PSG-1을 군용으로 개량한 버전에서 -90을 생략하여 부를 때 MSG라고 부른다. 가장 눈에 띄는 변화점은 총신과 전장의 길이를 줄이고 권총 손잡이 아래에 달려있던 추를 제거하여 무게를 낮추었고, 빰대도 사용자의 체격에 맞게 상하로 조절할 수 있도록 하였다. 그리고 총기 상부에 레일을 부착하여 조준경을 자유롭게 탈부착할 수 있게 되었다. 추가 개량판인 MSG90A1은 소음기를 부착할 수 있도록 소염기를 나선부가 달린 버전으로 교체하였으며, 기계식 조준기를 부착하여 스코프가 없는 상황에서도 사용할 수 있게 만들어놓았다. [출처 : 나무위키]

▶ 특수 총기 및 장비

종류	특징
레이저 탄착지정 권총	목표물을 향해 조준을 하면 붉은 광선이 탄착 지점을 정확하게 지정 해주는 첨단무기
열쇠고리 권총	공항의 x - Ray 검색기에도 검색되지 않는 열쇠고리 모양의 초소형 권총 길이 7.6cm, 폭 2.5cm, 32구경 실탄 2발을 발사할 수 있으며 18m 거리 내에서 치명상 가능
메탈 스톰	신형 기관총으로 특별히 제작 된 실탄을 발사하는 것이 특징 분 당 1만 발을 발사
만연필 독총	북한 대남공작부서에서 개발한 최신형 장비로 길이 13.5cm의 은색 파커만년필 모양, 내부에는 1.8cm의 독이 든 탄환과 뇌관 및 화약이 정교하게 설치. 사용방법은 만연필 뚜껑부분을 오른쪽으로 2회전 시킨 후 손으로 밀면 격발되어 몸통 부분 끝에 있는 총탄이 발사됨 7~8m 거리에서 즉사 시킬 수 있다.
초소형 첩보기	각 종 첨단장비를 장착한 7g 무게의 첩보기, 마이크로 칩을 이요한 극소형 컴퓨터와 초정밀 비디오카메라에 인공위성을 이용한 항법장치까지 내장되어 있다. 길이는 6cm정도로 잠자리 크기, 현재 시속 50km속도로 16분간 날 수 있는 것까지 있다.
첨단 경호장치	저격수가 방아쇠를 당기는 순간 총구의 열을 즉각 감지해 범인의 위치를 확인함은 물론 방해물을 발사해 총알을 막아내는 첨단 컴퓨터 방어 무기, 즉 “경호시스템”이 발사된 총알의 방향 및 속도를 측정하면 “수호시스템”이 총알이 날아오는 방향으로 방어용 원반 2개를 발사하는 것

제 2 절 호신장비

1. 가스장비

가. 가스총(리볼버식)	나. 가스 분사기
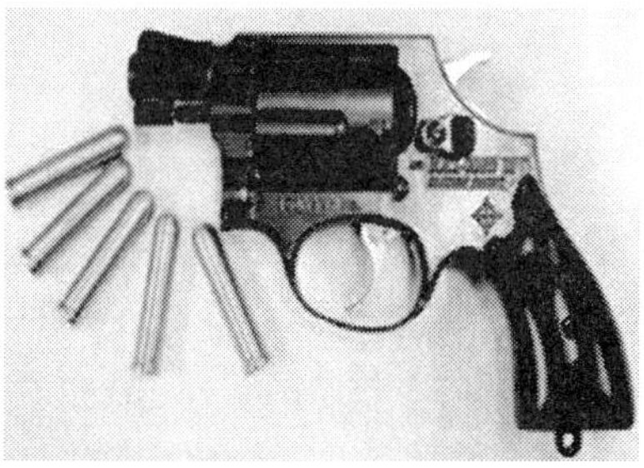	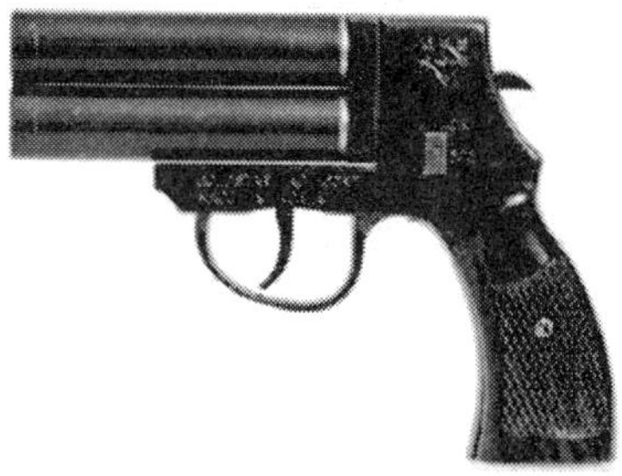
㉠ 연속(6발)하여 사용할 수 있으며 분말실탄을 장전한다. ㉡ 실제 권총사용 시와 유사한 총성음이 있어, 범인이 놀라서 혹시 자신이 실제 권총에 맞지 않았나 착각을 하게 된다. ㉢ 범인의 얼굴을 향해 발사했을 경우 항거불능상태를 만들어 낸다. [출처 : 구글 이미지]	㉠ 유효 거리는 2~5m 이며 범인에게 발사되면 1~2분간 눈을 뜰 수 없게 된다. ㉡ 일시적 말초신경 둔화 및 범인도주 또는 저항이 불가능하다. ㉢ 피부 및 의복에 유착 시 노랗게 색깔이 변한다. [출처 : 구글 이미지]

2. 순간 충격 장비

가. 전자충격봉	나. 전자충격기
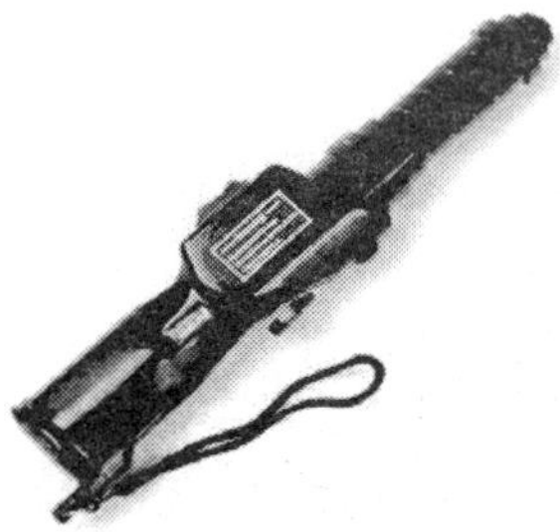	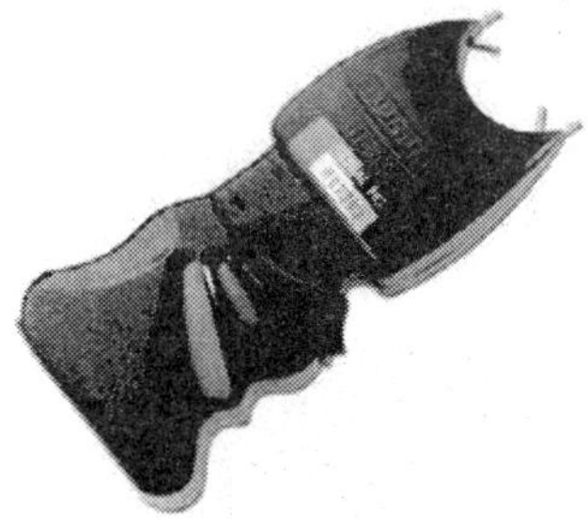
㉠ 가스총에 비하여 조작이 간편하다. ㉡ 밧데리(직류) 〉 교류 〉 순간 승압 〉 전류로 전환하는 원리로 작동된다. ㉢ 특수플라스틱으로 제작되어 파손되지 않는다. ㉣ 1.5V 소형건전지 4개로 약 1년 간 사용 가능하다. ㉤ 120,000V ~ 300,000V의 전류를 발생시킨다. [출처: 구글 이미지]	㉠ 호주머니속에 휴대할 수 있으며 사용이 편리하다. ㉡ 50,000V 의 출력을 발생시켜 전기충격으로 범인을 기절 또는 무력하게 만들 수 있다. ㉢ 9V용 니켈카드뮴 또는 알카라인 밧데리를 전원단자에 연결 후 덮개를 닫고 사용한다. [출처: 구글 이미지]

3. 방어봉

가. 단봉

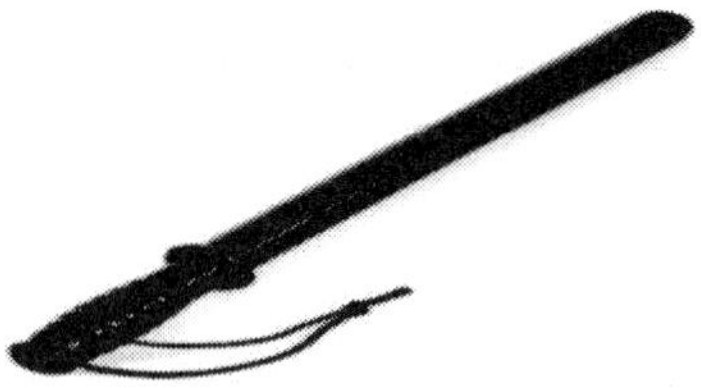	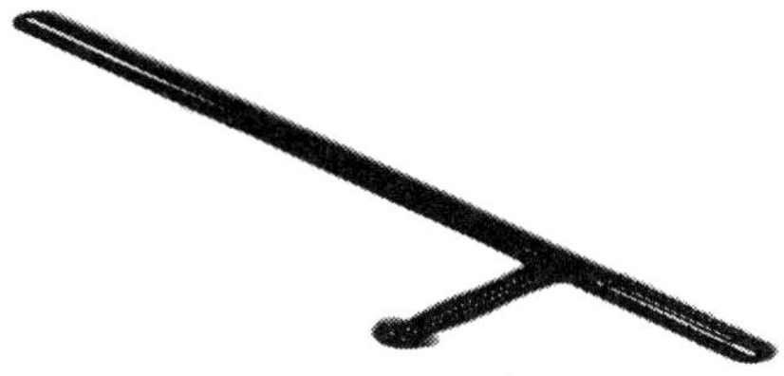

나. 3단 스틸봉

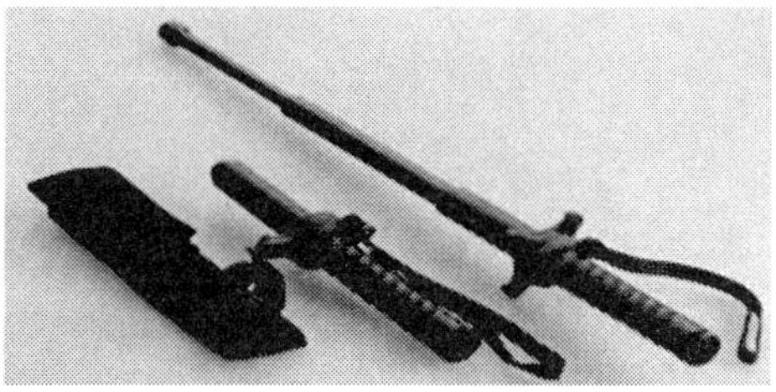	

[출처 : 구글 이미지]

〈방어봉 사용 시 유의사항〉

가. 방어봉을 쥔 손목의 관절을 유연하게 할 것

나. 너무 세게 쥐지 말고 가격하는 순간에는 힘껏 쥘 것

다. 가격할 때는 손목을 충분히 굽혀서 칠 것

라. 가격할 때는 손, 발, 허리가 일치하도록 동작하며 자세가 흐트러지지 않게 해야만 정확한 타격이 가능하다.

제3절 감시 및 감지 장비

1. 감시 장비

가. 쌍안경

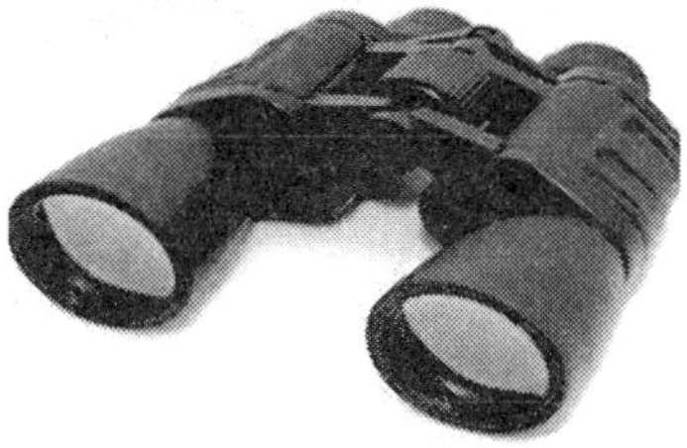

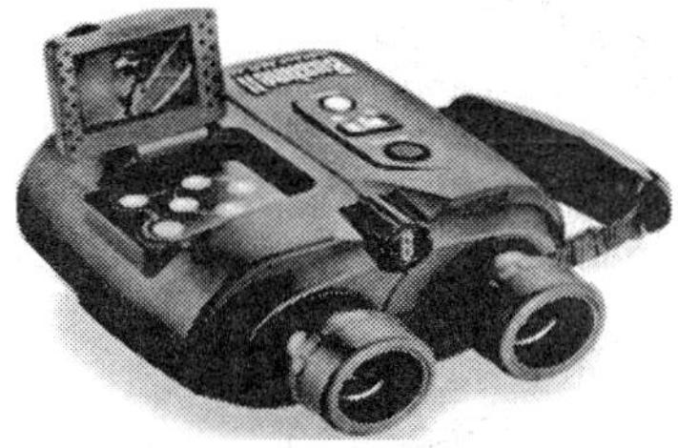

[출처 : 구글 이미지]

나. 야간 적외선 투시경

다. 적외선 투시 안경

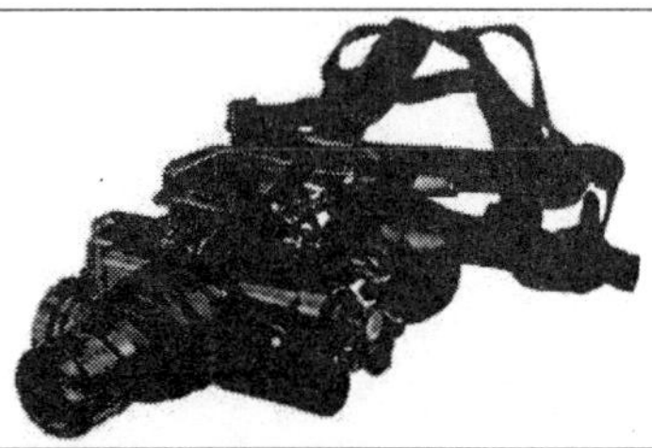

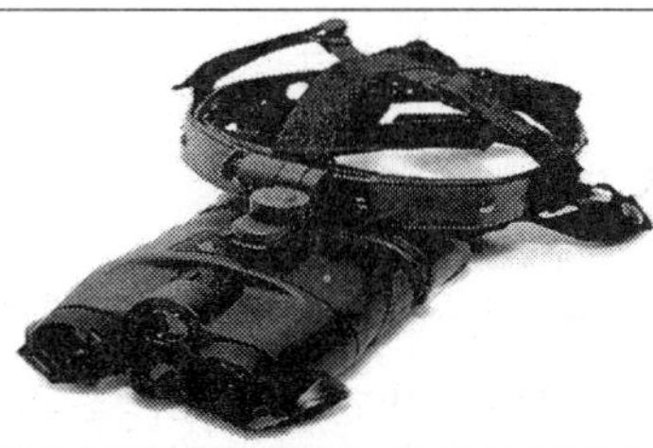

[출처 : 구글 이미지]

라. 감시카메라 / 녹화기 / 모니터

(1) 감시카메라

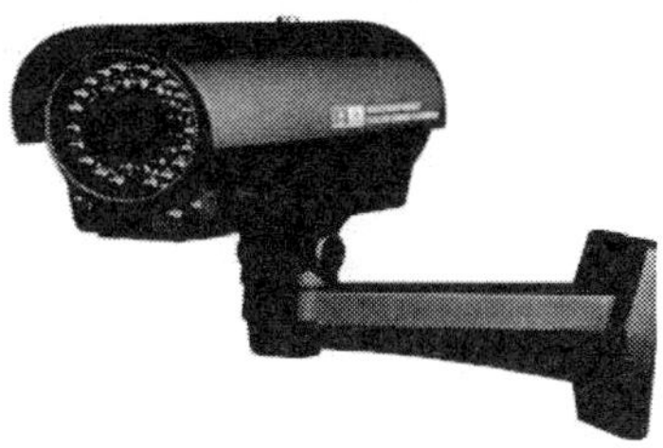
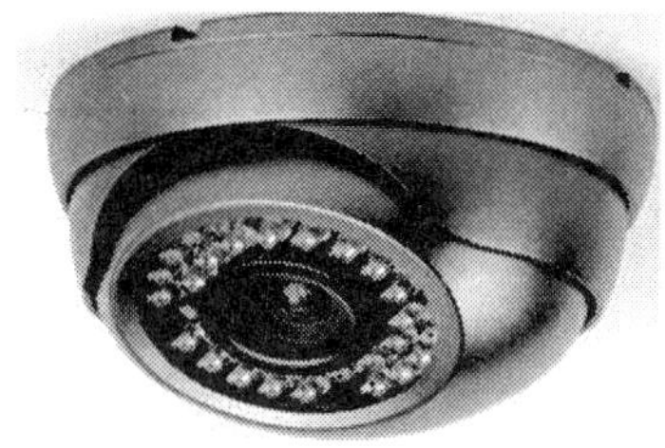

[출처 : 구글 이미지]

(2) 녹화기

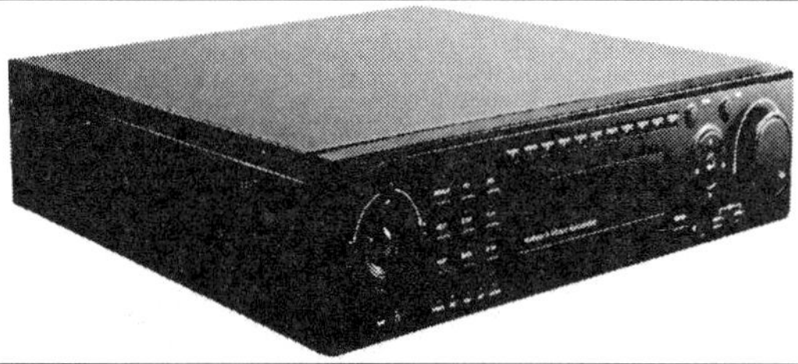

[출처 : 구글 이미지]

(3) 모니터

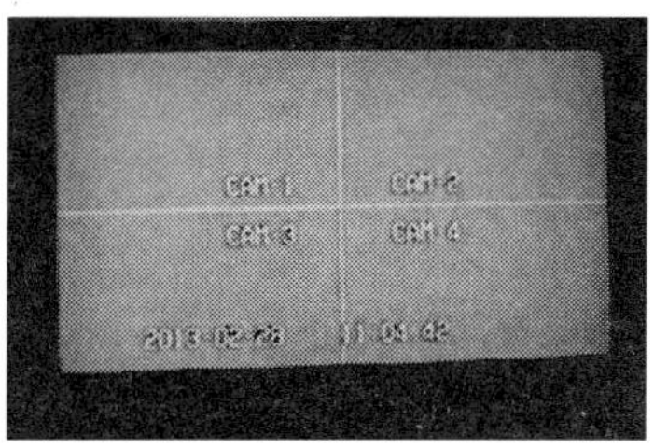

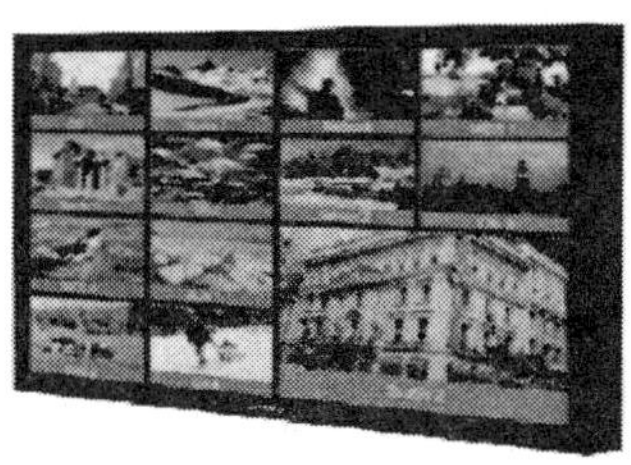

[출처 : 구글 이미지]

▶ 감시카메라 계통도

(1) 4분할 일반형

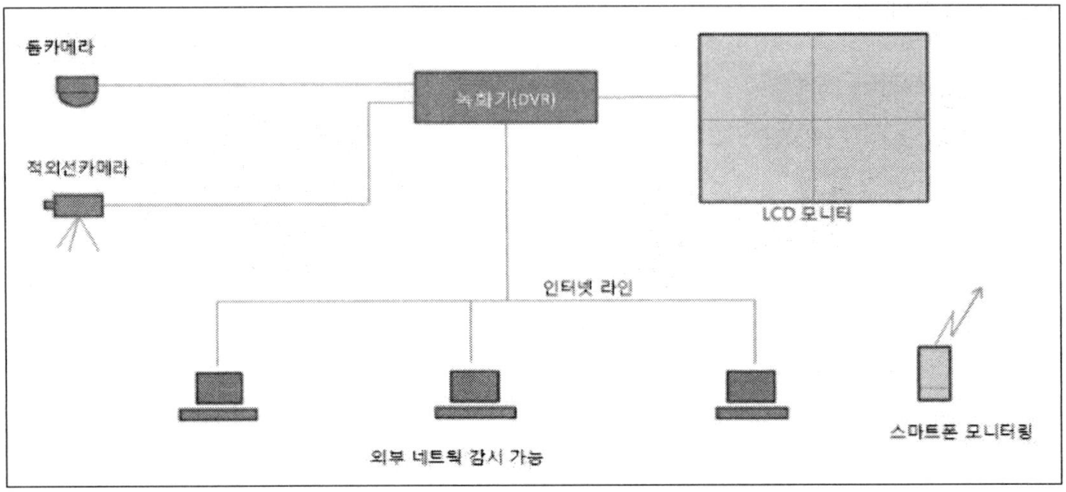

[출처 : 구글 이미지]

(2) 4분할 카메라 계통도

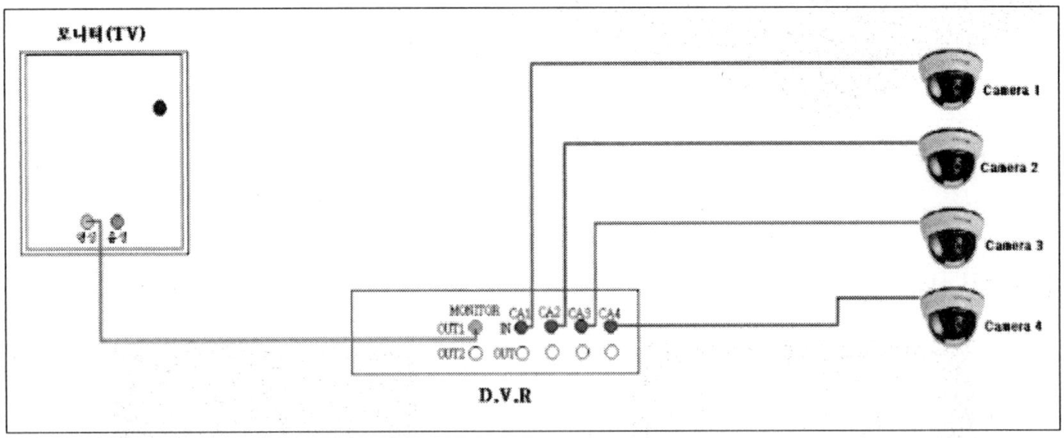

[출처 : 구글 이미지]

2. 감지 장비

가. 경보 장비

(1) 자석감지기

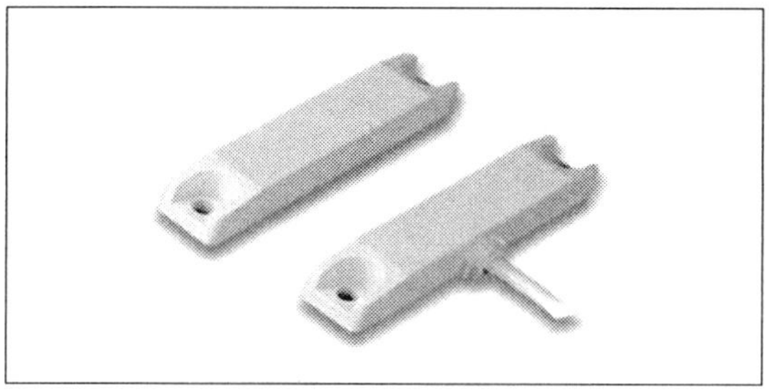

[출처 : 구글 이미지]

(2) 열선 감지

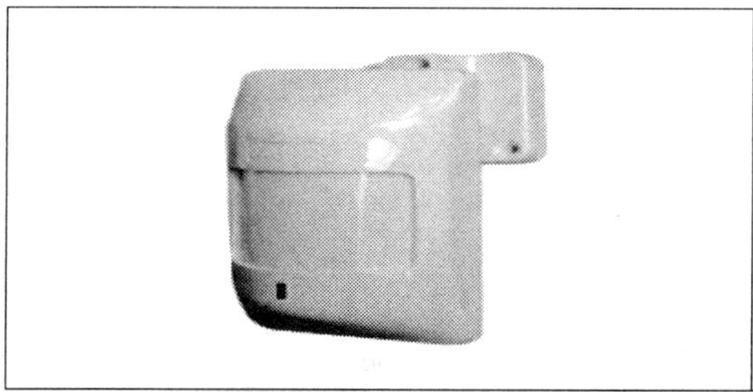

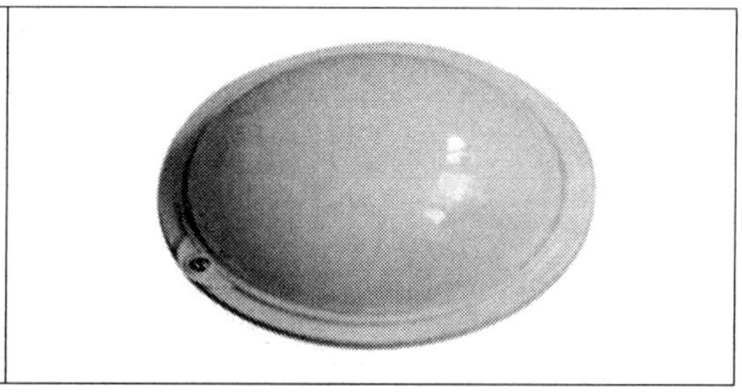

[출처 : 구글 이미지]

▶ **열 감지기 운용도**

(1) 음향 및 진동 감지기

– 음향감지기	– 진동감지기
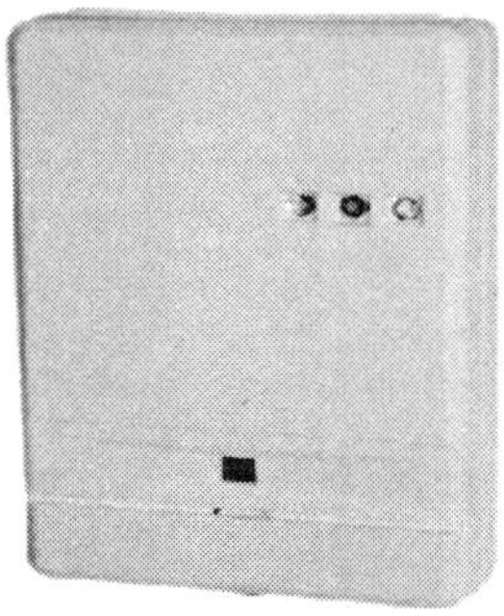	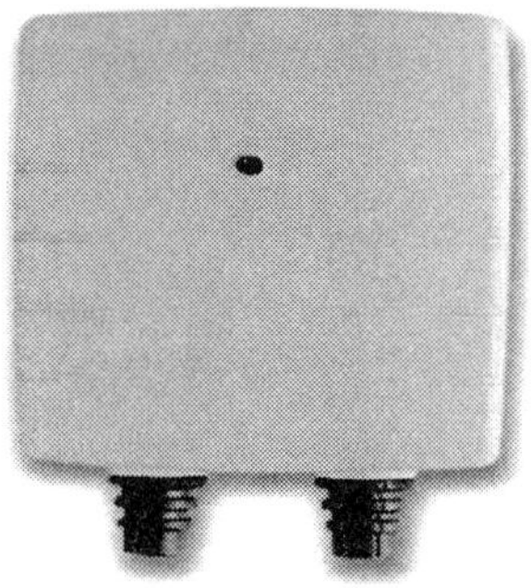

[출처 : 구글 이미지]

(2) 적외선 감지기

– 옥내용	– 옥외용
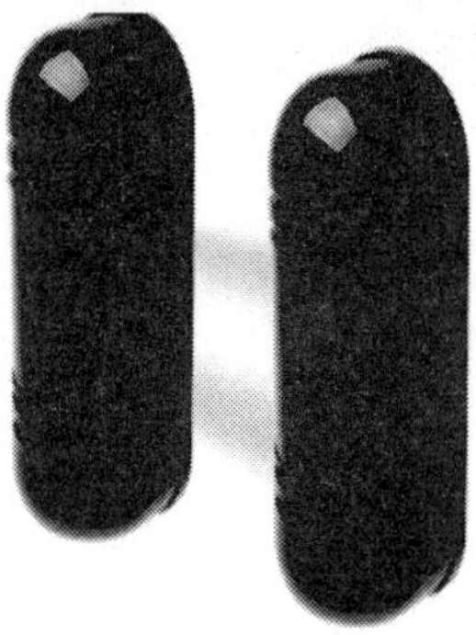	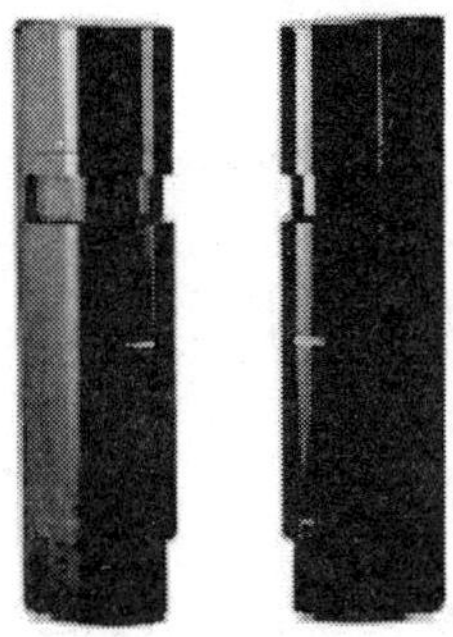

[출처 : 구글 이미지]

제 4 절 검색장비

1. 문형 금속 탐지기

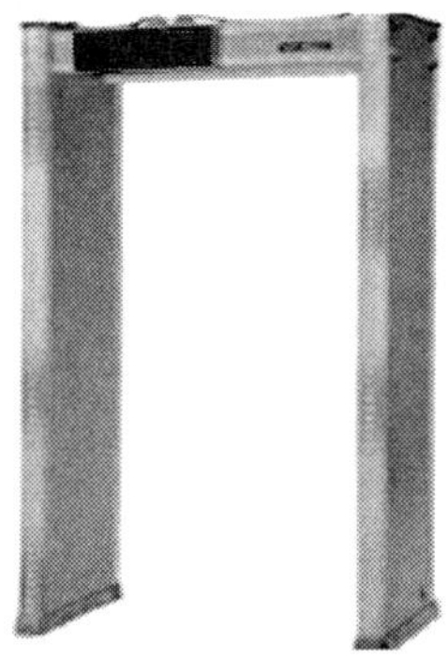

[출처 : 구글 이미지]

2. 막대형 금속 탐지기

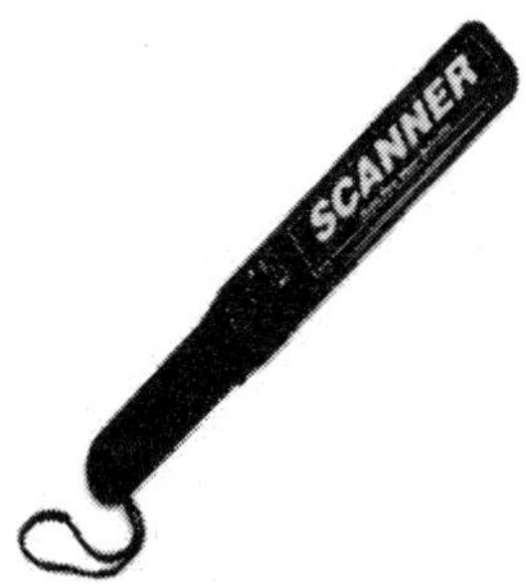

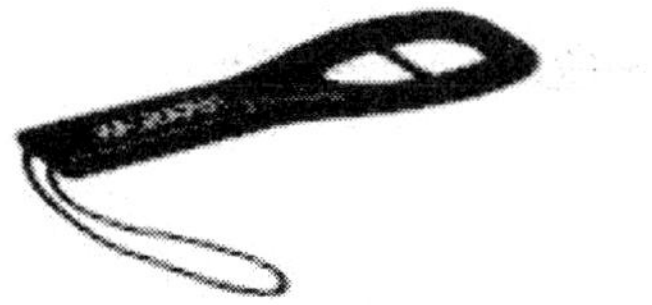

[출처 : 구글 이미지]

▶ 막대형 금속 탐지기 사용 방법

파워 스위치를 켠(ON) 후 탐지 할 물체의 5 ~ 10cm 이내에 가져다 대면서 좌우로 15~30cm 움직이면 회로에 음성경보가 약하게 들리다가 금속물체가 탐지될 때 경보음이 커지면서 경광이 발한다.

3. 차량 검색 거울

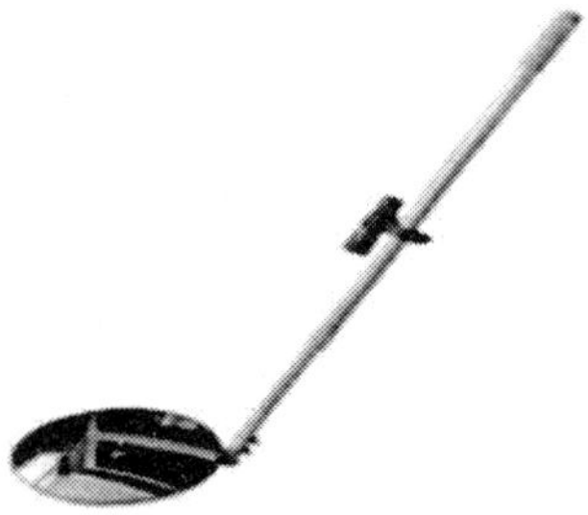

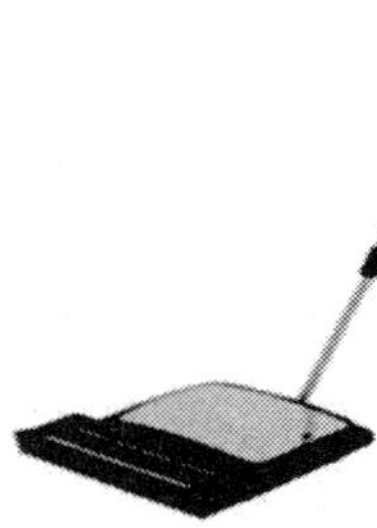

[출처 : 구글 이미지]

제 5 절 통신장비

1. 휴대용 전화기

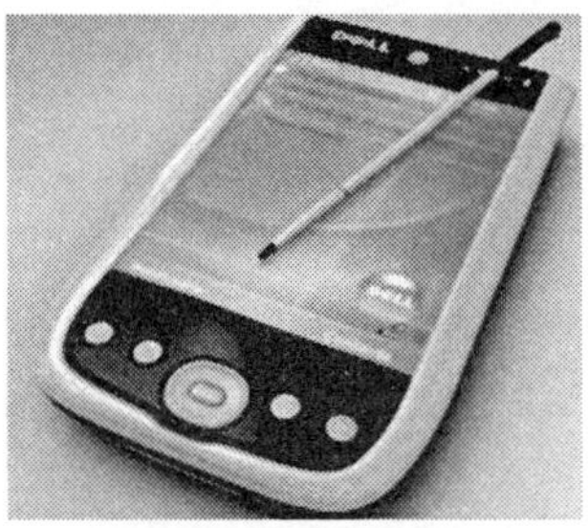

2. 차량용 무전기

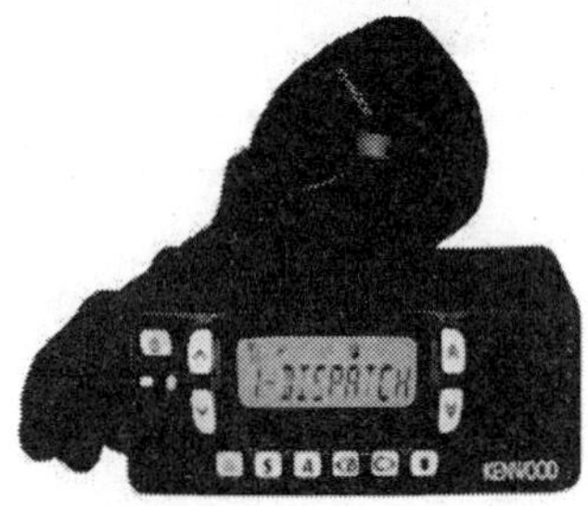

[출처 : 구글 이미지]

3. 휴대용 무전기

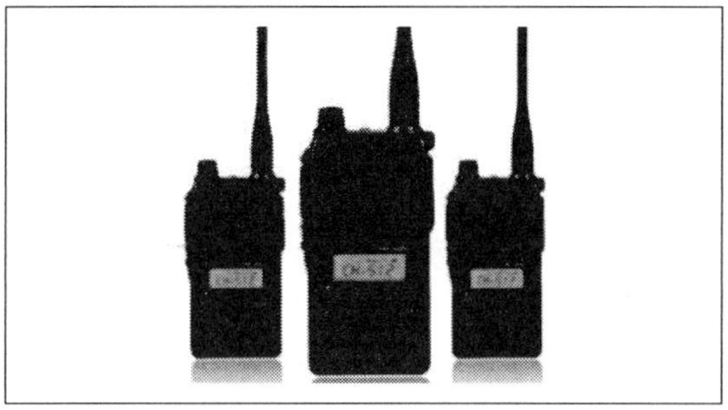

- 충전기

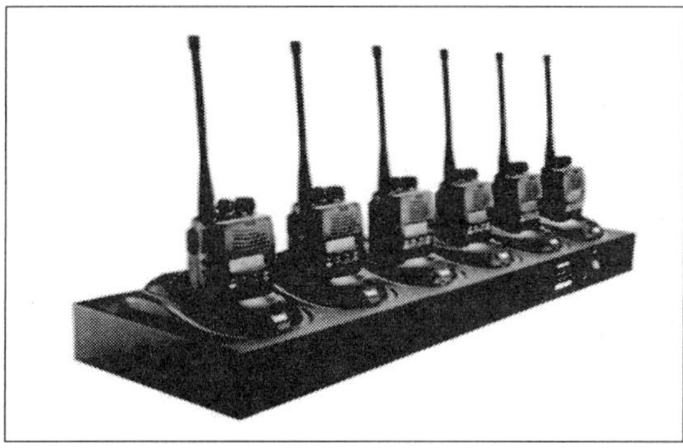

- 헤드세트

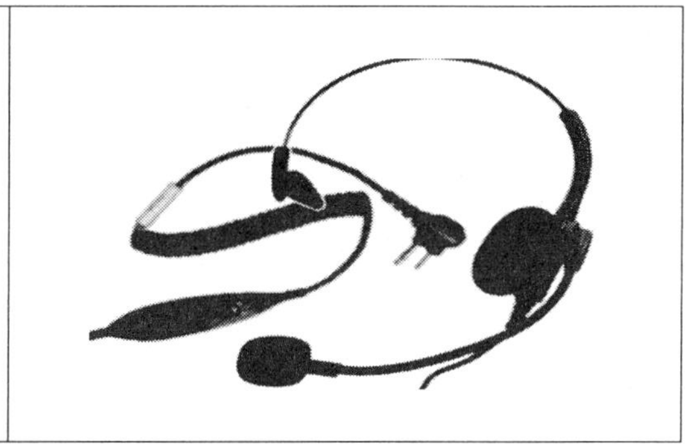

- 이어폰 마이크

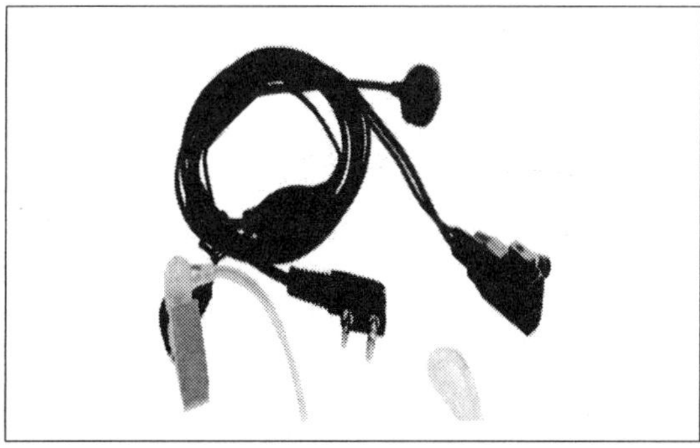

- 외부스피커/마이크

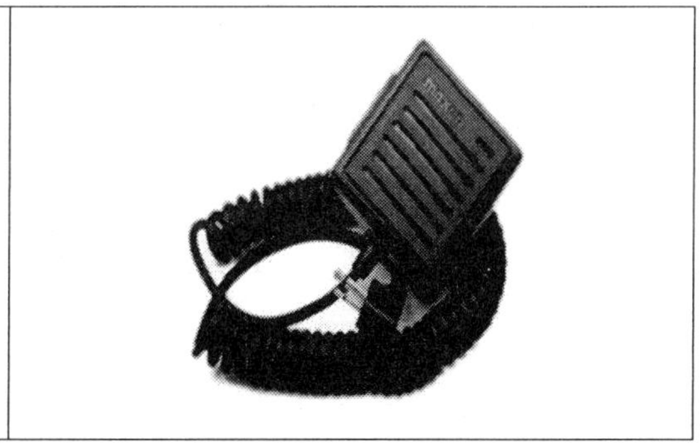

[출처 : 구글 이미지]

▶ 통신 보안 및 보안 위규 사항

(1) 통신 보안
통신보안이란 통신장비를 통하여 소통되는 제반 정보가 직접 또는 간접적으로 테러 목적을 가진 자에게 누설되는 것을 방지하거나 지연시키기 위한 제반 수단과 방법을 말한다. 경호통신의 보안방법은 아래와 같이 할 수 있다.

(가) 암호 사용
(나) 음어 사용
(다) 약호 사용
(라) 약어 사용
(바) 비화기 사용 (도청, 감청에 대한 통신교란)

(2) 통신보안 위규 사항
(가) 불온 통신
(나) 국가의 군사, 외교상의 비밀 및 정보, 첩보의 누설
(다) 보안자재 및 비밀통신 재원의 누설
(라) 비인가 시설의 운용 및 비인가 통신재원의 사용
(마) 시설 목적의 사용
(바) 회로 규율위반 및 비밀의 누설
(사) 비인가 약 · 부호 사용
(아) 교신절차의 위반
(자) 국가 행정비밀의 누설
(차) 기타 경호대상자에 관한 동정. 이동방법, 행사 범위 등의 경호 통신 위반

※ 경호통신은 유선통신을 사용함이 원칙이고 이 경우에도 통산보안을 위한 대책이 있어야 하며, 무선은 유선통신이 불가능한 상황에서 사용한다.
(무선은 100% 도청 가능)

제10장 권총사격술

1. 사격훈련의 중요성

경호원이 직무 상 총기를 사용함에 있어서 가장 중요한 것은 평소 정확한 판단과 표적에 명중을 가하기 위하여 계획적인 사격훈련이 선행되어야 한다. 이러한 연습과 훈련은 일단 유사시 얼굴 없는 적을 선제공격 또는 방위공격을 할 수 있다.

경호원이 총기를 사용함으로서 사건종료 후 조사결과 과잉방어로 판명될 경우나 적을 제압 하지 못하고 주변의 시민들에게 총상을 입히게 되었을 때는 소속기관 또는 경호 대상자에게 커다란 부담으로 작용됨은 물론 경호원 본인 자신도 처벌을 면치 못할 수 있으므로 평상 시 충분한 사격 연습이 있어야 한다.

2. 사격연습에 있어서 숙지사항

가. 신속한 목표발견과 정확한 판단을 할 수 있도록 평소 식별훈련을 한다.

나. 식별 및 목표확인이 곤란한 표적에 대한 정확한 사격을 할 수 있도록 연습한다.

다. 이동목표에 대하여 기민하고 정확한 사격을 할 수 있도록 연습한다.

3. 정밀 사격

정밀사격을 위한 사격 자세는 서서쏴, 무릎쏴, 앉아쏴, 엎드려쏴 의탁자세 등이 있으며 여기에서는 정밀사격 연습에 필요한 호흡조정 및 격발 요령만을 기술한다.

가. 호흡조정

(1) 호흡을 중지하기 전에 심호흡을 하여 몸에 산소를 미리 공급하여 둔다.
(2) 호흡을 중지할 때는 목구멍에서 멈춘다는 기분으로 한다.
(3) 조준을 마치면서 정신통일 자세로 들어간다.

나. 격발

(1) 총신이 흔들리지 않게 긴장을 푼다.
(2) 조준과 호흡이 완벽한 조화가 수반되는 격발이 되게 한다.
(3) 총이 조준 구역에 있을 때의 조준선 정열이 끝까지 흩뜨려지지 않고 유지되어야 한다.

▶ **사격자세**

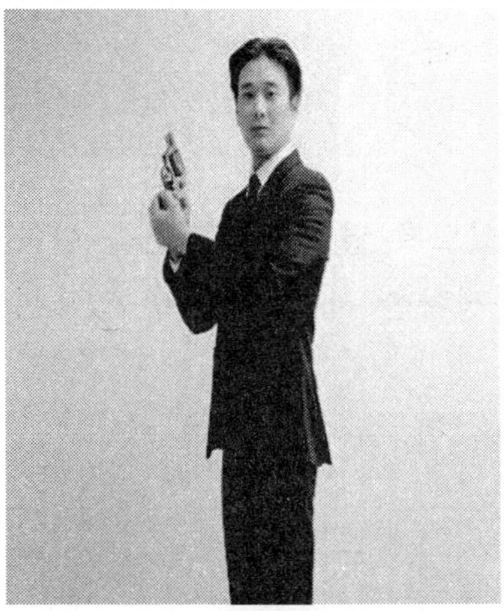
〈적과 조우 시 권총파지자세〉

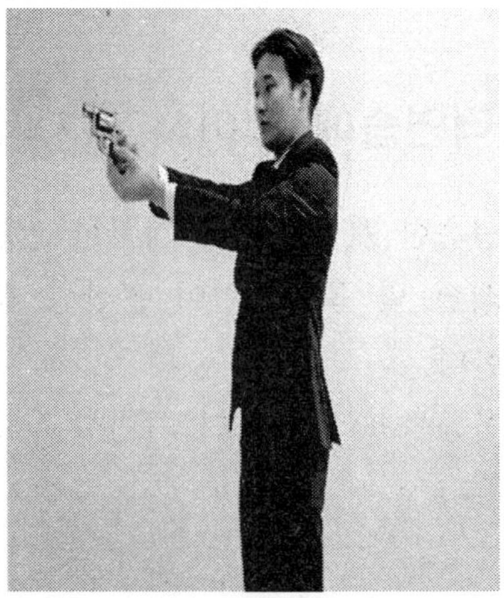
〈권총서서쏴 자세 : 양손파지〉

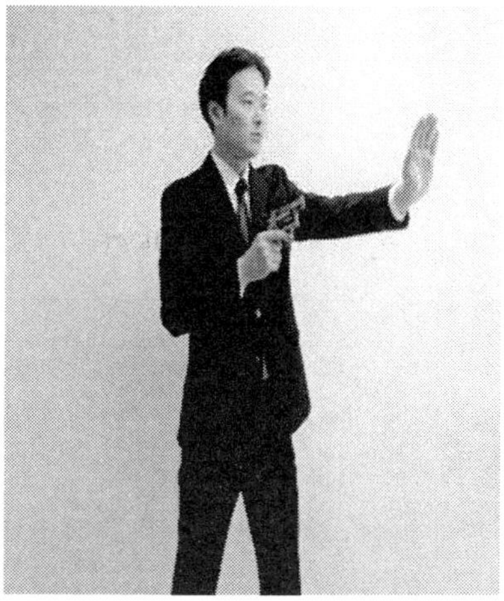

〈적과 조우 시 선 견제 자세〉

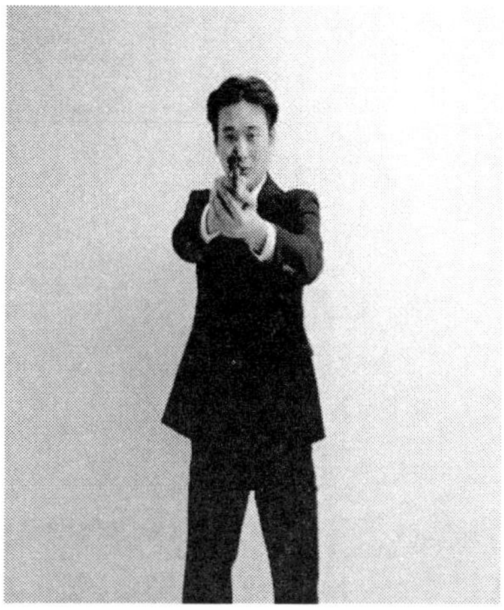

〈경호사격 자세 : 서서쏴 〉

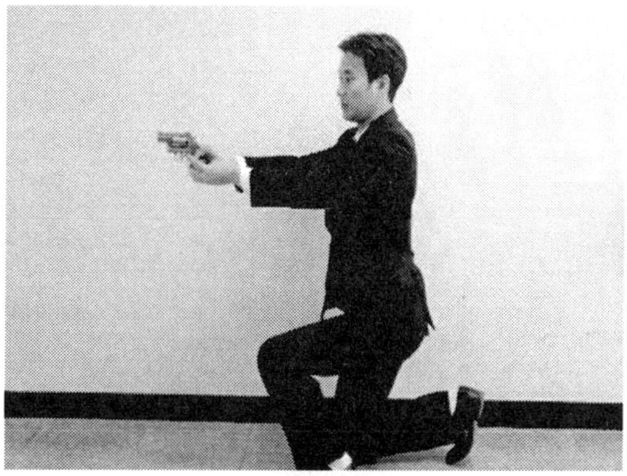

〈무릎쏴 자세〉

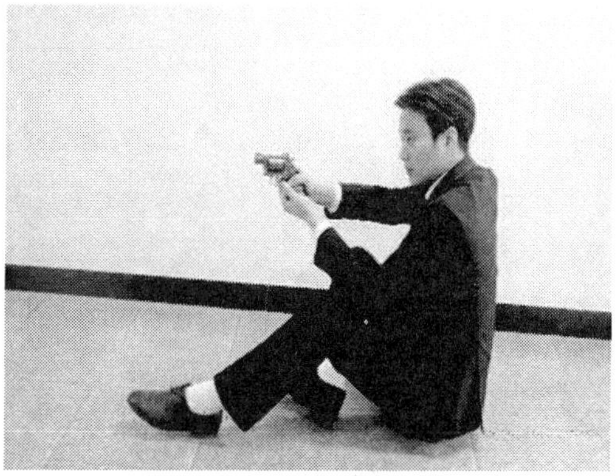

〈앉아쏴 자세〉

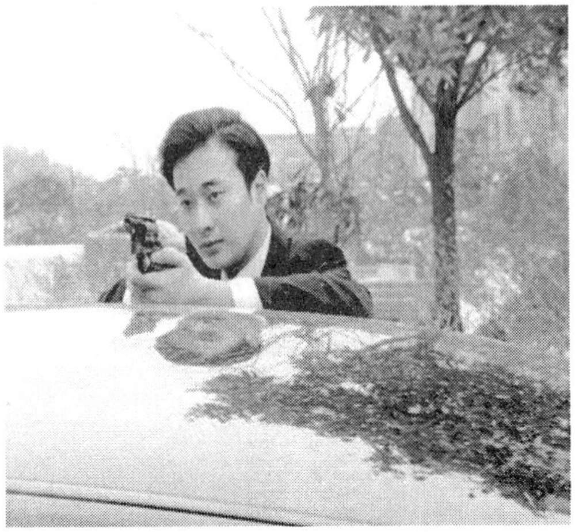

〈의탁사격자세〉

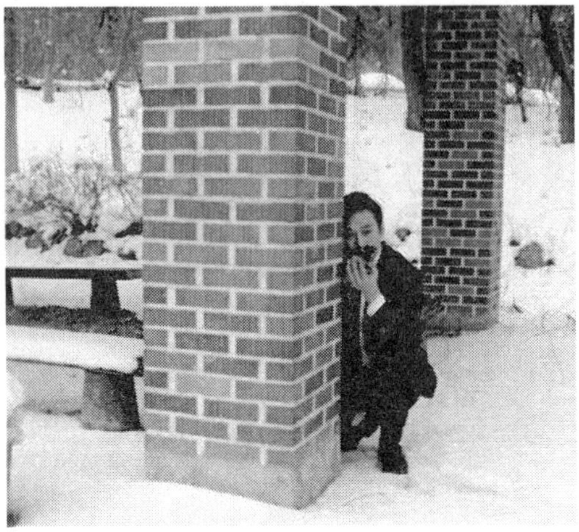

〈엄폐물이용 사격자세〉

▶ 총기 휴대법

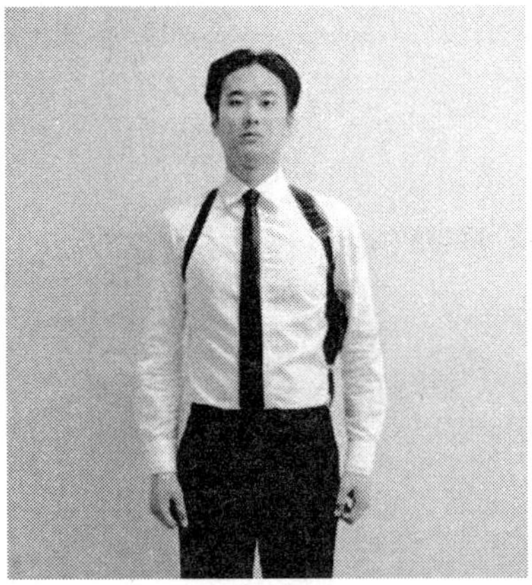

어깨걸이 권총집

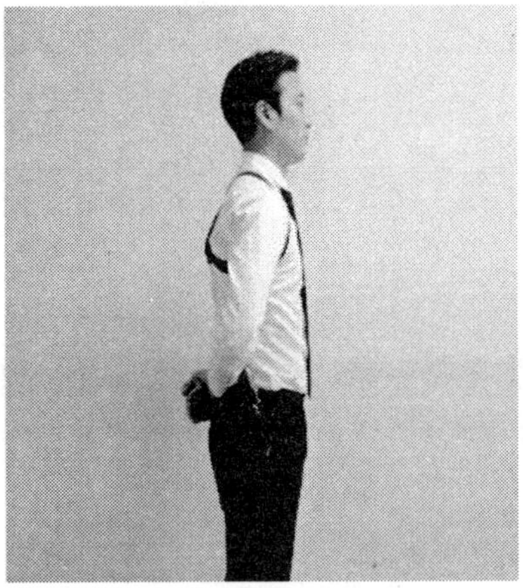

허리벨트 권총집

■ 경호 성공 및 실패 사례 ■

▶ 사 례 1

1. 개 요

돌진하는 음주운전 차량으로부터 경호 대상 차량을 안전하게 보호

2. 내 용

- 0000. 0월 차량경호 임무 중 한강대교에서 용산 방향으로 주행 시 경호 차량 후방에서 차량 경적음 등이 발생되어 관찰결과, 흰색 소나타 1대가 주변의 차량들과 연쇄적으로 좌우 충돌 하며 도주하는 것을 발견하게 되었고
- 약 1~2분 후에는 사고차량이 급가속을 하면서 정상주행 중이던 경호 대상 차량을 향해 돌진하려는 것을 목격하고 순간적으로 위험을 판단, 운전요원에게 위해차량의 돌진을 저지하라고 명령하여 경호 차량의 우측 후렌다 부분으로 위해차량 좌측 범퍼부분을 충격하여 정지시켜 경호 대상 차량을 보호하였으며
- 이후 위해차량은 운전자를 차량외부로 이탈시켜 확인결과 음주 만취상태로 이성을 잃고 있었으며, 잠시 후 사고차량으로부터 피해를 입은 주변의 차량 운전자들과 이를 목격한 경찰관이 사고현장에 도착하여 사고자를 경찰에 인계하는 한편
- 추후 사고자로부터 경호 차량 손괴부분에 대한 피해액 전부를 보상 받았으며, 경호임무 당시 긴박한 위험 상황으로부터 신속 정확한 대응으로 경호대상자를 안전하게 보호함으로 써 성공적인 경호임무를 수행한 사례.

3. 교 훈

- 신속 정확한 대응 조치로 경호 대상 차량 보호
- 육탄 경호 정신

▶ 사 례 2

1. 개 요

OO사고로 사망한 시민의 영안실에 조문 및 유가족 위로 차 방문한 경호대상자에게 만취한 유가족이 위해를 시도할 시 육탄으로 경호대상자를 보호 및 안전지대로 대피

2. 내 용

- 0000년. 10월 OO사고로 민간인 O명이 사망하게 되어 경호대상자는 서울시 강서구 소재 OO병원 영안실에 조문 및 유가족 위로 차 방문하게 되었는데
- 경호대상자가 영안실 분향 후 유가족을 위로할 때 만취한 20대 초반의 남자 1명이 갑자기 고성을 지르며 소주병을 깨서 휘두르자 주변 사람들이 피신하게 되었고, 이 때 근접수행 중 이던 경호담당자가 경호대상자를 몸으로 감싸 안아 보호하였으며
- 이 과정에서 경호담당자는 우측 어깨에 7cm 정도의 열상을 당하고도 신속하게 경호 대상자를 안전지대로 대피시킴과 동시에 주변의 경호원은 즉시 위해자를 제압하였다.
- 이후 경호대상자 및 담당자는 유가족 측으로부터 정중한 사과와 선처를 부탁받게 되었고, 경호대상자로부터 헌신적인 육탄 경호임무수행에 대하여 격려를 받음은 물론 경호의 중요도를 향상시켰다.

3. 교 훈

- 살신성인의 육탄방어 및 신속한 제압
- 경호의 중요성 및 신뢰감 제고

▶ 사 례 3

1. 개 요

OO행사에 참석하는 경호대상자 경호임무 시, 이동로상의 차량정체로 진행 및 계획된 시간의 도착이 불가하자, 경호담당자의 신속하고 정확한 판단으로 성공적 임무 수행

2. 내 용

- 0000. 7월 OO행사에 참석키 위한 경호대상자 경호임무 시 강우로 인한 차량정체를 예상하여 서울시경교통상황실의 정보협조로 출발지에서 평소보다 60여분 일찍 출발하게 되었고
- 그러나 서울시내도로인 사평로를 진입하면서 1KM를 진행하는데 약 30여분이 소요되는 상황에서 정체구간은 약 8KM정도 였고, 우회도로의 교통상황도 악조건이었으며, 현 상황에서는 목적지까지 계획된 시간에 도착이 불가능 하게 되어
- 경호담당자는 무선으로 수행비서와 교신하여 사전에 파악한 차량정체구간(약 8KM) 및 현재 상황에서 계획된 시간 내 도달을 위한 이동방법을 경호대상자에게 무선보고 후, 경호 차량을 긴급자동차로 전환하고 후미차량경호에서 선도 차량경호로 위치 변경 후
- 적신호시 반대 차선(중앙선)으로 진행하는 방법으로 정체구간 8KM를 20여분만에 통과하여 행사시간 5분 전에 무사히 행사장에 도착하여 성공적인 임무를 수행하였다.

3. 교 훈

- 이동로의 교통상황 파악을 위한 유관기관과의 협조체제 유지
- 신속 · 정확한 상황보고 / 적극적인 해결의지

▶ 사 례 4

1. 개 요

경호 대상자가 차량으로 이동 시 탑승차량고장으로 후미차량경호 임무 중이던 경호 차량에 환승한 후 계속 이동으로 계획된 일정을 완벽하게 수행

2. 내 용

- 0000년. 6월 경호대상자가 지방현장순시 및 격려행사를 마치고 서울지역으로 차량이동 시, 탑승차량에 고장이 발생되어 진행이 불가하자
- 후미에서 차량 경호 임무 중이던 경호 담당자가 경호 차량 탑승 경호원들을 하차시켜 고장 차량의 조치를 지시 후, 경호대상자를 경호 차량에 이동탑승(환승)케하여 계속 이동으로 목적지에 도착, OO지역 행사진행 및 성공적인 경호임무를 수행하였다.

※ 경호 차량에서 하차한 경호원은 경호 대상 차량의 노출 방지를 위한 조치 및 원활한 도로교통을 위하여 고장차량은 노견으로 이동시키고 상황실로 연락하여 견인케 하는 등의 신속한 조치

3. 교 훈

- 경호 대상 차량 운전자의 형상 시 차량정비 미흡
- 경호요원들의 및 경호원의 각 종 상황에 대비한 조치요령 숙지

▶ 사 례 5

1. 개 요

경호임무 중 경호 대상 탑승차량을 경호 차량이 충돌한 사고

2. 내 용

- 1997. 2. 경호대상자가 OO지역에서 OO장소로 시속 약 40KM 속도로 편도 3차선상의 2차선 경사도로를 하향하여 주행 중
- 앞서가던 차량이 급제동하자 뒤따라가던 경호 대상 차량도 위험을 발견하고 급제동을 하였고, 후미에서 차량 경호 중이던 경호 차량도 급제동 하였으나, 노면이 약하게 결빙되어 있어 차량이 미끄러지면서 경호 대상 차량의 뒷 범퍼 부분을 충격하여 경호 대상차량과 경호 차량에 약 160만원의 물적 피해가 발생하였음

3. 교 훈

- 충분한 차량 안전거리 미확보
- 경호 대상 차량 운전자와 경호 차량 운전자 간의 상호 일체감 조성 필요

▶ 사 례 6

1. 개 요

경호대상자가 OO수해 상황을 파악하기 위하여 차량으로 산악지대를 이동중 발생된 위험 속에서 경호원들의 희생정신

2. 내 용

- 0000년. 8월 OO의 수해상황 파악을 위한 경호대상자의 순시일정을 16시간 전에 통보받고, 경호담당자는 산악지대를 고려한 이동방법(차종선정), 이동계획 등을 수립한 후, 순시지역 지형정찰에 나섰으나 곳곳이 도로유실, 산사태 등으로 도로가 통제된 곳이 많아 지형정찰에 실패하고 24:00 경 복귀한 경호팀은 수해지역의 피해 복구 작업으로 현장에서 거주하며 지리에 밝은 공무원이 있다는 사실을 파악, 익일 도로 안내를 요청하게 되었다.
- 순시 당일 수해지역의 도로, 하천, 가옥 등의 파손은 최악의 상황이었고, 산악지대에 위치한 현장으로 올라가는 도로는 진흙으로 덮여있어 매우 위험한 상황 이었으며, 수해 상황 파악을 위한 경호대상자의 의지는 완고하여 일정을 강행 차량 운행 중, 산 중턱 부근 에서 갑자기 경호 대상차량이 더 이상 진행을 못하고 미끄러지는 것을 목격하고 경호요원 들은 즉시 경호 차량에서 하차하여 온몸으로 차량의 미끄러짐을 막았으며, 경호대상자도 차량에서 하차하게 되었다.
- 이 후 도보이동 및 차량이동의 병행으로 무사히 순시를 마칠 수 있었으며 자칫 대형 참사로 이어질 수 있는 위험한 상황 속에서 경호요원이 자신의 몸을 돌보지 않는 헌신적인 노력으로 사고방지 및 경호대상자의 안전한 신변보호 임무를 성공적으로 완수하였다.

3. 교 훈

- 사명감 및 희생정신

부록 관련 법령

경비업법

[시행 2016.1.26.] [법률 제13814호, 2016.1.26., 일부개정]

경찰청(생활안전과) 02-3150-1331

제1장 총칙

제1조(목적) 이 법은 경비업의 육성 및 발전과 그 체계적 관리에 관하여 필요한 사항을 정함으로써 경비업의 건전한 운영에 이바지함을 목적으로 한다.

제2조(정의) 이 법에서 사용하는 용어의 정의는 다음과 같다. 〈개정 2005.5.31., 2013.6.7.〉

1. "경비업"이라 함은 다음 각목의 1에 해당하는 업무(이하 "경비업무"라 한다)의 전부 또는 일부를 도급받아 행하는 영업을 말한다.
   가. 시설경비업무 : 경비를 필요로 하는 시설 및 장소(이하 "경비대상시설"이라 한다)에서의 도난·화재 그 밖의 혼잡 등으로 인한 위험발생을 방지하는 업무
   나. 호송경비업무 : 운반중에 있는 현금·유가증권·귀금속·상품 그 밖의 물건에 대하여 도난·화재 등 위험발생을 방지하는 업무
   다. 신변보호업무 : 사람의 생명이나 신체에 대한 위해의 발생을 방지하고 그 신변을 보호하는 업무
   라. 기계경비업무 : 경비대상시설에 설치한 기기에 의하여 감지·송신된 정보를 그 경비대상시설외의 장소에 설치한 관제시설의 기기로 수신하여 도난·화재 등 위험발생을 방지하는 업무

마. 특수경비업무 : 공항(항공기를 포함한다) 등 대통령령이 정하는 국가중요시설(이하 "국가중요시설"이라 한다)의 경비 및 도난·화재 그 밖의 위험발생을 방지하는 업무

2. "경비지도사"라 함은 경비원을 지도·감독 및 교육하는 자를 말하며 일반경비지도사와 기계경비지도사로 구분한다.
3. "경비원"이라 함은 제4조제1항의 규정에 의하여 경비업의 허가를 받은 법인(이하 "경비업자"라 한다)이 채용한 고용인으로서 다음 각목의 1에 해당하는 자를 말한다.
   가. 일반경비원 : 제1호 가목 내지 라목의 경비업무를 수행하는 자
   나. 특수경비원 : 제1호 마목의 경비업무를 수행하는 자
4. "무기"라 함은 인명 또는 신체에 위해를 가할 수 있도록 제작된 권총·소총 등을 말한다.
5. "집단민원현장"이란 다음 각 목의 장소를 말한다.
   가. 「노동조합 및 노동관계조정법」에 따라 노동관계 당사자가 노동쟁의 조정신청을 한 사업장 또는 쟁의행위가 발생한 사업장
   나. 「도시 및 주거환경정비법」에 따른 정비사업과 관련하여 이해대립이 있어 다툼이 있는 장소
   다. 특정 시설물의 설치와 관련하여 민원이 있는 장소
   라. 주주총회와 관련하여 이해대립이 있어 다툼이 있는 장소
   마. 건물·토지 등 부동산 및 동산에 대한 소유권·운영권·관리권·점유권 등 법적 권리에 대한 이해대립이 있어 다툼이 있는 장소
   바. 100명 이상의 사람이 모이는 국제·문화·예술·체육 행사장
   사. 「행정대집행법」에 따라 대집행을 하는 장소

제3조(법인) 경비업은 법인이 아니면 이를 영위할 수 없다.

제2장 경비업의 허가 등

제4조(경비업의 허가) ① 경비업을 영위하고자 하는 법인은 도급받아 행하고자 하는 경비업무를 특정하여 그 법인의 주사무소의 소재지를 관할하는 지방경찰청장의 허가를 받아야 한다. 도급받아 행하고자 하는 경비업무를 변경하는 경우에도 또한 같다.

② 제1항에 따른 허가를 받고자 하는 법인은 다음 각 호의 요건을 갖추어야 한다. 〈개정 2013.6.7.〉

1. 대통령령으로 정하는 1억원 이상의 자본금의 보유
2. 다음 각 목의 경비인력 요건
   가. 시설경비업무: 경비원 20명 이상 및 경비지도사 1명 이상
   나. 시설경비업무 외의 경비업무: 대통령령으로 정하는 경비 인력
3. 제2호의 경비인력을 교육할 수 있는 교육장을 포함하여 대통령령으로 정하는 시설과 장비의 보유
4. 그 밖에 경비업무 수행을 위하여 대통령령으로 정하는 사항

③ 제1항의 규정에 의하여 경비업의 허가를 받은 법인은 다음 각호의 1에 해당하는 때에는 지방경찰청장에게 신고하여야 한다.

1. 영업을 폐업하거나 휴업한 때
2. 법인의 명칭이나 대표자·임원을 변경한 때
3. 법인의 주사무소나 출장소를 신설·이전 또는 폐지한 때
4. 기계경비업무의 수행을 위한 관제시설을 신설·이전 또는 폐지한 때
5. 특수경비업무를 개시하거나 종료한 때
6. 그 밖에 대통령령이 정하는 중요사항을 변경한 때

④ 제1항 및 제3항의 규정에 의한 허가 또는 신고의 절차, 신고의 기한 등 허가 및 신고에 관하여 필요한 사항은 대통령령으로 정한다.

제4조의2(허가의 제한) ① 누구든지 제4조제1항에 따른 허가를 받은 경비업체와 동일한 명칭으로 경비업 허가를 받을 수 없다.

② 제19조제1항제2호 및 제7호의 사유로 경비업체의 허가가 취소된 경우 허가가 취소된 날부터 10년이 지나지 아니한 때에는 누구든지 허가가 취소된 경비업체와 동일한 명칭으로 제4조제1항에 따른 허가를 받을 수 없다.

③ 제19조제1항제2호 및 제7호의 사유로 허가가 취소된 법인은 법인명 또는 임원의 변경에도 불구하고 허가가 취소된 날부터 5년이 지나지 아니한 때에는 제4조제1항에 따른 허가를 받을 수 없다.

[본조신설 2013.6.7.]

제5조(임원의 결격사유) 다음 각호의 1에 해당하는 자는 경비업을 영위하는 법인(제4호에 해당하는 자의 경우에는 특수경비업무를 수행하는 법인을 말하고, 제5호에 해당하는 자의 경우에는 허가취소사유에 해당하는 경비업무와 동종의 경비업무를

수행하는 법인을 말한다)의 임원이 될 수 없다. 〈개정 2008.2.29., 2013.6.7., 2014.12.30.〉

1. 피성년후견인 또는 피한정후견인
2. 파산선고를 받고 복권되지 아니한 자
3. 금고 이상의 형의 선고를 받고 그 형이 실효되지 아니한 자
4. 이 법 또는 「대통령 등의 경호에 관한 법률」에 위반하여 벌금형의 선고를 받고 3년이 지나지 아니한 자
5. 이 법(제19조제1항제2호 및 제7호는 제외한다) 또는 이 법에 의한 명령에 위반하여 허가가 취소된 법인의 허가취소 당시의 임원이었던 자로서 그 취소 후 3년이 지나지 아니한 자
6. 제19조제1항제2호 및 제7호의 사유로 허가가 취소된 법인의 허가취소 당시의 임원이었던 자로서 허가가 취소된 날부터 5년이 지나지 아니한 자

제6조(허가의 유효기간 등) ① 제4조제1항의 규정에 의한 경비업 허가의 유효기간은 허가받은 날부터 5년으로 한다.

② 제1항의 규정에 의한 유효기간이 만료된 후 계속하여 경비업을 하고자 하는 법인은 행정자치부령이 정하는 바에 의하여 갱신허가를 받아야 한다. 〈개정 2008.2.29., 2013.3.23., 2014.11.19.〉

제7조(경비업자의 의무) ① 경비업자는 경비대상시설의 소유자 또는 관리자(이하 "시설주"라 한다)의 관리권의 범위안에서 경비업무를 수행하여야 하며, 다른 사람의 자유와 권리를 침해하거나 그의 정당한 활동에 간섭하여서는 아니된다.

② 경비업자는 경비업무를 성실하게 수행하여야 하고, 도급을 의뢰받은 경비업무가 위법 또는 부당한 것일 때에는 이를 거부하여야 한다.

③ 경비업자는 불공정한 계약으로 경비원의 권익을 침해하거나 경비업의 건전한 육성과 발전을 해치는 행위를 하여서는 아니된다.

④ 경비업자의 임·직원이거나 임·직원이었던 자는 다른 법률에 특별한 규정이 있는 경우를 제외하고는 그 직무상 알게 된 비밀을 누설하거나 다른 사람에게 제공하여 이용하도록 하는 등 부당한 목적을 위하여 사용하여서는 아니된다.

⑤ 경비업자는 허가받은 경비업무외의 업무에 경비원을 종사하게 하여서는 아니된다.

⑥ 경비업자는 집단민원현장에 경비원을 배치하는 때에는 경비지도사를 선임하고 그 장소에 배치하여 행정자치부령으로 정하는 바에 따라 경비원을 지도·감독하게 하여야 한다. 〈신설 2013.6.7., 2014.11.19.〉

⑦ 특수경비업무를 수행하는 경비업자(이하 "특수경비업자"라 한다)는 제4조제3항제5

호의 규정에 의한 특수경비업무의 개시신고를 하는 때에는 국가중요시설에 대한 특수경비업무의 수행이 중단되는 경우 시설주의 동의를 얻어 다른 특수경비업자중에서 경비업무를 대행할 자(이하 "경비대행업자"라 한다)를 지정하여 허가관청에 신고하여야 한다. 경비대행업자의 지정을 변경하는 경우에도 또한 같다. 〈개정 2013.6.7.〉

⑧ 특수경비업자는 국가중요시설에 대한 특수경비업무를 중단하게 되는 경우에는 미리 이를 제7항의 규정에 의한 경비대행업자에게 통보하여야 하며, 경비대행업자는 통보받은 즉시 그 경비업무를 인수하여야 한다. 이 경우 제7항의 규정은 경비대행업자에 대하여 이를 준용한다. 〈개정 2013.6.7., 2014.12.30.〉

⑨ 특수경비업자는 이 법에 의한 경비업과 경비장비의 제조·설비·판매업, 네트워크를 활용한 정보산업, 시설물 유지관리업 및 경비원 교육업 등 대통령령이 정하는 경비관련업외의 영업을 하여서는 아니된다. 〈개정 2002.12.18., 2013.6.7.〉
[2002.12.18. 법률 제6787호에 의하여 2002.4.25. 헌법재판소에서 위헌 결정된 이 조를 개정함.]

제7조의2(경비업무 도급인 등의 의무) ① 누구든지 제4조제1항에 따른 허가를 받지 아니한 자에게 경비업무를 도급하여서는 아니 된다.

② 누구든지 집단민원현장에 경비인력을 20명 이상 배치하려고 할 때에는 그 경비인력을 직접 고용하여서는 아니 되고, 경비업자에게 경비업무를 도급하여야 한다. 다만, 시설주 등이 집단민원현장 발생 3개월 전까지 직접 고용하여 경비업무를 수행하는 피고용인의 경우에는 그러하지 아니하다.

③ 제1항 및 제2항에 따라 경비업무를 도급하는 자는 그 경비업무를 수급한 경비업자의 경비원 채용 시 무자격자나 부적격자 등을 채용하도록 관여하거나 영향력을 행사해서는 아니 된다. 〈신설 2015.7.20.〉

④ 제3항에 따른 무자격자 및 부적격자의 구체적인 범위 등은 대통령령으로 정한다. 〈신설 2015.7.20.〉

[본조신설 2013.6.7.]

제3장 기계경비업무

제8조(대응체제) 기계경비업무를 수행하는 경비업자(이하 “기계경비업자”라 한다)는

경비대상시설에 관한 경보를 수신한 때에는 신속하게 그 사실을 확인하는 등 필요한 대응조치를 취하여야 하며, 이를 위한 대응체제를 갖추어야 한다.

제9조(오경보의 방지 등) ① 기계경비업자는 경비계약을 체결하는 때에는 오경보를 막기 위하여 계약상대방에게 기기사용요령 및 기계경비운영체계 등에 관하여 설명하여야 하며, 각종 기기가 오작동되지 아니하도록 관리하여야 한다.

② 기계경비업자는 대응조치 등 업무의 원활한 운영과 개선을 위하여 대통령령이 정하는 바에 따라 관련 서류를 작성·비치하여야 한다.

제4장 경비지도사 및 경비원

제10조(경비지도사 및 경비원의 결격사유) ① 다음 각호의 1에 해당하는 자는 경비지도사 또는 일반경비원이 될 수 없다. 〈개정 2013.6.7., 2014.12.30.〉

1. 만 18세 미만인 자, 피성년후견인, 피한정후견인
2. 파산선고를 받고 복권되지 아니한 자
3. 금고 이상의 실형의 선고를 받고 그 집행이 종료(집행이 종료된 것으로 보는 경우를 포함한다)되거나 집행이 면제된 날부터 5년이 지나지 아니한 자
4. 금고 이상의 형의 집행유예선고를 받고 그 유예기간중에 있는 자
5. 다음 각 목의 어느 하나에 해당하는 죄를 범하여 벌금형을 선고받은 날부터 10년이 지나지 아니하거나 금고 이상의 형을 선고받고 그 집행이 종료된(종료된 것으로 보는 경우를 포함한다) 날 또는 집행이 유예·면제된 날부터 10년이 지나지 아니한 자

   가. 「형법」 제114조의 죄

   나. 「폭력행위 등 처벌에 관한 법률」 제4조의 죄

   다. 「형법」 제297조, 제297조의2, 제298조부터 제301조까지, 제301조의2, 제302조, 제303조, 제305조, 제305조의2의 죄

   라. 「성폭력범죄의 처벌 등에 관한 특례법」 제3조부터 제11조까지 및 제15조(제3조부터 제9조까지의 미수범만 해당한다)의 죄

   마. 「아동·청소년의 성보호에 관한 법률」 제7조 및 제8조의 죄

   바. 다목부터 마목까지의 죄로서 다른 법률에 따라 가중처벌되는 죄
6. 다음 각 목의 어느 하나에 해당하는 죄를 범하여 벌금형을 선고받은 날부터 5년

이 지나지 아니하거나 금고 이상의 형을 선고받고 그 집행이 유예된 날부터 5년 이 지나지 아니한 자

가. 「형법」 제329조부터 제331조까지, 제331조의2 및 제332조부터 제343조까지 의 죄

나. 가목의 죄로서 다른 법률에 따라 가중처벌되는 죄

다. 삭제 〈2014.12.30.〉

라. 삭제 〈2014.12.30.〉

7. 제5호 다목부터 바목까지의 어느 하나에 해당하는 죄를 범하여 치료감호를 선고받고 그 집행이 종료된 날 또는 집행이 면제된 날부터 10년이 지나지 아니한 자 또는 제6호 각 목의 어느 하나에 해당하는 죄를 범하여 치료감호를 선고받고 그 집행이 면제된 날부터 5년이 지나지 아니한 자

8. 이 법이나 이 법에 따른 명령을 위반하여 벌금형을 선고받은 날부터 5년이 지나지 아니하거나 금고 이상의 형을 선고받고 그 집행이 유예된 날부터 5년이 지나지 아니한 자

② 다음 각 호의 어느 하나에 해당하는 자는 특수경비원이 될 수 없다. 〈개정 2008.2.29., 2009.4.1., 2013.3.23., 2013.6.7., 2014.11.19., 2014.12.30.〉

1. 만 18세 미만 또는 만 60세 이상인 자, 피성년후견인, 피한정후견인
2. 제1항제2호부터 제8호까지의 어느 하나에 해당하는 자
3. 금고 이상의 형의 선고유예를 받고 그 유예기간중에 있는 자
4. 행정자치부령이 정하는 신체조건에 미달되는 자

③ 경비업자는 제1항 각호 또는 제2항 각호의 결격사유에 해당하는 자를 경비지도사 또는 경비원으로 채용 또는 근무하게 하여서는 아니된다.

제11조(경비지도사의 시험 등) ① 경비지도사는 제10조제1항 각호의 1에 해당하지 아니하는 자로서 경찰청장이 시행하는 경비지도사시험에 합격하고 행정자치부령이 정하는 교육을 받은 자이어야 한다. 〈개정 2008.2.29., 2013.3.23., 2014.11.19.〉

② 경찰청장은 제1항의 규정에 의한 교육을 받은 자에게 행정자치부령이 정하는 바에 따라 경비지도사자격증을 교부하여야 한다. 〈개정 2008.2.29., 2013.3.23., 2014.11.19.〉

③ 경비지도사시험의 시험과목, 시험공고, 시험의 일부가 면제되는 자의 범위 그 밖에 경비지도사시험에 관하여 필요한 사항은 대통령령으로 정한다.

제12조(경비지도사의 선임 등) ① 경비업자는 대통령령이 정하는 바에 따라 경비지도

사를 선임하여야 한다.

② 제1항의 규정에 의하여 선임된 경비지도사의 직무는 다음과 같다. 〈개정 2013.6.7.〉

1. 경비원의 지도·감독·교육에 관한 계획의 수립·실시 및 그 기록의 유지
2. 경비현장에 배치된 경비원에 대한 순회점검 및 감독
3. 경찰기관 및 소방기관과의 연락방법에 대한 지도
4. 집단민원현장에 배치된 경비원에 대한 지도·감독
5. 그 밖에 대통령령이 정하는 직무

③ 선임된 경비지도사는 제2항 각호의 규정에 의한 직무를 대통령령이 정하는 바에 따라 성실하게 수행하여야 한다.

제13조(경비원의 교육 등) ① 경비업자는 경비업무를 적정하게 실시하기 위하여 경비원으로 하여금 대통령령으로 정하는 바에 따라 경비원 신임교육 및 직무교육을 받게 하여야 한다. 다만, 경비업자는 대통령령으로 정하는 경력 또는 자격을 갖춘 일반경비원을 신임교육 대상에서 제외할 수 있다. 〈개정 2013.6.7., 2016.1.26.〉

② 경비원이 되려는 사람은 대통령령으로 정하는 교육기관에서 미리 일반경비원 신임교육을 받을 수 있다. 〈신설 2016.1.26.〉

③ 특수경비업자는 대통령령으로 정하는 바에 따라 특수경비원으로 하여금 특수경비원 신임교육과 정기적인 직무교육을 받게 하여야 하고, 특수경비원 신임교육을 받지 아니한 자를 특수경비업무에 종사하게 하여서는 아니 된다. 〈개정 2013.6.7., 2016.1.26.〉

④ 제3항에 의한 특수경비원의 교육시 관할경찰서 소속 경찰공무원이 교육기관에 입회하여 대통령령이 정하는 바에 따라 지도·감독하여야 한다. 〈개정 2016.1.26.〉

제14조(특수경비원의 직무 및 무기사용 등) ① 특수경비업자는 특수경비원으로 하여금 배치된 경비구역안에서 관할 경찰서장 및 공항경찰대장 등 국가중요시설의 경비책임자(이하 "관할 경찰관서장"이라 한다)와 국가중요시설의 시설주의 감독을 받아 시설을 경비하고 도난·화재 그 밖의 위험의 발생을 방지하는 업무를 수행하게 하여야 한다.

② 특수경비원은 국가중요시설에 대한 경비업무 수행중 국가중요시설의 정상적인 운영을 해치는 장해를 일으켜서는 아니된다.

③ 지방경찰청장은 국가중요시설에 대한 경비업무의 수행을 위하여 필요하다고 인정하는 때에는 시설주의 신청에 의하여 무기를 구입한다. 이 경우 시설주는 그 무기의 구입대금을 지불하고, 구입한 무기를 국가에 기부채납하여야 한다.

④ 지방경찰청장은 국가중요시설에 대한 경비업무의 수행을 위하여 필요하다고 인정하는 때에는 관할경찰관서장으로 하여금 시설주의 신청에 의하여 시설주로부터 국가에 기부채납된 무기를 대여하게 하고, 시설주는 이를 특수경비원으로 하여금 휴대하게 할 수 있다. 이 경우 특수경비원은 정당한 사유없이 무기를 소지하고 배치된 경비구역을 벗어나서는 아니된다.

⑤ 시설주가 제4항의 규정에 의하여 대여받은 무기에 대하여 시설주 및 관할 경찰관서장은 무기의 관리책임을 지고, 관할 경찰관서장은 시설주 및 특수경비원의 무기관리상황을 대통령령이 정하는 바에 따라 지도·감독하여야 한다. 〈개정 2014.12.30.〉

⑥ 관할 경찰관서장은 무기의 적정한 관리를 위하여 제4항의 규정에 의하여 무기를 대여받은 시설주에 대하여 필요한 명령을 발할 수 있다. 〈개정 2014.12.30.〉

⑦ 시설주로부터 무기의 관리를 위하여 지정받은 책임자(이하 "관리책임자"라 한다)는 다음 각호에 의하여 이를 관리하여야 한다.

1. 무기출납부 및 무기장비운영카드를 비치·기록하여야 한다.
2. 무기는 관리책임자가 직접 지급·회수하여야 한다.

⑧ 특수경비원은 국가중요시설의 경비를 위하여 무기를 사용하지 아니하고는 다른 수단이 없다고 인정되는 때에는 필요한 한도안에서 무기를 사용할 수 있다. 다만, 다음 각호의 1에 해당하는 때를 제외하고는 사람에게 위해를 끼쳐서는 아니된다.

1. 무기 또는 폭발물을 소지하고 국가중요시설에 침입한 자가 특수경비원으로부터 3회 이상 투기(投棄) 또는 투항(投降)을 요구받고도 이에 불응하면서 계속 항거하는 경우 이를 억제하기 위하여 무기를 사용하지 아니하고는 다른 수단이 없다고 인정되는 때
2. 국가중요시설에 침입한 무장간첩이 특수경비원으로부터 투항(投降)을 요구받고도 이에 불응한 때

⑨ 특수경비원의 무기휴대, 무기종류, 그 사용기준 및 안전검사의 기준 등에 관하여 필요한 사항은 대통령령으로 정한다.

제15조(특수경비원의 의무) ① 특수경비원은 직무를 수행함에 있어 시설주·관할 경찰관서장 및 소속상사의 직무상 명령에 복종하여야 한다.

② 특수경비원은 소속상사의 허가 또는 정당한 사유없이 경비구역을 벗어나서는 아니된다.

③ 특수경비원은 파업·태업 그 밖에 경비업무의 정상적인 운영을 저해하는 일체의

쟁의행위를 하여서는 아니된다.

④ 특수경비원이 무기를 휴대하고 경비업무를 수행하는 때에는 다음 각호의 1에 정하는 무기의 안전사용수칙을 지켜야 한다.

1. 특수경비원은 사람을 향하여 권총 또는 소총을 발사하고자 하는 때에는 미리 구두 또는 공포탄에 의한 사격으로 상대방에게 경고하여야 한다. 다만, 다음 각목의 1에 해당하는 경우로서 부득이한 때에는 경고하지 아니할 수 있다.
   가. 특수경비원을 급습하거나 타인의 생명·신체에 대한 중대한 위험을 야기하는 범행이 목전에 실행되고 있는 등 상황이 급박하여 경고할 시간적 여유가 없는 경우
   나. 인질·간첩 또는 테러사건에 있어서 은밀히 작전을 수행하는 경우
2. 특수경비원은 무기를 사용하는 경우에 있어서 범죄와 무관한 다중의 생명·신체에 위해를 가할 우려가 있는 때에는 이를 사용하여서는 아니된다. 다만, 무기를 사용하지 아니하고는 타인 또는 특수경비원의 생명·신체에 대한 중대한 위협을 방지할 수 없다고 인정되는 때에는 필요한 최소한의 범위 안에서 이를 사용할 수 있다.
3. 특수경비원은 총기 또는 폭발물을 가지고 대항하는 경우를 제외하고는 14세 미만의 자 또는 임산부에 대하여는 권총 또는 소총을 발사하여서는 아니된다.

제15조의2(경비원 등의 의무) ① 경비원은 직무를 수행함에 있어 타인에게 위력을 과시하거나 물리력을 행사하는 등 경비업무의 범위를 벗어난 행위를 하여서는 아니된다.

② 누구든지 경비원으로 하여금 경비업무의 범위를 벗어난 행위를 하게 하여서는 아니된다.

[본조신설 2005.8.4.]

제16조(경비원의 복장 등) ① 경비업자는 경찰공무원 또는 군인의 제복과 색상 및 디자인 등이 명확히 구별되는 소속 경비원의 복장을 정하고 이를 확인할 수 있는 사진을 첨부하여 주된 사무소를 관할하는 지방경찰청장에게 행정자치부령으로 정하는 바에 따라 신고하여야 한다. 〈개정 2014.11.19.〉

② 경비업자는 경비업무 수행 시 경비원에게 소속 경비업체를 표시한 이름표를 부착하도록 하고, 제1항에 따라 신고된 동일한 복장을 착용하게 하여야 하며, 복장에 소속 회사를 오인할 수 있는 표시를 하거나 다른 회사의 복장을 착용하게 하여서는 아니 된다. 다만, 집단민원현장이 아닌 곳에서 신변보호업무를 수행하는 경우

또는 경비업무의 성격상 부득이한 사유가 있어 관할 경찰관서장이 허용하는 경우에는 그러하지 아니하다.

③ 지방경찰청장은 제1항에 따라 제출받은 사진을 검토한 후 경비업자에게 복장 변경 등에 대한 시정명령을 할 수 있다.

④ 제3항에 따른 시정명령을 받은 경비업자는 이를 이행하여야 하고, 지방경찰청장에게 행정자치부령으로 정하는 바에 따라 이행보고를 하여야 한다. 〈개정 2014.11.19.〉

⑤ 그 밖에 경비원의 복장 등에 필요한 사항은 행정자치부령으로 정한다. 〈개정 2014.11.19.〉

[전문개정 2013.6.7.]

제16조의2(경비원의 장비 등) ① 경비원이 휴대할 수 있는 장비의 종류는 경적·단봉·분사기 등 행정자치부령으로 정하되, 근무 중에만 이를 휴대할 수 있다. 〈개정 2014.11.19.〉

② 경비업자가 경비원으로 하여금 분사기를 휴대하여 직무를 수행하게 하는 경우에는 「총포·도검·화약류 등 단속법」에 따라 미리 분사기의 소지허가를 받아야 한다.

③ 누구든지 제1항의 장비를 임의로 개조하여 통상의 용법과 달리 사용함으로써 다른 사람의 생명·신체에 위해를 가하여서는 아니 된다.

④ 경비원은 경비업무를 위하여 필요하다고 인정되는 상당한 이유가 있을 때에는 필요한 최소한도에서 제1항의 장비를 사용할 수 있다.

⑤ 그 밖에 경비원의 장비 등에 관하여 필요한 사항은 행정자치부령으로 정한다. 〈개정 2014.11.19.〉

[본조신설 2013.6.7.]

제16조의3(출동차량 등) ① 경비업자는 출동차량 등의 도색 및 표지를 경찰차량 및 군차량과 명확히 구별될 수 있게 하여야 한다.

② 경비업자는 출동차량 등의 도색 및 표지를 정하고 이를 확인할 수 있는 사진을 첨부하여 주된 사무소를 관할하는 지방경찰청장에게 행정자치부령으로 정하는 바에 따라 신고하여야 한다. 〈개정 2014.11.19.〉

③ 지방경찰청장은 제2항에 따라 제출받은 사진을 검토한 후 경비업자에게 도색 및 표지 변경 등에 대한 시정명령을 할 수 있다.

④ 제3항에 따른 시정명령을 받은 경비업자는 이를 이행하여야 하고, 지방경찰청장에게

행정자치부령으로 정하는 바에 따라 이행보고를 하여야 한다. 〈개정 2014.11.19.〉

⑤ 그 밖에 출동차량 등에 필요한 사항은 행정자치부령으로 정한다. 〈개정 2014.11.19.〉

[본조신설 2013.6.7.]

제17조(결격사유 확인을 위한 범죄경력조회 등) ① 경찰청장, 지방경찰청장 또는 관할 경찰관서장은 직권으로 또는 제2항에 따른 범죄경력조회 요청이 있는 경우에는 경비업자의 임원, 경비지도사 또는 경비원이 제5조제3호·제4호, 제10조제1항제3호부터 제8호까지 또는 같은 조 제2항제2호·제3호에 따른 결격사유에 해당하는지를 확인하기 위하여 「형의 실효 등에 관한 법률」 제6조에 따른 범죄경력조회를 할 수 있다.

② 경비업자는 선출·선임·채용 또는 배치하려는 임원, 경비지도사 또는 경비원이 제5조제3호·제4호, 제10조제1항제3호부터 제8호까지 또는 같은 조 제2항제2호·제3호에 따른 결격사유에 해당하는지를 확인하기 위하여 주된 사무소, 출장소 또는 배치장소를 관할하는 지방경찰청장 또는 경찰관서장에게 「형의 실효 등에 관한 법률」 제6조에 따른 범죄경력조회를 요청할 수 있다.

③ 제2항에 따른 범죄경력조회 요청을 받은 지방경찰청장 또는 관할 경찰관서장은 경비업자에게 그 결과를 통보할 때에는 경비업자의 임원, 경비지도사 또는 경비원이 제5조제3호·제4호, 제10조제1항제3호부터 제8호까지 또는 같은 조 제2항제2호·제3호에 따른 결격사유에 해당하는지 여부만을 통보하여야 한다.

④ 지방경찰청장 또는 관할 경찰관서장은 경비업자의 임원, 경비지도사 또는 경비원이 제5조 각 호, 제10조제1항 각 호 또는 제2항 각 호의 결격사유에 해당하는 사실을 알게 되거나 이 법 또는 이 법에 따른 명령을 위반한 때에는 경비업자에게 그 사실을 통보하여야 한다.

[전문개정 2013.6.7.]

제18조(경비원의 명부와 배치허가 등) ① 경비업자는 행정자치부령이 정하는 바에 따라 경비원의 명부를 작성·비치하여야 한다. 다만, 집단민원현장에 배치되는 일반경비원의 명부는 그 경비원이 배치되는 장소에도 작성·비치하여야 한다. 〈개정 2008.2.29., 2013.3.23., 2013.6.7., 2014.11.19.〉

② 경비업자가 경비원을 배치하거나 배치를 폐지한 경우에는 행정자치부령이 정하는 바에 따라 관할 경찰관서장에게 신고하여야 한다. 다만, 다음 제1호의 경우에는 경비원을 배치하기 48시간 전까지 행정자치부령으로 정하는 바에 따라 배치허가를 신청하고, 관할 경찰관서장의 배치허가를 받은 후에 경비원을 배치하여야 하며(제

2호 및 제3호의 경우에는 경비원을 배치하기 전까지 신고하여야 한다), 이 경우 관할 경찰관서장은 배치허가를 함에 있어 필요한 조건을 붙일 수 있다. 〈개정 2005.8.4., 2008.2.29., 2013.3.23., 2013.6.7., 2014.11.19.〉

1. 제2조제1호가목에 따른 시설경비업무 또는 같은 호 다목에 따른 신변보호업무 중 집단민원현장에 배치된 일반경비원
2. 집단민원현장이 아닌 곳에서 제2조제1호 다목의 규정에 의한 신변보호업무를 수행하는 일반경비원
3. 특수경비원

③ 관할 경찰관서장은 제2항 각 호 외의 부분 단서에 따른 배치허가 신청을 받은 경우 다음 각 호의 사유에 해당하는 때에는 배치허가를 하여서는 아니 된다. 이 경우 관할 경찰관서장은 다음 각 호의 사유를 확인하기 위하여 소속 경찰관으로 하여금 그 배치장소를 방문하여 조사하게 할 수 있다. 〈신설 2013.6.7.〉

1. 제15조의2제1항 및 제2항을 위반하여 경비업무의 범위를 벗어난 행위를 할 우려가 있는 경우
2. 경비원 중 제10조제1항 또는 제2항에 해당하는 결격자나 제13조에 따른 신임교육을 받지 아니한 사람이 대통령령으로 정하는 기준 이상으로 포함되어 있는 경우
3. 제24조에 따라 경비원의 복장·장비 등에 대하여 내려진 필요한 명령을 이행하지 아니하는 경우

④ 제2항 각 호 외의 부분 단서에 따른 배치허가 신청을 받은 관할 경찰관서장은 배치되는 경비원 중 제10조제1항 또는 제2항에 해당하는 결격자가 있는 경우에는 그 사람을 제외하고 배치허가를 하여야 한다. 〈신설 2013.6.7.〉

⑤ 경비업자는 경비원을 배치하여 경비업무를 수행하게 하는 때에는 행정자치부령으로 정하는 바에 따라 배치된 경비원의 인적사항과 배치일시·배치장소 등 근무상황을 기록하여 보관하여야 한다. 〈신설 2013.6.7., 2014.11.19.〉

⑥ 경비업자는 다음 각 호의 어느 하나에 해당하는 죄를 범하여 벌금형을 선고받고 5년이 지나지 아니하거나 금고 이상의 형을 선고받고 그 집행이 유예된 날부터 5년이 지나지 아니한 자를 집단민원현장에 일반경비원으로 배치하여서는 아니 된다. 〈신설 2013.6.7., 2016.1.6.〉

1. 「형법」 제257조부터 제262조까지, 제264조, 제276조부터 제281조까지의 죄, 제284조의 죄, 제285조의 죄, 제320조의 죄, 제324조제2항의 죄, 제350조의2의 죄, 제351조의 죄(제350조, 제350조의2의 상습범으로 한정한다), 제369조제1항

의 죄
2. 「폭력행위 등 처벌에 관한 법률」 제2조 또는 제3조의 죄

⑦ 경비업자는 제1항에 따른 경비원 명부에 없는 자를 경비업무에 종사하게 하여서는 아니 되고, 제2항에 따라 경비원을 배치하는 경우에는 제13조에 따른 신임교육을 이수한 자를 배치하여야 한다. 〈신설 2013.6.7.〉

⑧ 관할 경찰관서장은 경비업자가 다음 각 호의 어느 하나에 해당하는 때에는 배치폐지를 명할 수 있다. 〈신설 2013.6.7.〉

1. 제2항 각 호 외의 부분 단서를 위반하여 배치허가를 받지 아니하고 경비원을 배치하거나 경비원 명단 및 배치일시·배치장소 등 배치허가 신청의 내용을 거짓으로 한 때
2. 제6항의 결격사유에 해당하는 자를 집단민원현장에 일반경비원으로 배치한 때
3. 제7항을 위반하여 신임교육을 이수하지 아니한 자를 제2항 각 호의 경비원으로 배치한 때
4. 경비업자 또는 경비원이 위력이나 흉기 또는 그 밖의 위험한 물건을 사용하여 집단적 폭력사태를 일으킨 때
5. 경비업자가 제2항 각 호 외의 부분 본문을 위반하여 신고하지 아니하고 일반경비원을 배치한 때

[제목개정 2013.6.7.]

제5장 행정처분 등

제19조(경비업 허가의 취소 등) ① 허가관청은 경비업자가 다음 각 호의 어느 하나에 해당하는 때에는 그 허가를 취소하여야 한다. 〈개정 2002.12.18., 2013.6.7.〉

1. 허위 그 밖의 부정한 방법으로 허가를 받은 때
2. 제7조제5항의 규정에 위반하여 허가받은 경비업무외의 업무에 경비원을 종사하게 한 때
3. 제7조제9항의 규정에 위반하여 경비업 및 경비관련업외의 영업을 한 때
4. 정당한 사유없이 허가를 받은 날부터 1년 이내에 경비 도급실적이 없거나 계속하여 1년 이상 휴업한 때
5. 정당한 사유없이 최종 도급계약 종료일의 다음 날부터 1년 이내에 경비 도급실적이 없을 때

6. 영업정지처분을 받고 계속하여 영업을 한 때
7. 제15조의2제2항을 위반하여 소속 경비원으로 하여금 경비업무의 범위를 벗어난 행위를 하게 한 때
8. 제18조제8항에 따른 관할 경찰관서장의 배치폐지 명령에 따르지 아니한 때

② 허가관청은 경비업자가 다음 각 호의 어느 하나에 해당하는 때에는 대통령령으로 정하는 행정처분의 기준에 따라 그 허가를 취소하거나 6개월 이내의 기간을 정하여 영업의 전부 또는 일부에 대하여 영업정지를 명할 수 있다. 〈신설 2013.6.7.〉

1. 제4조제1항 후단을 위반하여 지방경찰청장의 허가 없이 경비업무를 변경한 때
2. 제7조제2항을 위반하여 도급을 의뢰받은 경비업무가 위법한 것임에도 이를 거부하지 아니한 때
3. 제7조제6항을 위반하여 경비지도사를 집단민원현장에 선임·배치하지 아니한 때
4. 제8조를 위반하여 경비대상 시설에 관한 경보 대응체제를 갖추지 아니한 때
5. 제9조제2항을 위반하여 관련 서류를 작성·비치하지 아니한 때
6. 제10조제3항을 위반하여 결격사유에 해당하는 경비원을 배치하거나 결격사유에 해당하는 경비지도사를 선임·배치한 때
7. 제12조제1항을 위반하여 경비지도사를 선임한 때
8. 제13조를 위반하여 경비원으로 하여금 교육을 받게 하지 아니한 때
9. 제16조에 따른 경비원의 복장 등에 관한 규정을 위반한 때
10. 제16조의2에 따른 경비원의 장비 등에 관한 규정을 위반한 때
11. 제16조의3에 따른 경비원의 출동차량 등에 관한 규정을 위반한 때
12. 제18조제1항 단서를 위반하여 집단민원현장에 일반경비원 명부를 작성·비치하지 아니한 때
13. 제18조제2항 각 호 외의 부분 단서를 위반하여 배치허가를 받지 아니하고 경비원을 배치하거나 경비원 명단 및 배치일시·배치장소 등 배치허가 신청의 내용을 거짓으로 한 때
14. 제18조제6항을 위반하여 결격사유에 해당하는 일반경비원을 집단민원현장에 배치한 때
15. 제24조에 따른 감독상 명령에 따르지 아니한 때
16. 제26조를 위반하여 손해를 배상하지 아니한 때

③ 허가관청은 제1항 및 제2항에 의하여 허가취소 또는 영업정지처분을 하는 때에는 경비업자가 허가받은 경비업무중 허가취소 또는 영업정지사유에 해당되는 경비업

무에 한하여 처분을 하여야 한다. 다만, 제1항제2호 및 제7호에 해당하여 허가취소를 하는 때에는 그러하지 아니하다. 〈개정 2013.6.7.〉

[2002.12.18. 법률 제6787호에 의하여 2002.4.25. 헌법재판소에서 위헌 결정된 이 조를 개정함.]

제20조(경비지도사자격의 취소 등) ① 경찰청장은 경비지도사가 다음 각호의 1에 해당하는 때에는 그 자격을 취소하여야 한다. 〈개정 2014.12.30.〉

1. 제10조제1항 각호의 결격사유에 해당하게 된 때
2. 허위 그 밖의 부정한 방법으로 경비지도사자격증을 교부받은 때
3. 경비지도사자격증을 다른 사람에게 빌려주거나 양도한 때
4. 자격정지 기간 중에 경비지도사로 선임되어 활동한 때

② 경찰청장은 경비지도사가 다음 각호의 1에 해당하는 때에는 대통령령이 정하는 바에 따라 1년의 범위 내에서 그 자격을 정지시킬 수 있다.

1. 제12조제3항의 규정에 위반하여 직무를 성실하게 수행하지 아니한 때
2. 제24조의 규정에 의한 경찰청장 또는 지방경찰청장의 명령을 위반한 때

③ 경찰청장은 제1항의 규정에 의하여 경비지도사의 자격을 취소한 때에는 경비지도사자격증을 회수하여야 하고, 제2항의 규정에 의하여 경비지도사의 자격을 정지한 때에는 그 정지기간동안 경비지도사자격증을 회수하여 보관하여야 한다.

제21조(청문) 경찰청장 또는 지방경찰청장은 다음 각호의 1에 해당하는 처분을 하고자 하는 경우에는 청문을 실시하여야 한다.

1. 제19조의 규정에 의한 경비업 허가의 취소 또는 영업정지
2. 제20조제1항 또는 제2항의 규정에 의한 경비지도사자격의 취소 또는 정지

제6장 경비협회

제22조(경비협회) ① 경비업자는 경비업무의 건전한 발전과 경비원의 자질향상 및 교육훈련 등을 위하여 대통령령이 정하는 바에 따라 경비협회를 설립할 수 있다.

② 경비협회는 법인으로 한다.

③ 경비협회의 업무는 다음과 같다.

1. 경비업무의 연구
2. 경비원 교육·훈련 및 그 연구

3. 경비원의 후생 · 복지에 관한 사항
4. 경비진단에 관한 사항
5. 그 밖에 경비업무의 건전한 운영과 육성에 관하여 필요한 사항

④ 경비협회에 관하여 이 법에 특별한 규정이 있는 것을 제외하고는 민법중 사단법인에 관한 규정을 준용한다.

제23조(공제사업) ① 경비협회는 다음 각 호의 공제사업을 할 수 있다. 〈개정 2015.7.20.〉

1. 제26조에 따른 경비업자의 손해배상책임을 보장하기 위한 사업
2. 경비업자가 경비업을 운영할 때 필요한 입찰보증, 계약보증(이행보증을 포함한다), 하도급보증을 위한 사업
3. 경비원의 복지향상과 업무상 재해로 인한 손실을 보상하는 사업
4. 경비업무와 관련한 연구 및 경비원 교육 · 훈련에 관한 사업

② 경비협회는 제1항의 규정에 의한 공제사업을 하고자 하는 때에는 공제규정을 제정하여야 한다.

③ 제2항의 공제규정에는 공제사업의 범위, 공제계약의 내용, 공제금, 공제료 및 공제금에 충당하기 위한 책임준비금 등 공제사업의 운영에 관하여 필요한 사항을 정하여야 한다.

④ 경찰청장은 제1항에 따른 공제사업의 건전한 육성과 가입자의 보호를 위하여 공제사업의 감독에 관한 기준을 정할 수 있다. 〈신설 2015.7.20.〉

⑤ 경찰청장은 제2항에 따른 공제규정을 승인하거나 제4항에 따라 공제사업의 감독에 관한 기준을 정하는 경우에는 미리 금융위원회와 협의하여야 한다. 〈신설 2015.7.20.〉

⑥ 경찰청장은 제1항에 따른 공제사업에 대하여 「금융위원회의 설치 등에 관한 법률」에 따른 금융감독원의 원장에게 검사를 요청할 수 있다. 〈신설 2015.7.20.〉

제7장 보칙

제24조(감독) ① 경찰청장 또는 지방경찰청장은 경비업무의 적정한 수행을 위하여 경비업자 및 경비지도사를 지도 · 감독하며 필요한 명령을 할 수 있다.

② 지방경찰청장 또는 관할 경찰관서장은 소속 경찰공무원으로 하여금 관할구역안에 있는 경비업자의 주사무소 및 출장소와 경비원배치장소에 출입하여 근무상황 및

교육훈련상황 등을 감독하며 필요한 명령을 하게 할 수 있다. 이 경우 출입하는 경찰공무원은 그 권한을 표시하는 증표를 관계인에게 내보여야 한다.

③ 지방경찰청장 또는 관할 경찰관서장은 경비업자 또는 배치된 경비원이 이 법이나 이 법에 따른 명령, 「폭력행위 등 처벌에 관한 법률」을 위반하는 행위를 하는 경우 그 위반행위의 중지를 명할 수 있다. 〈신설 2013.6.7.〉

④ 지방경찰청장 또는 관할 경찰관서장은 경비업무 장소가 집단민원현장으로 판단되는 경우에는 그 때부터 48시간 이내에 경비업자에게 경비원 배치 허가를 받을 것을 고지하여야 한다. 〈신설 2015.7.20.〉

第25조(보안지도 · 점검 등) 지방경찰청장은 대통령령이 정하는 바에 따라 특수경비업자에 대하여 보안지도 · 점검을 실시하여야 하고, 필요한 경우 관계기관에 보안측정을 요청하여야 한다.

第26조(손해배상 등) ① 경비업자는 경비원이 업무수행중 고의 또는 과실로 경비대상에 손해가 발생하는 것을 방지하지 못한 때에는 그 손해를 배상하여야 한다.

② 경비업자는 경비원이 업무수행중 고의 또는 과실로 제3자에게 손해를 입힌 경우에는 이를 배상하여야 한다.

第27조(위임 및 위탁) ① 이 법에 의한 경찰청장의 권한은 대통령령이 정하는 바에 따라 그 일부를 지방경찰청장에게 위임할 수 있다.

② 경찰청장은 제11조의 규정에 의한 경비지도사의 시험 및 교육에 관한 업무를 대통령령이 정하는 바에 따라 관계전문기관 또는 단체에 위탁할 수 있다.

제27조의2(수수료) 이 법에 따른 경비업의 허가를 받거나 허가증을 재교부 받고자 하는 자는 대통령령이 정하는 바에 따라 수수료를 납부하여야 한다.

[본조신설 2005.5.31.]

제8장 벌칙

第28조(벌칙) ① 제14조제2항의 규정에 위반하여 국가중요시설의 정상적인 운영을 해치는 장해를 일으킨 특수경비원은 7년 이하의 징역 또는 5천만원 이하의 벌금에 처한다.

② 다음 각 호의 어느 하나에 해당하는 자는 3년 이하의 징역 또는 3천만원 이하의 벌금에 처한다. 〈개정 2005.8.4., 2013.6.7., 2015.7.20.〉

1. 제4조제1항의 규정에 의한 허가를 받지 아니하고 경비업을 영위한 자
2. 제7조제4항의 규정에 위반하여 직무상 알게 된 비밀을 누설하거나 부당한 목적을 위하여 사용한 자
3. 제7조제8항의 규정에 위반하여 경비업무의 중단을 통보하지 아니하거나 경비업무를 즉시 인수하지 아니한 특수경비업자 또는 경비대행업자
4. 집단민원현장에 경비원을 배치하면서 제7조의2제1항을 위반하여 제4조제1항에 따른 허가를 받지 아니한 자에게 경비업무를 도급한 자
5. 제7조의2제2항을 위반하여 집단민원현장에 20명 이상의 경비인력을 배치하면서 그 경비인력을 직접 고용한 자
6. 제7조의2제3항을 위반하여 경비업자의 경비원 채용 시 무자격자나 부적격자 등을 채용하도록 관여하거나 영향력을 행사한 도급인
7. 과실로 인하여 제14조제2항의 규정에 위반하여 국가중요시설의 정상적인 운영을 해치는 장해를 일으킨 특수경비원
8. 특수경비원으로서 경비구역 안에서 시설물의 절도, 손괴, 위험물의 폭발 등의 사유로 인한 위급사태가 발생한 때에 제15조제1항 또는 제2항의 규정에 위반한 자
9. 제15조의2제2항의 규정을 위반하여 경비원에게 경비업무의 범위를 벗어난 행위를 하게 한 자

③ 제14조제4항 후단의 규정에 위반하여 정당한 사유없이 무기를 소지하고 배치된 경비구역을 벗어난 특수경비원은 2년 이하의 징역 또는 2천만원 이하의 벌금에 처한다.

④ 다음 각 호의 어느 하나에 해당하는 자는 1년 이하의 징역 또는 1천만원 이하의 벌금에 처한다. 〈개정 2005.8.4., 2013.6.7.〉

1. 제14조제7항의 규정에 위반한 관리책임자
2. 제15조제3항의 규정에 위반하여 쟁의행위를 한 특수경비원
3. 제15조의2제1항을 위반하여 경비업무의 범위를 벗어난 행위를 한 경비원
4. 제16조의2제1항에서 정한 장비 외에 흉기 또는 그 밖의 위험한 물건을 휴대하고 경비업무를 수행한 경비원 또는 경비원에게 이를 휴대하고 경비업무를 수행하게 한 자
5. 제18조제8항을 위반하여 경찰관서장의 배치폐지 명령을 따르지 아니한 자
6. 제24조제3항에 따른 지방경찰청장 또는 관할 경찰관서장의 중지명령에 따르지 아니한 자

⑤ 삭제 〈2013.6.7.〉

제29조(형의 가중처벌) ① 특수경비원이 무기를 휴대하고 경비업무를 수행중에 제14조제8항의 규정 및 제15조제4항의 규정에 의한 무기의 안전수칙을 위반하여 「형법」 제258조의2제1항(제257조제1항의 죄로 한정한다) · 제2항(제258조제1항 · 제2항의 죄로 한정한다), 제259조제1항, 제260조제1항, 제262조, 제268조, 제276조제1항, 제277조제1항, 제281조제1항, 제283조제1항, 제324조제2항, 제350조의2 및 제366조의 죄를 범한 때에는 그 죄에 정한 형의 2분의 1까지 가중처벌한다. 〈개정 2013.6.7., 2016.1.6.〉

② 경비원이 경비업무 수행 중에 제16조의2제1항에서 정한 장비 외에 흉기 또는 그 밖의 위험한 물건을 휴대하고 「형법」 제258조의2제1항(제257조제1항의 죄로 한정한다) · 제2항(제258조제1항 · 제2항의 죄로 한정한다), 제259조제1항, 제261조, 제262조, 제268조, 제276조제1항, 제277조제1항, 제281조제1항, 제283조제1항, 제324조제2항, 제350조의2 및 제366조의 죄를 범한 때에는 그 죄에 정한 형의 2분의 1까지 가중처벌한다. 〈신설 2013.6.7., 2016.1.6.〉

제30조(양벌규정) 법인의 대표자나 법인 또는 개인의 대리인, 사용인, 그 밖의 종업원이 그 법인 또는 개인의 업무에 관하여 제28조의 위반행위를 하면 그 행위자를 벌하는 외에 그 법인 또는 개인에게도 해당 조문의 벌금형을 과(科)한다. 다만, 법인 또는 개인이 그 위반행위를 방지하기 위하여 해당 업무에 관하여 상당한 주의와 감독을 게을리하지 아니한 경우에는 그러하지 아니하다.

[전문개정 2008.12.26.]

제31조(과태료) ① 다음 각 호의 어느 하나에 해당하는 경비업자에게는 3천만원 이하의 과태료를 부과한다. 〈신설 2013.6.7.〉

1. 제16조제1항을 위반하여 경비원의 복장에 관한 신고를 하지 아니하고 집단민원현장에 경비원을 배치한 자
2. 제16조제2항을 위반하여 이름표를 부착하게 하지 아니하거나, 신고된 동일 복장을 착용하게 하지 아니하고 집단민원현장에 경비원을 배치한 자
3. 제18조제1항 단서를 위반하여 집단민원현장에 일반경비원을 배치하면서 경비원의 명부를 배치장소에 작성 · 비치하지 아니한 자
4. 제18조제2항 각 호 외의 부분 단서를 위반하여 배치허가를 받지 아니하고 경비원을 배치하거나 경비원 명단 및 배치일시 · 배치장소 등 배치허가 신청의 내용을 거짓으로 한 자
5. 제18조제7항을 위반하여 제13조에 따른 신임교육을 이수하지 아니한 자를 제18

조제2항 각 호의 경비원으로 배치한 자

② 다음 각 호의 어느 하나에 해당하는 경비업자 또는 시설주에게는 500만원 이하의 과태료를 부과한다. 〈개정 2013.6.7.〉

1. 제4조제3항 또는 제18조제2항의 규정에 위반하여 신고를 하지 아니한 자
2. 제7조제7항의 규정에 위반하여 경비대행업자 지정신고를 하지 아니한 자
3. 제9조제1항의 규정에 위반하여 설명의무를 이행하지 아니한 자
4. 제12조제1항의 규정에 위반하여 경비지도사를 선임하지 아니한 자
5. 제14조제6항의 규정에 의한 감독상 필요한 명령을 정당한 이유없이 이행하지 아니한 자
6. 제10조제3항을 위반하여 결격사유에 해당하는 경비원을 배치하 거나 결격사유에 해당하는 경비지도사를 선임·배치한 자
7. 제16조제1항의 복장 등에 관한 신고규정을 위반하여 신고를 하지 아니한 자
8. 제16조제2항을 위반하여 이름표를 부착하게 하지 아니하거나, 신고된 동일 복장을 착용하게 하지 아니하고 경비원을 경비업무에 배치한 자
9. 제18조제1항 본문을 위반하여 명부를 작성·비치하지 아니한 자
10. 제18조제5항을 위반하여 경비원의 근무상황을 기록하여 보관하지 아니한 자

③ 제1항 및 제2항의 규정에 의한 과태료는 대통령령이 정하는 바에 의하여 지방경찰청장 또는 경찰관서장이 부과·징수한다. 〈개정 2013.6.7.〉

④ 삭제 〈2013.6.7.〉

⑤ 삭제 〈2013.6.7.〉

부칙<제13814호, 2016.1.26.>

이 법은 공포한 날부터 시행한다.

경비업법 시행령

[시행 2015.10.21.] [대통령령 제26595호, 2015.10.20., 일부개정]

경찰청(생활안전과) 02-3150-1331

제1조(목적) 이 영은 경비업법에서 위임된 사항과 그 시행에 관하여 필요한 사항을 규정함을 목적으로 한다.

제2조(국가중요시설) 경비업법(이하 "법"이라 한다) 제2조제1호마목에서 "대통령령이 정하는 국가중요시설"이라 함은 공항·항만, 원자력발전소 등의 시설중 국가정보원장이 지정하는 국가보안목표시설과 「통합방위법」 제21조제4항의 규정에 의하여 국방부장관이 지정하는 국가중요시설을 말한다. 〈개정 2003.11.11., 2009.11.17.〉

제3조(허가신청 등) ① 법 제4조제1항에 따라 경비업의 허가를 받으려는 경우에는 허가신청서에, 경비업의 허가를 받은 법인(이하 "경비업자"라 한다)이 허가를 받은 경비업무를 변경하거나 새로운 경비업무를 추가하려는 경우에는 변경허가신청서에 행정자치부령으로 정하는 서류를 첨부하여 법인의 주사무소를 관할하는 지방경찰청장 또는 해당 지방경찰청 소속의 경찰서장에게 제출하여야 한다. 이 경우 신청서를 제출받은 경찰서장은 지체 없이 관할 지방경찰청장에게 보내야 한다. 〈개정 2011.4.4., 2013.3.23., 2014.11.19.〉

② 제1항의 규정에 의하여 허가 또는 변경허가 신청서를 제출하는 법인은 별표 1의 규정에 의한 경비인력·자본금·시설 및 장비를 갖추어야 한다. 다만, 경비업의 허가 또는 변경허가를 신청하는 때에 별표 1의 규정에 의한 시설 등(자본금을 제외한다. 이하 이 항에서 같다)을 갖출 수 없는 경우에는 허가 또는 변경허가의 신청시 시설 등의 확보계획서를 제출한 후 허가 또는 변경허가를 받은 날부터 1월 이내에 별표 1의 규정에 의한 시설 등을 갖추고 지방경찰청장의 확인을 받아야 한다.

제4조(허가절차 등) ① 지방경찰청장은 제3조제1항의 규정에 의하여 허가 또는 변경허가의 신청을 받은 때에는 경비업을 영위하고자 하는 법인의 임원중 법 제5조의 규정에 의한 결격사유에 해당하는 자가 있는지의 유무, 경비인력·시설 및 장비의 확보 또는 확보가능성의 여부, 자본금과 대표자·임원의 경력 및 신용 등을 검토하여 허가여부를 결정하여야 한다.

② 지방경찰청장은 제1항에 따른 검토를 한 후 경비업을 허가하거나 변경허가를 한 경우에는 해당 법인의 주사무소를 관할하는 경찰서장을 거쳐 신청인에게 허가증을 발급하여야 한다. 〈개정 2011.4.4.〉

③ 경비업자는 경비업 허가증을 잃어버리거나 경비업 허가증이 못쓰게 된 경우에는 허가증 재교부신청서에 다음 각 호의 구분에 따른 서류를 첨부하여 법인의 주사무소를 관할하는 지방경찰청장 또는 해당 지방경찰청 소속의 경찰서장에게 재발급을 신청하여야 하고, 신청서를 제출받은 경찰서장은 지체 없이 관할 지방경찰청장에게 보내야 한다. 〈개정 2011.4.4.〉

1. 허가증을 잃어버린 경우에는 그 사유서
2. 허가증이 못쓰게 된 경우에는 그 허가증

제5조(폐업 또는 휴업 등의 신고) ① 경비업자는 폐업을 한 경우에는 법 제4조제3항제1호에 따라 폐업을 한 날부터 7일 이내에 폐업신고서에 허가증을 첨부하여 법인의 주사무소를 관할하는 지방경찰청장 또는 해당 지방경찰청 소속의 경찰서장에게 제출하여야 한다. 이 경우 폐업신고서를 제출받은 경찰서장은 지체 없이 관할 지방경찰청장에게 보내야 한다. 〈개정 2011.4.4.〉

② 경비업자는 휴업을 한 경우에는 법 제4조제3항제1호에 따라 휴업한 날부터 7일 이내에 휴업신고서를 법인의 주사무소를 관할하는 지방경찰청장 또는 해당 지방경찰청 소속의 경찰서장에게 제출하여야 하고, 휴업신고서를 제출받은 경찰서장은 지체 없이 관할 지방경찰청장에게 보내야 한다. 이 경우 휴업신고를 한 경비업자가 신고한 휴업기간이 끝나기 전에 영업을 다시 시작하거나 신고한 휴업기간을 연장하려는 경우에는 영업을 다시 시작한 후 7일 이내에 또는 신고한 휴업기간이 끝난 후 7일 이내에 영업재개신고서 또는 휴업기간연장신 고서를 제출하여야 한다. 〈개정 2011.4.4.〉

③ 법 제4조제3항제3호의 규정에 의하여 신설·이전 또는 폐지한 때에 신고를 하여야 하는 출장소는 주사무소 외의 장소로서 일상적으로 일정 지역안의 경비업무를 지휘·총괄하는 영업거점인 지점·지사 또는 사업소 등의 장소로 한다.

④ 법 제4조제3항제6호에서 "그밖에 대통령령이 정하는 중요사항"이라 함은 정관의 목적을 말한다. 〈개정 2003.11.11.〉

⑤ 법 제4조제3항제2호부터 제6호까지의 규정에 따른 신고는 그 사유가 발생한 날부터 30일 이내에 하여야 한다. 〈개정 2014.12.30.〉

[제목개정 2003.11.11.]

제6조(특수경비업자의 업무개시전의 조치) ① 법 제2조제1호마목의 규정에 의한 특수경비업무를 수행하는 경비업자(이하 "특수경비업자"라 한다)는 법 제4조제3항제5호의 규정에 의하여 첫 업무개시의 신고를 하기 전에 지방경찰청장의 비밀취급인가를 받아야 한다.

② 지방경찰청장은 제1항의 규정에 의하여 특수경비업자에게 비밀취급인가를 하고자 하는 때에는 법 제25조의 규정에 의하여 특수경비업자로 하여금 경찰청장을 거쳐 국가정보원장에게 보안측정을 요청하도록 하여야 한다.

제7조(기계경비업자의 대응체제) 법 제2조제1호라목의 규정에 의한 기계경비업무를 수행하는 경비업자(이하 "기계경비업자"라 한다)는 법 제8조의 규정에 의하여 관제시설 등에서 경보를 수신한 때에는 경보를 수신한 때부터 늦어도 25분 이내에는 도착시킬 수 있는 대응체제를 갖추어야 한다.

제7조의2(특수경비업자가 할 수 있는 영업) ① 법 제7조제9항에서 "경비장비의 제조·설비·판매업, 네트워크를 활용한 정보산업, 시설물 유지관리업 및 경비원 교육업 등 대통령령이 정하는 경비관련업"이란 다음 각 호의 영업을 말한다.

1. 별표 1의2에 따른 영업
2. 제1호에 따른 영업에 부수되는 것으로서 경찰청장이 지정·고시하는 영업

② 제1항에 따른 영업의 범위에 관하여는 법 또는 이 영에 특별한 규정이 있는 경우를 제외하고는 「통계법」에 따라 통계청장이 고시하는 한국표준산업분류표에 따른다.

[전문개정 2014.6.3.]

제7조의3(무자격자 및 부적격자 등의 범위) 다음 각 호의 경비업무를 도급하려는 자는 법 제7조의2제3항에 따라 다음 각 호의 구분에 해당하는 사람을 그 경비업무를 수급한 경비업자의 경비원으로 채용하도록 관여하거나 영향력을 행사해서는 아니 된다.

1. 시설경비업무, 신변보호업무(집단민원현장의 시설경비업무 또는 신변보호업무는 제외한다), 호송경비업무 또는 기계경비업무
   가. 법 제10조제1항에 따라 경비지도사 또는 일반경비원이 될 수 없는 사람
   나. 「아동·청소년의 성보호에 관한 법률」 제56조제1항제14호에 따라 경비업무에 종사할 수 없는 사람
2. 특수경비업무
   가. 법 제10조제2항에 따라 특수경비원이 될 수 없는 사람

나. 「아동·청소년의 성보호에 관한 법률」 제56조제1항제14호에 따라 경비업무에 종사할 수 없는 사람

3. 집단민원현장의 시설경비업무 또는 신변보호업무

가. 법 제10조제1항에 따라 경비지도사 또는 일반경비원이 될 수 없는 사람

나. 법 제18조제6항에 따라 집단민원현장에 일반경비원으로 배치할 수 없는 사람

다. 「아동·청소년의 성보호에 관한 법률」 제56조제1항제14호에 따라 경비업무에 종사할 수 없는 사람

[본조신설 2015.10.20.]

제8조(오경보의 방지를 위한 설명 등) ① 법 제9조제1항의 규정에 의하여 기계경비업자가 계약상대방에게 하여야 하는 설명은 다음 각호의 사항을 기재한 서면 또는 전자문서(이하 "서면등"이라 하며, 이 조에서 전자문서는 계약상대방이 원하는 경우에 한한다)를 교부하는 방법에 의한다.

1. 당해 기계경비업무와 관련된 관제시설 및 출장소(제5조제3항의 규정에 의한 출장소를 말한다. 이하 같다)의 명칭·소재지
2. 기계경비업자가 경비대상시설에서 발생한 경보를 수신한 경우에 취하는 조치
3. 기계경비업무용 기기의 설치장소 및 종류와 그밖의 기계장치의 개요
4. 오경보의 발생원인과 송신기기의 유지·관리방법

② 기계경비업자는 제1항 각호의 사항을 기재한 서면등과 함께 법 제26조의 규정에 의한 손해배상의 범위와 손해배상액에 관한 사항을 기재한 서면등을 계약상대방에게 교부하여야 한다.

제9조(기계경비업자의 관리 서류) ① 기계경비업자는 법 제9조제2항의 규정에 의하여 출장소별로 다음 각호의 사항을 기재한 서류를 갖추어 두어야 한다.

1. 경비대상시설의 명칭·소재지 및 경비계약기간
2. 기계경비지도사의 명단·배치일자·배치장소와 출동차량의 대수
3. 경보의 수신 및 현장도착 일시와 조치의 결과
4. 오경보인 경우 오경보가 발생한 경비대상시설 및 그 오경보에 대한 조치의 결과

② 제1항제3호 및 제4호의 규정에 의한 사항을 기재한 서류는 당해 경보를 수신한 날부터 1년간 이를 보관하여야 한다.

제10조(경비지도사의 구분) 법 제10조 내지 제12조의 규정에 의한 경비지도사는 다음 각호와 같이 구분한다.

1. 일반경비지도사 : 다음 각목의 경비업무에 종사하는 경비원을 지도·감독 및 교

육하는 경비지도사
가. 시설경비업무
나. 호송경비업무
다. 신변보호업무
라. 특수경비업무
2. 기계경비지도사 : 기계경비업무에 종사하는 경비원을 지도·감독 및 교육하는 경비지도사

제11조(경비지도사시험의 시행 및 공고) ① 경찰청장은 경비지도사의 수급상황을 조사하여 경비지도사를 새로이 선발할 필요가 있다고 인정되는 때에는 법 제11조제1항의 규정에 의한 경비지도사시험(이하 "시험"이라 한다)의 실시계획을 수립하여야 한다.

② 경찰청장은 제1항의 규정에 의한 시험의 실시계획에 따라 시험을 실시하고자 하는 때에는 응시자격·시험과목·시험일시·시험장소 및 선발예정인원 등을 시험시행일 90일 전까지 공고하여야 한다. 〈개정 2012.5.1.〉

③ 제2항의 규정에 의한 공고는 관보게재와 각 지방경찰청 게시판 및 인터넷 홈페이지에 게시하는 방법에 의한다.

제12조(시험의 방법 및 과목 등) ① 시험은 필기시험의 방법에 의하되, 제1차시험과 제2차시험으로 구분하여 실시한다. 이 경우 경찰청장이 필요하다고 인정하는 때에는 제1차시험과 제2차시험을 병합하여 실시할 수 있다.

② 제1차시험 및 제2차시험은 각각 선택형으로 하되, 제2차시험에 있어서는 선택형 외에 단답형을 추가할 수 있다.

③ 제1차시험 및 제2차시험의 과목은 별표 2와 같다.

④ 제2차시험은 제1차시험에 합격한 자에 대하여 실시한다. 다만, 제1항 후단의 규정에 의하여 제1차시험과 제2차시험을 병합하여 실시하는 경우에는 그러하지 아니하다.

⑤ 제1항 후단의 규정에 의하여 제1차시험과 제2차시험을 병합하여 실시하는 경우에는 제1차시험에 불합격한 자가 치른 제2차시험은 이를 무효로 한다.

⑥ 제1차시험에 합격한 자에 대하여는 다음 회의 시험에 한하여 제1차 시험을 면제한다. 〈신설 2003.11.11.〉

제13조(시험의 일부면제) 법 제11조제3항에 따라 다음 각 호의 어느 하나에 해당하는 사람은 경비지도사 제1차 시험을 면제한다. 〈개정 2013.3.23., 2014.11.19.〉
1. 「경찰공무원법」에 따른 경찰공무원으로 7년 이상 재직한 사람

2. 「대통령 등의 경호에 관한 법률」에 따른 경호공무원 또는 별정직공무원으로 7년 이상 재직한 사람
3. 「군인사법」에 따른 각 군 전투병과 또는 헌병병과 부사관 이상 간부로 7년 이상 재직한 사람
4. 「경비업법」에 따른 경비업무에 7년 이상(특수경비업무의 경우에는 3년 이상) 종사하고 행정자치부령으로 정하는 교육과정을 이수한 사람
5. 「고등교육법」에 따른 대학 이상의 학교를 졸업한 사람으로서 재학 중 제12조제3항에 따른 경비지도사 시험과목을 3과목 이상을 이수하고 졸업한 후 경비업무에 종사한 경력이 3년 이상인 사람
6. 「고등교육법」에 따른 전문대학을 졸업한 사람으로서 재학 중 제12조제3항에 따른 경비지도사 시험과목을 3과목 이상을 이수하고 졸업한 후 경비업무에 종사한 경력이 5년 이상인 사람
7. 일반경비지도사의 자격을 취득한 후 기계경비지도사의 시험에 응시하는 사람 또는 기계경비지도사의 자격을 취득한 후 일반경비지도사의 시험에 응시하는 사람
8. 「공무원임용령」에 따른 행정직군 교정직렬 공무원으로 7년 이상 재직한 사람

[전문개정 2011.4.4.]

第14조(시험합격자의 결정) ① 제1차시험의 합격결정에 있어서는 매 과목 100점을 만점으로 하며, 매과목 40점 이상, 전과목 평균 60점 이상 득점한 자를 합격자로 결정한다.

② 제2차시험의 합격결정에 있어서는 선발예정인원의 범위안에서 60점 이상을 득점한 자중에서 고득점 순으로 합격자를 결정한다. 이 경우 동점자로 인하여 선발예정인원이 초과되는 때에는 동점자 모두를 합격자로 한다.

③ 경찰청장은 제2차시험에 합격한 자에 대하여 합격공고를 하고, 합격 및 교육소집 통지서를 교부하여야 한다.

第15조(시험출제위원의 임명ㆍ위촉 등) ① 경찰청장은 시험문제의 출제를 위하여 다음 각호의 1에 해당하는 자중에서 시험출제위원을 임명 또는 위촉한다.

1. 고등교육법에 의한 전문대학 이상의 교육기관에서 경찰행정학과 등 경비업무 관련 학과 및 법학과의 부교수(전문대학의 경우에는 교수) 이상으로 재직하고 있는 자
2. 석사 이상의 학위소지자로 경찰청장이 정하는 바에 의하여 경비업무에 관한 연구실적이나 전문경력이 인정되는 자
3. 방범ㆍ경비업무를 3년 이상 담당한 경감 이상 경찰공무원의 경력이 있는 자

② 제1항의 규정에 의한 시험출제위원의 수는 시험과목별로 2인 이상으로 한다.
③ 시험출제위원으로 임명 또는 위촉된 자는 경찰청장이 정하는 준수사항을 성실히 이행하여야 한다.
④ 시험출제위원과 시험관리업무에 종사하는 자에 대하여는 예산의 범위안에서 수당과 여비를 지급할 수 있다. 다만, 공무원인 위원이 그 소관업무와 직접적으로 관련하여 시험관리업무에 종사하는 경우에는 그러하지 아니하다.

제16조(경비지도사의 선임 · 배치) ① 경비업자는 법 제12조제1항의 규정에 의하여 별표 3의 기준에 따라 경비지도사를 선임 · 배치하여야 한다.
② 경비업자는 제1항의 규정에 의하여 선임 · 배치된 경비지도사에 결원이 있거나 자격정지 등의 사유로 그 직무를 수행할 수 없는 때에는 15일 이내에 경비지도사를 새로이 충원하여야 한다.

제17조(경비지도사의 직무 및 준수사항) ① 법 제12조제2항제5호에서 "대통령령이 정하는 직무"란 다음 각 호의 직무를 말한다. 〈개정 2014.6.3.〉
1. 기계경비업무를 위한 기계장치의 운용 · 감독(기계경비지도사의 경우에 한한다)
2. 오경보방지 등을 위한 기기관리의 감독(기계경비지도사의 경우에 한한다)

② 경비지도사는 법 제12조제3항에 따라 같은 조 제2항제1호 · 제2호의 직무 및 제1항 각 호의 직무를 월 1회 이상 수행하여야 한다. 〈개정 2011.4.4.〉
③ 경비지도사는 법 제12조제2항제1호에 따라 경비원에 대한 교육을 실시하고, 행정자치부령으로 정하는 경비원 직무교육 실시대장에 그 내용을 기록하여 2년간 보존하여야 한다. 〈신설 2011.4.4., 2013.3.23., 2014.11.19.〉

제18조(일반경비원에 대한 교육) ① 경비업자는 일반경비원을 채용한 경우 법 제13조제1항에 따라 해당 일반경비원에게 경비업자의 부담으로 다음 각 호의 기관 또는 단체에서 실시하는 일반경비원 신임교육을 받도록 하여야 한다.
1. 법 제22조제1항에 따른 경비협회
2. 「경찰공무원 교육훈련규정」 제2조제3호에 따른 경찰교육기관
3. 경비업무 관련 학과가 개설된 대학 등 경비원에 대한 교육을 전문적으로 수행할 수 있는 인력과 시설을 갖춘 기관 또는 단체 중 경찰청장이 지정하여 고시하는 기관 또는 단체

② 제1항에도 불구하고 경비업자는 다음 각 호의 어느 하나에 해당하는 사람을 일반경비원으로 채용한 경우에는 해당 일반경비원을 일반경비원 신임교육 대상에서 제외할 수 있다.

1. 일반경비원 신임교육을 받은 사람으로서 채용 전 3년 이내에 경비업무에 종사한 경력이 있는 사람
2. 「경찰공무원법」에 따른 경찰공무원으로 근무한 경력이 있는 사람
3. 「대통령 등의 경호에 관한 법률」에 따른 경호공무원 또는 별정직공무원으로 근무한 경력이 있는 사람
4. 「군인사법」에 따른 부사관 이상으로 근무한 경력이 있는 사람
5. 경비지도사 자격이 있는 사람

③ 경비업자는 법 제13조제1항에 따라 소속 일반경비원에게 법 제12조에 따라 선임한 경비지도사가 수립한 교육계획에 따라 매월 행정자치부령으로 정하는 시간 이상 직무교육을 받도록 하여야 한다. 〈개정 2014.11.19.〉

④ 제1항에 따른 신임교육의 과목 및 시간, 제3항에 따른 직무교육의 과목 등 일반경비원의 교육 실시에 필요한 사항은 행정자치부령으로 정한다. 〈개정 2014.11.19.〉

[전문개정 2014.6.3.]

제19조(특수경비원에 대한 교육) ① 특수경비업자는 특수경비원을 채용한 경우 법 제13조제2항에 따라 해당 특수경비원에게 특수경비업자의 부담으로 다음 각 호의 기관 또는 단체에서 실시하는 특수경비원 신임교육을 받도록 하여야 한다. 〈개정 2014.11.19.〉

1. 「경찰공무원 교육훈련규정」 제2조제3호에 따른 경찰교육기관
2. 행정자치부령으로 정하는 기준에 적합한 기관 또는 단체 중 경찰청장이 지정하여 고시하는 기관 또는 단체

② 제1항에도 불구하고 특수경비업자는 채용 전 3년 이내에 특수경비업무에 종사하였던 경력이 있는 사람을 특수경비원으로 채용한 경우에는 해당 특수경비원을 특수경비원 신임교육 대상에서 제외할 수 있다.

③ 특수경비업자는 법 제13조제2항에 따라 소속 특수경비원에게 법 제12조에 따라 선임한 경비지도사가 수립한 교육계획에 따라 매월 행정자치부령으로 정하는 시간 이상 직무교육을 받도록 하여야 한다. 〈개정 2014.11.19.〉

④ 제1항에 따른 신임교육의 과목 및 시간, 제3항에 따른 직무교육의 과목 등 특수경비원의 교육 실시에 필요한 사항은 행정자치부령으로 정한다. 〈개정 2014.11.19.〉

[전문개정 2014.6.3.]

제20조(특수경비원 무기휴대의 절차 등) ① 시설주는 법 제14조제4항의 규정에 의하여 특수경비원이 휴대할 무기를 대여받고자 하는 때에는 무기대여신청서를 관할경

찰서장 및 공항경찰대장 등 국가중요시설의 경비책임자(이하 "관할경찰관서장"이라 한다)를 거쳐 지방경찰청장에게 제출하여야 한다.

② 시설주는 법 제14조제4항의 규정에 의하여 관할경찰관서장으로부터 대여받은 무기를 특수경비원에게 휴대하게 하는 경우에는 동조제9항의 규정에 의하여 관할경찰관서장의 사전승인을 얻어야 한다.

③ 제2항의 규정에 의한 사전승인을 함에 있어서 관할경찰관서장은 국가중요시설에 총기 또는 폭발물의 소지자나 무장간첩 침입의 우려가 있는지의 여부 등을 고려하는 등 특수경비원에게 무기를 지급하여야 할 필요성이 있는지의 여부에 관하여 판단하여야 한다.

④ 시설주는 제3항의 규정에 의한 무기지급의 필요성이 해소되었다고 인정되는 때에는 특수경비원으로부터 즉시 무기를 회수하여야 한다.

⑤ 법 제14조제9항의 규정에 의하여 특수경비원이 휴대할 수 있는 무기종류는 권총 및 소총으로 한다.

⑥ 「위해성 경찰장비의 사용기준 등에 관한 규정」 제18조 및 별표 2의 규정은 법 제14조제9항의 규정에 의한 안전검사의 기준에 관하여 이를 준용한다. 〈개정 2014.11.19.〉

⑦ 시설주, 법 제14조제7항의 규정에 의한 관리책임자와 특수경비원은 행정자치부령이 정하는 무기관리수칙을 준수하여야 한다. 〈개정 2008.2.29., 2013.3.23., 2014.11.19.〉

제21조(무기관리에 대한 지도 · 감독) 관할경찰관서장은 법 제14조제5항의 규정에 의하여 시설주 및 특수경비원의 무기관리상황을 매월 1회 이상 점검하여야 한다.

제22조(집단민원현장 배치 불허가 기준) 법 제18조제3항제2호에서 “대통령령으로 정하는 기준”이란 100분의 21을 말한다.

[전문개정 2014.6.3.]

제23조(위반행위의 보고 · 통보) ① 경비업자의 출장소 또는 경비대상시설을 관할하는 지방경찰청장 또는 경찰관서장은 출장소의 임 · 직원이나 경비원이 법 또는 법에 의한 명령에 위반한 사실을 안 때에는 지체없이 그 사실을 서면등으로 당해 경비업을 허가한 지방경찰청장에게 통보하거나 보고하여야 한다.

② 제1항의 규정에 의하여 통보 또는 보고를 받은 지방경찰청장은 그 위반행위에 대하여 행정처분을 한 때에는 이를 해당 지방경찰청장 또는 경찰관서장에게 통보하여야 한다.

제24조(행정처분의 기준) 법 제19조제2항에 따른 행정처분의 기준은 별표 4와 같다. 〈개정 2014.6.3.〉

제25조(경비지도사의 자격정지처분의 기준) 법 제20조제2항의 규정에 의한 경비지도사에 대한 자격정지처분의 기준은 별표 5와 같다.

제26조(경비협회) ① 경비업자가 법 제22조제1항에 따라 경비협회(이하 "협회"라 한다)를 설립하려는 경우에는 정관을 작성하여야 한다. 〈개정 2014.12.30.〉

② 협회는 정관이 정하는 바에 의하여 회원으로부터 회비를 징수할 수 있다.

제27조(공제사업) ① 협회는 법 제23조제1항의 규정에 의하여 공제사업을 하는 경우 공제사업의 회계는 다른 사업의 회계와 구분하여 경리하여야 한다.

② 삭제 〈2015.10.20.〉

제28조(허가증 등의 수수료) ① 법에 의한 경비업의 허가를 받거나 허가증을 재교부받고자 하는 자는 다음 각호의 수수료를 납부하여야 한다.

1. 법 제4조제1항 및 법 제6조제2항의 규정에 의한 경비업의 허가(추가·변경·갱신허가를 포함한다)의 경우에는 1만원
2. 허가사항의 변경신고로 인한 허가증 재교부의 경우에는 2천원

② 제1항의 규정에 의한 수수료는 허가 등의 신청서에 수입인지를 첨부하여 납부한다.

③ 시험에 응시하고자 하는 자는 경찰청장이 정하여 고시하는 수수료를 납부하여야 한다.

④ 경찰청장은 다음 각 호의 어느 하나에 해당하는 경우에는 제3항에 따라 받은 응시수수료의 전부 또는 일부를 다음 각 호의 구분에 따라 반환하여야 한다. 〈개정 2014.6.3.〉

1. 응시수수료를 과오납한 경우: 과오납한 금액 전액
2. 시험시행기관의 귀책사유로 시험에 응시하지 못한 경우: 응시수수료 전액
3. 시험시행일 20일 전까지 접수를 취소하는 경우: 응시수수료 전액
4. 시험시행일 10일 전까지 접수를 취소하는 경우: 응시수수료의 100분의 50

⑤ 경찰청장 및 지방경찰청장은 제2항 및 제3항의 규정에 불구하고 정보통신망을 이용하여 전자화폐·전자결제 등의 방법으로 수수료를 납부하게 할 수 있다. 〈신설 2004.3.17., 2011.4.4.〉

제29조(보안지도점검) 지방경찰청장은 법 제25조의 규정에 의하여 특수경비업자에 대하여 연 2회 이상의 보안지도·점검을 실시하여야 한다.

제30조(경비가 필요한 시설 등에 대한 경비의 요청) 지방경찰청장은 행사장 그밖에 많은 사람이 모이는 시설 또는 장소에서 혼잡 등으로 인한 위험의 발생을 방지하기 위하여 법 제2조제3호의 규정에 의한 경비원에 의한 경비가 필요하다고 인정되는 때에는 행사개최일 전에 당해 행사의 주최자에게 경비원에 의한 경비를 실시하거나 부득이한 사유로 그것을 실시할 수 없는 경우에는 행사개최 24시간 전까지 지방경찰청장에게 그 사실을 통지하여 줄 것을 요청할 수 있다.

제31조(권한의 위임 및 위탁) ① 경찰청장은 법 제27조제1항의 규정에 의하여 다음 각호의 권한을 지방경찰청장에게 위임한다.

1. 법 제20조의 규정에 의한 경비지도사의 자격의 취소 및 정지에 관한 권한
2. 법 제21조제2호의 규정에 의한 경비지도사 자격의 취소 및 정지에 관한 청문의 권한

② 경찰청장 또는 경찰관서장은 법 제27조제2항의 규정에 의하여 법 제11조제1항의 규정에 의한 경비지도사시험의 관리와 경비지도사의 교육에 관한 업무를 경비업무에 관한 인력과 전문성을 갖춘 기관으로서 경찰청장이 지정하여 고시하는 기관 또는 단체에 위탁한다.

제31조의2(민감정보 및 고유식별정보의 처리) 경찰청장, 지방경찰청장, 경찰서장 및 경찰관서장(제31조에 따라 경찰청장 및 경찰관서장의 권한을 위임·위탁받은 자를 포함한다)은 다음 각 호의 사무를 수행하기 위하여 불가피한 경우 「개인정보 보호법 시행령」 제18조제2호에 따른 범죄경력자료에 해당하는 정보와 같은 영 제19조 제1호 또는 제4호에 따른 주민등록번호 또는 외국인등록번호가 포함된 자료를 처리할 수 있다. 〈개정 2014.6.3.〉

1. 법 제4조 및 제6조에 따른 경비업의 허가 및 갱신허가 등에 관한 사무
2. 법 제11조에 따른 경비지도사 시험 등에 관한 사무
3. 법 제13조에 따른 경비원의 교육 등에 관한 사무
4. 법 제14조에 따른 특수경비원의 직무 및 무기사용 등에 관한 사무
5. 법 제17조에 따른 결격사유 확인을 위한 범죄경력조회 등에 관한 사무
6. 법 제18조에 따른 경비원 배치허가 등에 관한 사무
7. 법 제19조 및 제20조에 따른 행정처분에 관한 사무
8. 법 제24조에 따른 경비업자 및 경비지도사의 지도·감독에 관한 사무
9. 법 제25조에 따른 보안지도·점검 및 보안측정에 관한 사무
10. 제1호부터 제9호까지의 규정에 따른 사무를 수행하기 위하여 필요한 사무

[본조신설 2012.1.6.]

제31조의3(규제의 재검토) 경찰청장은 다음 각 호의 사항에 대하여 다음 각 호의 기준일을 기준으로 3년마다(매 3년이 되는 해의 기준일과 같은 날 전까지를 말한다) 그 타당성을 검토하여 개선 등의 조치를 하여야 한다.

1. 제3조제2항 및 별표 1에 따른 경비업의 시설 등의 기준: 2014년 6월 8일
2. 제22조에 따른 집단민원현장 배치 불허가 기준: 2014년 6월 8일
3. 제24조 및 별표 4에 따른 행정처분 기준: 2014년 6월 8일
4. 제32조제1항 및 별표 6에 따른 과태료의 부과기준: 2014년 6월 8일

[본조신설 2014.6.3.]

제32조(과태료의 부과기준 등) ① 법 제31조제1항 및 제2항에 따른 과태료의 부과기준은 별표 6과 같다. 〈개정 2014.6.3.〉

② 지방경찰청장 또는 경찰관서장은 「질서위반행위규제법」 제14조 각 호의 사항을 고려하여 별표 6에 따른 금액의 100분의 50의 범위에서 경감하거나 가중할 수 있다. 다만, 가중하는 때에는 법 제31조제1항 및 제2항에 따른 과태료 금액의 상한을 초과할 수 없다. 〈개정 2014.6.3.〉

③ 삭제 〈2014.6.3.〉

④ 삭제 〈2014.6.3.〉

[전문개정 2008.11.26.]

부칙<제26595호, 2015.10.20.>

이 영은 2015년 10월 21일부터 시행한다.

경비업법 시행규칙

[시행 2015.9.24.] [행정자치부령 제36호, 2015.9.24., 일부개정]

경찰청(생활안전과) 02-3150-1331

제1조(목적) 이 규칙은 경비업법 및 동법시행령에서 위임된 사항과 그 시행에 관하여 필요한 사항을 규정함을 목적으로 한다.

제2조(호송경비의 통지) 경비업법(이하 "법"이라 한다) 제4조제1항의 규정에 의하여 경비업의 허가를 받은 법인(이하 "경비업자"라 한다)은 법 제2조제1호 나목의 규정에 의한 호송경비업무를 수행하기 위하여 관할경찰서의 협조를 얻고자 하는 때에는 현금 등의 운반을 위한 출발 전일까지 출발지의 경찰서장에게 별지 제1호서식의 호송경비통지서(전자문서로 된 통지서를 포함한다)를 제출하여야 한다. 〈개정 2004.12.10.〉

제3조(허가신청 등) ① 법 제4조제1항 및 「경비업법 시행령」(이하 "영"이라 한다) 제3조제1항에 따라 경비업의 허가를 받으려는 경우 또는 경비업자가 허가를 받은 경비업무를 변경하거나 새로운 경비업무를 추가하려는 경우에는 별지 제2호서식의 경비업 허가신청서 또는 변경허가신청서(전자문서로 된 신청서를 포함한다)에 다음 각 호의 서류(전자문서를 포함한다)를 첨부하여 법인의 주사무소를 관할하는 지방경찰청장 또는 해당 지방경찰청 소속의 경찰서장에게 제출하여야 한다. 이 경우 신청서를 제출받은 경찰서장은 지체 없이 관할 지방경찰청장에게 보내야 한다. 〈개정 2004.12.10., 2006.9.7., 2011.4.4.〉

1. 법인의 정관 1부
2. 법인 임원의 이력서 1부
3. 경비인력·시설 및 장비의 확보계획서 1부(경비업 허가의 신청시 이를 갖출 수 없는 경우에 한한다)

② 제1항에 따른 신청서를 제출받은 지방경찰청장은 「전자정부법」 제36조제1항에 따른 행정정보의 공동이용을 통하여 법인의 등기사항증명서를 확인하여야 한다. 〈신설 2006.9.7., 2008.12.5., 2010.9.10.〉

제4조(허가증 등) ① 영 제4조제2항의 규정에 의한 허가증은 별지 제3호서식에 의한다.

② 영 제4조제3항의 규정에 의한 허가증 재교부신청서는 별지 제4호서식에 의한다.

제5조(폐업 또는 휴업 등의 신고) ① 영 제5조제1항의 규정에 의한 폐업신고서와 동조제2항의 규정에 의한 휴업신고서·영업재개신고서 및 휴업기간연장신고서는 별지 제5호서식에 의한다. 〈개정 2003.11.17.〉

② 법 제4조제3항제2호에 따른 법인의 명칭·대표자·임원, 같은 항 제3호에 따른 주사무소·출장소나 영 제5조제4항에 따른 정관의 목적이 변경되어 법 제4조제3항에 따른 신고를 하는 경우에는 별지 제6호서식의 경비업 허가사항 등의 변경신고서(전자문서로 된 신고서를 포함한다)에 다음 각 호의 서류(전자문서를 포함한다)를 첨부하여 법인의 주사무소를 관할하는 지방경찰청장 또는 해당 지방경찰청 소속의 경찰서장에게 제출하여야 한다. 변경신고서를 제출받은 경찰서장은 이를 지체 없이 관할지방경찰청장에게 보내야 한다. 〈개정 2003.11.17., 2004.12.10., 2006.2.2., 2006.9.7., 2011.4.4.〉

1. 명칭 변경의 경우 : 허가증 원본
2. 대표자 변경의 경우
   가. 삭제 〈2006.9.7.〉
   나. 법인 대표자의 이력서 1부
   다. 허가증 원본
3. 임원 변경의 경우 : 법인 임원의 이력서 1부
4. 주사무소 또는 출장소 변경의 경우 : 허가증 원본
5. 정관의 목적 변경의 경우 : 법인의 정관 1부

③ 제2항에 따른 신고서를 제출받은 지방경찰청장은 「전자정부법」 제36조제1항에 따른 행정정보의 공동이용을 통하여 법인의 등기사항증명서를 확인하여야 한다. 〈신설 2006.9.7., 2008.12.5., 2010.9.10.〉

④ 법 제4조제3항제5호의 규정에 의한 특수경비업무의 개시 또는 종료의 신고는 별지 제7호서식에 의한다. 〈개정 2006.9.7.〉

[제목개정 2003.11.17.]

제6조(허가갱신) ① 법 제6조제2항에 따라 경비업의 갱신허가를 받으려는 자는 허가의 유효기간 만료일 30일 전까지 별지 제2호서식의 경비업 갱신허가신청서(전자문서로 된 신청서를 포함한다)에 허가증 원본 및 정관(변경사항이 있는 경우만 해당한다)을 첨부하여 법인의 주사무소를 관할하는 지방경찰청장 또는 해당 지방경찰청 소속의 경찰서장에게 제출하여야 한다. 경비업 갱신허가신청서를 제출받은 경

찰서장은 이를 지체 없이 관할지방경찰청장에게 보내야 한다. 〈개정 2011.4.4.〉

② 제1항에 따른 신청서를 제출받은 지방경찰청장은 「전자정부법」 제36조제1항에 따른 행정정보의 공동이용을 통하여 법인의 등기사항증명서를 확인하여야 한다. 〈신설 2006.9.7., 2008.12.5., 2010.9.10.〉

③ 지방경찰청장은 법 제6조제2항의 규정에 의하여 갱신허가를 하는 때에는 유효기간이 만료되는 허가증을 회수한 후 별지 제3호서식의 허가증을 교부하여야 한다. 〈개정 2006.9.7.〉

제6조의2(집단민원현장에 선임 · 배치된 경비지도사의 직무) 법 제7조제6항에 따라 경비업자는 집단민원현장에 선임·배치된 경비지도사로 하여금 다음 각 호의 직무를 수행하도록 하여야 한다.

1. 법 제15조의2에 따른 경비원 등의 의무 위반행위 예방 및 제지
2. 법 제16조에 따른 경비원의 복장 착용 등에 대한 지도·감독
3. 법 제16조의2에 따른 경비원의 장비 휴대 및 사용에 대한 지도·감독
4. 법 제18조제1항 단서에 따라 집단민원현장에 비치된 경비원 명부의 관리

[본조신설 2014.6.5.]

제7조(특수경비원의 신체조건) 법 제10조제2항제4호에서 "행정자치부령이 정하는 신체조건"이라 함은 팔과 다리가 완전하고 두 눈의 맨눈시력 각각 0.2 이상 또는 교정시력 각각 0.8 이상을 말한다. 〈개정 2008.3.6., 2013.3.23., 2014.11.19.〉

[전문개정 2003.11.17.]

제8조(응시원서) 법 제11조의 규정에 의한 경비지도사시험에 응시하고자 하는 자는 별지 제8호서식의 응시원서(전자문서로 된 원서를 포함한다)를 경찰청장에게 제출하여야 한다. 〈개정 2004.12.10.〉

제9조(경비지도사에 대한 교육) ① 법 제11조제1항에서 "행정자치부령이 정하는 교육"이라 함은 경비지도사에 대한 별표 1의 규정에 의한 과목 및 시간의 교육을 말한다. 〈개정 2008.3.6., 2013.3.23., 2014.11.19.〉

② 제1항의 규정에 의한 교육에 소요되는 비용은 경비지도사의 교육을 받는 자의 부담으로 한다.

제10조(경비지도사시험의 일부면제) 영 제13조제4호에서 "행정자치부령으로 정하는 교육과정을 이수한 사람"이란 다음 각 호의 어느 하나에 해당하는 사람을 말한다. 〈개정 2008.3.6., 2011.4.4., 2013.3.23., 2014.11.19.〉

1. 고등교육법에 의한 전문대학 이상의 교육기관(경비지도사의 시험과목 3과목 이상이 개설된 교육기관에 한한다)에서 1년 이상의 경비업무관련 과정을 마친 사람
2. 경찰청장이 지정하는 기관 또는 단체에서 실시하는 64시간 이상의 경비지도사 양성과정을 마치고 수료시험에 합격한 사람

제11조(경비지도사자격증의 교부) 경찰청장은 법 제11조의 규정에 의한 경비지도사시험에 합격하고 제9조의 규정에 의한 경비지도사 교육을 받은 자에 대하여는 별지 제9호서식의 경비지도사자격증 교부대장에 소정의 사항을 기재한 후, 별지 제10호서식의 경비지도사 자격증을 교부하여야 한다.

제11조의2(경비원 직무교육 실시대장) 영 제17조제3항에 따른 경비원 직무교육 실시대장은 별지 제10호의2서식에 따른다.
[본조신설 2011.4.4.]

제12조(일반경비원에 대한 신임교육의 실시 등) ① 영 제18조제4항의 규정에 의한 일반경비원 신임교육의 과목 및 시간은 별표 2와 같다.
② 경찰청장은 일반경비원에 대한 신임교육의 실시를 위하여 연도별 교육계획을 수립하고, 영 제18조제1항에 따른 일반경비원 신임교육 기관 또는 단체가 교육계획에 따라 교육을 실시하도록 하여야 한다. 〈개정 2006.2.2., 2014.6.5.〉
③ 삭제 〈2014.6.5.〉
④ 영 제18조제1항에 따른 일반경비원 신임교육 기관 또는 단체의 장은 제1항에 따른 일반경비원 신임교육과정을 마친 사람에게 별지 제11호서식의 신임교육이수증을 교부하고 그 사실을 별지 제12호서식의 신임교육이수증 교부대장에 기록하여야 한다. 〈개정 2014.6.5.〉
⑤ 경비업자는 일반경비원이 제1항의 규정에 의한 신임교육을 받은 때에는 제23조제1항의 규정에 의한 경비원의 명부에 그 사실을 기재하여야 한다.

제13조(일반경비원에 대한 직무교육의 시간 등) ① 영 제18조제3항에서 "행정자치부령으로 정하는 시간"이란 4시간을 말한다. 〈개정 2014.6.5., 2014.11.19.〉
② 영 제18조제4항에 따른 일반경비원에 대한 직무교육의 과목은 일반경비원의 직무수행에 필요한 이론·실무과목, 그 밖에 정신교양 등으로 한다. 〈신설 2011.1.26.〉
[제목개정 2011.1.26.]

제14조(특수경비원에 대한 신임교육의 실시 등) ① 영 제19조제1항에 의한 특수경비원 신임교육의 과정을 개설하고자 하는 기관 또는 단체는 별표 3의 규정에 의한 시설

등을 갖추고 경찰청장에게 지정을 요청하여야 한다.

② 경찰청장은 제1항의 규정에 의한 교육과정을 개설하고자 하는 기관 또는 단체가 동항의 규정에 의한 지정을 요청한 때에는 별표 3의 규정에 의한 기준에 적합한지의 여부를 확인한 후 그 기준에 적합한 경우 이를 특수경비원 신임교육을 실시할 수 있는 기관 또는 단체로 지정할 수 있다. 〈개정 2006.2.2.〉

③ 제2항의 규정에 의하여 지정을 받은 기관 또는 단체는 신임교육의 과정에서 필요한 경우에는 관할 경찰관서장에게 경찰관서 시설물의 이용이나 전문적인 소양을 갖춘 경찰관의 파견을 요청할 수 있다. 〈개정 2006.2.2.〉

제15조(특수경비원 교육과목 등) ① 영 제19조제4항의 규정에 의한 특수경비원 신임교육의 과목 및 시간은 별표 4와 같다.

② 영 제19조제1항에 따른 특수경비원 신임교육 기관 또는 단체의 장은 제1항에 따른 특수경비원 신임교육과정을 마친 사람에게 별지 제11호서식의 신임교육이수증을 교부하고 그 사실을 별지 제12호서식의 신임교육이수증 교부대장에 기록하여야 한다. 〈개정 2014.6.5.〉

③ 경비업자는 특수경비원이 제1항의 규정에 의한 신임교육을 받은 때에는 제23조제1항의 규정에 의한 경비원의 명부에 그 사실을 기재하여야 한다.

제16조(특수경비원에 대한 직무교육의 시간 등) ① 영 제19조제3항에서 "행정자치부령으로 정하는 시간"이란 6시간을 말한다. 〈개정 2008.3.6., 2011.1.26., 2013.3.23., 2014.6.5., 2014.11.19.〉

② 관할경찰서장 및 공항경찰대장 등 국가중요시설의 경비책임자(이하 "관할경찰관서장"이라 한다)는 필요하다고 인정하는 경우에는 특수경비원이 배치된 경비대상시설에 소속공무원을 파견하여 직무집행에 필요한 교육을 실시할 수 있다.

③ 영 제19조제4항에 따른 특수경비원에 대한 직무교육의 과목은 특수경비원의 직무수행에 필요한 이론·실무과목, 그 밖에 정신교양 등으로 한다. 〈신설 2011.1.26.〉

[제목개정 2011.1.26.]

제17조(무기대여신청서) 영 제20조제1항의 규정에 의한 무기대여신청서는 별지 제13호서식에 의한다.

제18조(무기의 관리수칙 등) ① 법 제14조제4항의 규정에 의하여 무기를 대여받은 국가중요시설의 시설주(이하 "시설주"라 한다) 또는 동조제7항의 규정에 의한 관리책임자(이하 "관리책임자"라 한다)는 다음 각호의 관리수칙에 따라 무기(탄약을 포함

한다. 이하 같다)를 관리하여야 한다. 〈개정 2015.9.24.〉

1. 무기의 관리를 위한 책임자를 지정하고 관할경찰관서장에게 이를 통보할 것
2. 무기고 및 탄약고는 단층에 설치하고 환기·방습·방화 및 총가 등의 시설을 할 것
3. 탄약고는 무기고와 사무실 등 많은 사람을 수용하거나 많은 사람이 오고 가는 시설과 떨어진 곳에 설치할 것
4. 무기고 및 탄약고에는 이중 잠금장치를 하여야 하며, 열쇠는 관리책임자가 보관하되, 근무시간 이후에는 열쇠를 당직책임자에게 인계하여 보관시킬 것
5. 관할경찰관서장이 정하는 바에 의하여 무기의 관리실태를 매월 파악하여 다음 달 3일까지 관할경찰관서장에게 통보할 것
6. 대여받은 무기를 빼앗기거나 대여받은 무기가 분실·도난 또는 훼손되는 등의 사고가 발생한 때에는 관할경찰관서장에게 그 사유를 지체없이 통보할 것
7. 대여받은 무기를 빼앗기거나 대여받은 무기가 분실·도난 또는 훼손된 때에는 경찰청장이 정하는 바에 의하여 그 전액을 배상할 것. 다만, 전시·사변, 천재·지변 그 밖의 불가항력의 사유가 있다고 지방경찰청장이 인정한 때에는 그러하지 아니하다.
8. 시설주는 자체계획을 수립하여 보관하고 있는 무기를 매주 1회 이상 손질할 수 있게 할 것

② 시설주 또는 관리책임자는 고의 또는 과실로 무기(부속품을 포함한다)를 빼앗기거나 무기가 분실·도난 또는 훼손되도록 한 특수경비원에 대하여 특수경비업자에게 교체 또는 징계 등의 조치를 요청할 수 있다. 이 경우 특수경비업자는 특별한 사유가 없는 한 이에 응하여야 한다.

③ 법 제14조제4항의 규정에 의하여 무기를 대여받은 시설주 또는 관리책임자가 특수경비원에게 무기를 출납하고자 하는 때에는 다음 각호의 관리수칙에 따라 무기를 관리하여야 한다.

1. 관할경찰관서장이 무기를 회수하여 집중적으로 관리하도록 지시하는 경우 또는 출납하는 탄약의 수를 증감하거나 출납을 중지하도록 지시하는 경우에는 이에 따를 것
2. 탄약의 출납은 소총에 있어서는 1정당 15발 이내, 권총에 있어서는 1정당 7발 이내로 하되, 생산된 후 오래된 탄약을 우선적으로 출납할 것
3. 무기를 지급받은 특수경비원으로 하여금 무기를 매주 1회 이상 손질하게 할 것

4. 수리가 필요한 무기가 있는 때에는 그 목록과 무기장비운영카드를 첨부하여 관할경찰관서장에게 수리를 요청할 것

④ 법 제14조제4항의 규정에 의하여 시설주로부터 무기를 지급받은 특수경비원은 다음 각호의 관리수칙에 따라 무기를 관리하여야 한다.

1. 무기를 지급받거나 반납하는 때 또는 무기의 인계 인수를 하는 때에는 반드시 "앞에 총"의 자세에서 "검사 총"을 할 것
2. 무기를 지급받은 때에는 별도의 지시가 없는 한 탄약은 무기로부터 분리하여 휴대하여야 하며, 소총은 "우로 어깨걸어 총"의 자세를 유지하고, 권총은 "권총집에 넣어 총"의 자세를 유지할 것
3. 지급받은 무기를 다른 사람에게 보관·휴대 또는 손질시키지 아니할 것
4. 무기를 손질 또는 조작하는 때에는 총구를 반드시 공중으로 향하게 할 것
5. 무기를 반납하는 때에는 손질을 철저히 한 후 반납하도록 할 것
6. 근무시간 이후에는 무기를 시설주에게 반납하거나 교대근무자에게 인계할 것

⑤ 시설주는 다음 각호의 1에 해당하는 특수경비원에 대하여 무기를 지급하여서는 아니되며, 지급된 무기가 있는 경우 이를 즉시 회수하여야 한다.

1. 형사사건으로 인하여 조사를 받고 있는 사람
2. 사의를 표명한 사람
3. 정신질환자
4. 그 밖에 무기를 지급하기에 부적합하다고 인정되는 사람

⑥ 시설주는 무기를 수송하는 때에는 출발하기 전에 관할경찰서장에게 그 사실을 통보하여야 하며, 통보를 받은 관할경찰서장은 1인 이상의 무장경찰관을 무기를 수송하는 자동차 등에 함께 타도록 하여야 한다.

제19조(경비원의 복장 등 신고 등) ① 법 제16조제1항에 따라 경비원의 복장 신고(변경신고를 포함한다)를 하려는 경비업자는 소속 경비원에게 복장을 착용하도록 하기 전에 별지 제13호의2서식의 경비원 복장 등 신고서(전자문서로 된 신고서를 포함한다. 이하 같다)를 경비업자의 주된 사무소를 관할하는 지방경찰청장에게 제출하여야 한다.

② 법 제16조제4항에 따라 경비원 복장 시정명령에 대한 이행보고를 하려는 경비업자는 별지 제13호의3서식의 시정명령 이행보고서(전자문서로 된 보고서를 포함한다. 이하 같다)에 이행사실을 입증할 수 있는 사진 등의 서류를 첨부하여 시정명령을 한 지방경찰청장에게 제출하여야 한다.

③ 경비업자는 제1항에 따른 신고서 또는 제2항에 따른 이행보고서를 경비업자의 주된 사무소를 관할하는 지방경찰청장 소속 경찰서장을 거쳐 제출할 수 있다. 이 경우 신고서 또는 이행보고서를 받은 경찰서장은 지체 없이 경비업자의 주된 사무소를 관할하는 지방경찰청장에게 해당 신고서 또는 이행보고서를 보내야 한다.

④ 경비원은 경비업무 수행 시 이름표를 경비원 복장의 상의 가슴 부위에 부착하여 경비원의 이름을 외부에서 알아볼 수 있도록 하여야 한다.

[전문개정 2014.6.5.]

제20조(경비원의 휴대장비) ① 법 제16조의2제1항에 따라 경비원은 근무 중 경적, 단봉, 분사기, 안전방패, 무전기 및 그 밖에 경비 업무 수행에 필요한 것으로서 공격적인 용도로 제작되지 아니하는 장비를 휴대할 수 있으며, 안전모 및 방검복 등 안전장비를 착용할 수 있다.

② 제1항에 따른 경비원 장비의 구체적인 기준은 별표 5에 따른다.

[전문개정 2014.6.5.]

제21조(출동차량 등의 신고 등) ① 법 제16조의3제2항에 따라 출동차량 등에 대한 신고(변경신고를 포함한다)를 하려는 경비업자는 출동차량 등을 운행하기 전에 별지 제13호의4서식의 출동차량등 신고서(전자문서로 된 신고서를 포함한다. 이하 같다)를 경비업자의 주된 사무소를 관할하는 지방경찰청장에게 제출하여야 한다.

② 법 제16조의3제4항에 따라 출동차량 등의 시정명령에 대한 이행보고를 하려는 경비업자는 별지 제13호의3서식의 시정명령 이행보고서에 이행사실을 입증할 수 있는 사진 등의 서류를 첨부하여 시정명령을 한 지방경찰청장에게 제출하여야 한다.

③ 경비업자는 제1항에 따른 신고서 및 제2항에 따른 이행보고서를 경비업자의 주된 사무소를 관할하는 지방경찰청장 소속의 경찰서장을 거쳐 제출할 수 있다. 이 경우 신고서 또는 이행보고서를 받은 경찰서장은 지체 없이 경비업자의 주된 사무소를 관할하는 지방경찰청장에게 해당 신고서 또는 이행보고서를 보내야 한다.

[전문개정 2014.6.5.]

제22조(결격사유 확인을 위한 범죄경력조회 요청) ① 법 제17조제2항에 따른 범죄경력조회 요청은 별지 제13호의5서식의 범죄경력조회 신청서(전자문서로 된 신청서를 포함한다)에 따른다.

② 경비업자는 제1항에 따라 범죄경력조회를 요청하는 경우 다음 각 호의 서류를 첨부하여야 한다.

1. 경비업 허가증 사본

2. 별지 제13호의6서식의 취업자 또는 취업예정자 범죄경력조회 동의서

[전문개정 2014.6.5.]

제23조(경비원의 명부) 경비업자는 법 제18조제1항에 따라 다음 각 호의 장소에 별지 제14호서식의 경비원 명부(제2호 및 제3호의 경우에는 해당 장소에 배치된 경비원의 명부를 말한다)를 작성·비치하여 두고, 이를 항상 정리하여야 한다.

1. 주된 사무소
2. 영 제5조제3항에 따른 출장소
3. 집단민원현장

[전문개정 2014.6.5.]

제24조(경비원의 배치 및 배치폐지의 신고) ① 경비업자는 법 제18조제2항에 따라 경비업무를 수행하기 위하여 20일 이상 경비원을 배치하거나 그 기간을 연장하려는 때에는 경비원을 배치한 후 7일 이내에 별지 제15호서식의 경비원 배치신고서(전자문서로 된 신고서를 포함한다)를 배치지를 관할하는 경찰관서장에게 제출하여야 한다. 다만, 법 제18조제2항제2호 및 제3호에 해당하는 경비원을 배치하는 경우에는 경비원을 배치하는 기간과 관계없이 경비원을 배치하기 전까지 제출하여야 한다. 〈개정 2014.6.5.〉

② 제1항의 규정에 의하여 경비원의 배치신고를 한 경비업자가 경비원의 배치를 폐지한 때에는 배치폐지를 한 날부터 7일 이내에 별지 제15호서식의 경비원 배치폐지신고서(전자문서로 된 신고서를 포함한다)를 배치지의 관할경찰관서장에게 제출하여야 한다. 다만, 경비원 배치신고시에 기재한 배치폐지 예정일에 경비원의 배치를 폐지한 경우에는 그러하지 아니하다. 〈개정 2004.12.10., 2009.7.1.〉

제24조의2(집단민원현장에의 일반경비원 배치허가 신청 등) ① 법 제18조제2항 각 호 외의 부분 단서에 따라 집단민원현장에 일반경비원 배치허가를 신청하려는 경비업자는 별지 제15호의2서식의 집단민원현장 일반경비원 배치허가 신청서(전자문서에 의한 신청서를 포함하며, 이하 "배치허가 신청서"라 한다)에 집단민원현장에 배치될 일반경비원의 신임교육 이수증(영 제18조제2항에 따른 일반경비원 신임교육 면제 대상의 경우 신임교육 면제 대상에 해당함을 입증할 수 있는 서류를 말한다) 각 1부를 첨부하여 관할 경찰관서장에게 제출하여야 한다.

② 제1항에 따른 배치허가 신청서를 받은 관할 경찰관서장은 경비원 배치예정 일시 전까지 배치허가 여부를 결정하여 경비업자에게 통보하여야 한다.

③ 제2항에 따라 일반경비원 배치허가를 받은 경비업자가 경비원 배치기간을 연장하

려는 경우에는 배치기간이 만료되기 48시간 전까지 배치허가 신청서를 관할 경찰관서장에게 제출하여 허가를 받아야 한다.

④ 제2항에 따라 일반경비원 배치허가를 받은 경비업자가 집단민원현장에 새로운 경비원을 배치하려는 경우에는 새로운 경비원을 배치하기 48시간 전까지 배치허가 신청서를 관할 경찰관서장에게 제출하여 허가를 받아야 한다.

⑤ 제2항에 따라 일반경비원 배치허가를 받은 경비업자가 경비원의 배치를 폐지한 때에는 배치폐지를 한 날부터 48시간 이내에 별지 제15호의3서식의 집단민원현장 일반경비원 배치폐지 신고서(전자문서로 된 신고서를 포함한다)를 관할 경찰관서장에게 제출하여야 한다.

⑥ 제2항에 따라 일반경비원 배치허가를 받은 경비업자가 집단민원현장에 배치된 경비지도사를 변경한 경우에는 변경된 내용을 관할 경찰관서장에게 통보하여야 한다.

[본조신설 2014.6.5.]

제24조의3(경비원 근무상황 기록부) ① 경비업자는 법 제18조제5항에 따라 경비업무를 수행하는 경비원의 인적사항, 배치일시, 배치장소, 배차폐지일시 및 근무여부 등 근무상황을 기록한 근무상황기록부(전자문서로 된 근무상황기록부를 포함한다. 이하 같다)를 작성하여 주된 사무소 및 출장소에 갖추어 두어야 한다.

② 경비업자는 제1항에 따른 근무상황기록부를 1년 동안 보관하여야 한다.

[본조신설 2014.6.5.]

제25조(경비전화의 가설) ① 관할경찰관서장은 시설주의 신청에 의하여 특수경비원이 배치된 국가중요시설 등에 경비전화를 가설할 수 있다.

② 제1항의 규정에 의하여 경비전화를 가설하는 경우의 소요경비는 시설주의 부담으로 한다.

제26조(갖추어 두어야 하는 장부 또는 서류) ① 특수경비원을 배치한 시설주는 다음 각호의 장부 및 서류를 갖추어 두어야 한다.

1. 근무일지
2. 근무상황카드
3. 경비구역배치도
4. 순찰표철
5. 무기탄약출납부
6. 무기장비운영카드

② 특수경비원을 배치한 국가중요시설의 관할경찰관서장은 다음 각호의 장부 및 서류

를 갖추어 두어야 한다.

1. 감독순시부
2. 특수경비원 전·출입관계철
3. 특수경비원 교육훈련실시부
4. 무기·탄약대여대장
5. 그 밖에 특수경비원의 관리 등을 위하여 필요한 장부 또는 서류

③ 제1항 및 제2항의 규정에 의한 장부 또는 서류의 서식은 경찰관서에서 사용하는 서식을 준용한다.

제27조 삭제 〈2014.6.5.〉

제27조의2(규제의 재검토) 경찰청장은 제20조에 따른 경비원이 휴대하는 장비 등에 대하여 2014년 6월 8일을 기준으로 3년마다(매 3년이 되는 해의 6월 8일 전까지를 말한다) 그 타당성을 검토하여 개선 등의 조치를 하여야 한다. 〈개정 2014.6.5.〉

[본조신설 2014.1.8.]

제28조(과태료 부과 고지서 등) ① 법 제31조제1항 및 제2항에 따른 과태료 부과의 사전 통지는 별지 제16호서식의 과태료 부과 사전 통지서에 따른다. 〈개정 2014.6.5.〉

② 법 제31조제1항 및 제2항에 따른 과태료의 부과는 별지 제17호서식의 과태료 부과 고지서에 따른다. 〈개정 2014.6.5.〉

[전문개정 2008.12.5.]

부칙<제36호, 2015.9.24.>

이 규칙은 공포한 날부터 시행한다.

대통령 등의 경호에 관한 법률

[시행 2013.12.12.] [법률 제11530호, 2012.12.11., 타법개정]

대통령경호실(기획관리실) 02-770-0011

[大統領一警護一室法]

대통령 등에 대한 경호를 효율적으로 수행하기 위하여 경호의 조직과 직무범위, 그 밖에 필요한 사항을 규정하기 위해 제정된 법(1963. 12. 14, 법률 제1507호).

1963년에 제정된 뒤 2008년 2월 29일 법률 제8872호까지 5차례 개정되었다. 대통령 등의 경호를 위해 대통령실장 소속으로 경호실 둔다. 경호대상은 대통령과 그 가족, 대통령당선인과 그 가족, 본인의 의사에 반하지 아니하는 경우에 한하여 퇴임 후 7년 이내의 전직 대통령과 그의 배우자 및 자녀 등이다.

경호실 직원은 특정직 국가공무원인 1~9급의 경호공무원과 기능직국가공무원을 둔다. 5급 이상의 경호공무원과 5급 상당 별정직공무원은 실장이 제청하여 대통령이 임용하며, 그밖의 직원들에 대한 일체의 임용권은 실장에게 있다. 대한민국 국적을 갖지 않거나 국가공무원법의 결격사유 규정에 해당되는 자는 직원으로 임용될 수 없다.

직원의 징계사건을 심사·의결하기 위해 고등징계위원회와 보통징계위원회를 둔다. 징계는 각 위원회의 의결을 거쳐 대통령실장이 행하되, 5급 이상 직원의 파면 및 해임은징계위원회의 의결을 거쳐 실장의 제청으로 대통령이 행한다. 임무를 수행하다가 상이를 입고 퇴직하거나 사망한 직원 및 그 가족 또는 유족에 대해서는 '국가유공자 등 예우 및 지원에 관한 법률'에 의한 보상을 실시한다.

경호공무원은 대통령 호위 등의 직무수행중 인지한 범죄에 관하여 직무상 또는 수사상 긴급을 요하는 한도 내에서 사법경찰권을 갖는다. 이밖에 비밀엄수 의무, 직권면직의 사유, 연령별·계급별 정년, 직권남용 금지, 무기휴대와 사용, 벌칙 등에 관한 규정을 담고 있다.

직무상 알게 된 비밀을 누설하거나 직권을 남용하거나 무기사용 규정을 위반한 자는 5년 이하의 징역이나 금고 또는 1000만 원 이하의 벌금에 처한다. 경호실 직무와 관련된 사항을 서적발간 등의 방법으로 공표하고자 할 때 경호실장의 허가를 받도록 한 규정을 위반한 자는 2년 이하의 징역이나 금고 또는 500만 원 이하의 벌금에 처한다.

전문 21조와 부칙으로 구성되어 있으며, 시행령이 있다.

제1조(목적) 이 법은 대통령 등에 대한 경호를 효율적으로 수행하기 위하여 경호의 조직·직무범위와 그 밖에 필요한 사항을 규정함을 목적으로 한다. 〈개정 2008.2.29.〉

[전문개정 2005.3.10.]

제2조(정의) 이 법에서 사용하는 용어의 뜻은 다음과 같다. 〈개정 2012.2.2., 2013.3.23.〉

1. "경호"란 경호 대상자의 생명과 재산을 보호하기 위하여 신체에 가하여지는 위해(危害)를 방지하거나 제거하고, 특정 지역을 경계·순찰 및 방비하는 등의 모든 안전 활동을 말한다.
2. "경호구역"이란 소속공무원과 관계기관의 공무원으로서 경호업무를 지원하는 사람이 경호활동을 할 수 있는 구역을 말한다.
3. "소속공무원"이란 대통령경호실(이하 "경호실"이라 한다) 직원과 경호실에 파견된 사람을 말한다.
4. "관계기관"이란 경호실이 경호업무를 수행함에 있어 필요한 지원과 협조를 요청하는 국가기관, 지방자치단체 등을 말한다.

[전문개정 2011.4.28.]

제3조(대통령경호실장 등) ① 대통령경호실장(이하 "실장"이라 한다)은 대통령이 임명하고, 경호실의 업무를 총괄하며 소속공무원을 지휘·감독한다.

② 경호실에 차장 1명을 둔다.

③ 차장은 정무직·1급 경호공무원 또는 고위공무원단에 속하는 별정직 국가공무원으로 보하며, 실장을 보좌한다.

[전문개정 2013.3.23.]

제4조(경호대상) ① 경호실의 경호대상은 다음과 같다. 〈개정 2013.3.23., 2013.8.13.〉

1. 대통령과 그 가족
2. 대통령 당선인과 그 가족
3. 본인의 의사에 반하지 아니하는 경우에 한정하여 퇴임 후 10년 이내의 전직 대통령과 그 배우자. 다만, 대통령이 임기 만료 전에 퇴임한 경우와 재직 중 사망

한 경우의 경호 기간은 그로부터 5년으로 하고, 퇴임 후 사망한 경우의 경호 기간은 퇴임일부터 기산(起算)하여 10년을 넘지 아니하는 범위에서 사망 후 5년으로 한다.

4. 대통령권한대행과 그 배우자
5. 대한민국을 방문하는 외국의 국가 원수 또는 행정수반(行政首班)과 그 배우자
6. 그 밖에 실장이 경호가 필요하다고 인정하는 국내외 요인(要人)

② 제1항제1호 또는 제2호에 따른 가족의 범위는 대통령령으로 정한다.

③ 제1항제3호에도 불구하고 전직 대통령 또는 그 배우자의 요청에 따라 실장이 고령 등의 사유로 필요하다고 인정하는 경우에는 5년의 범위에서 같은 호에 규정된 기간을 넘어 경호할 수 있다. 〈신설 2013.8.13.〉

[전문개정 2011.4.28.]

제5조(경호구역의 지정 등) ① 실장은 경호업무의 수행에 필요하다고 판단되는 경우 경호구역을 지정할 수 있다. 〈개정 2012.2.2., 2013.3.23.〉

② 제1항에 따른 경호구역의 지정은 경호 목적 달성을 위한 최소한의 범위로 한정되어야 한다.

③ 소속공무원과 관계기관의 공무원으로서 경호업무를 지원하는 사람은 경호 목적상 불가피하다고 인정되는 상당한 이유가 있는 경우에만 경호구역에서 질서유지, 교통관리, 검문·검색, 출입통제, 위험물 탐지 및 안전조치 등 위해 방지에 필요한 안전 활동을 할 수 있다. 〈개정 2012.2.2.〉

④ 삭제 〈2013.3.23.〉

[전문개정 2011.4.28.]

제5조의2(다자간 정상회의의 경호 및 안전관리) ① 대한민국에서 개최되는 다자간 정상회의에 참석하는 외국의 국가원수 또는 행정수반과 국제기구 대표의 신변(身邊) 보호 및 행사장의 안전관리 등을 효율적으로 수행하기 위하여 대통령 소속으로 경호·안전 대책기구를 둘 수 있다.

② 경호·안전 대책기구의 장은 실장이 된다. 〈개정 2013.3.23.〉

③ 경호·안전 대책기구는 소속공무원 및 관계기관의 공무원으로 구성한다.

④ 제1항에 따른 경호·안전 대책기구의 구성시기, 구성 및 운영 절차, 그 밖에 필요한 사항은 대통령령으로 정한다.

⑤ 경호·안전 대책기구의 장은 다자간 정상회의의 경호 및 안전관리를 위하여 필요하면 관계기관의 장과 협의하여 「통합방위법」 제2조제13호에 따른 국가중요시설과

불특정 다수인이 이용하는 시설에 대한 안전관리를 위하여 필요한 인력을 배치하고 장비를 운용할 수 있다.

[본조신설 2012.2.2.]

제6조(직원) ① 경호실에 특정직 국가공무원인 1급부터 9급까지의 경호공무원과 일반직 국가공무원을 둔다. 다만, 필요하다고 인정할 때에는 경호공무원의 정원 중 일부를 일반직 국가공무원 또는 별정직 국가공무원으로 보할 수 있다. 〈개정 2012.12.11., 2013.3.23.〉

② 경호공무원 각 계급의 직무의 종류별 명칭은 대통령령으로 정한다.

[전문개정 2011.4.28.]

제7조(임용권자) ① 5급 이상 경호공무원과 5급 상당 이상 별정직 국가공무원은 실장의 제청으로 대통령이 임용한다. 다만, 전보·휴직·겸임·파견·직위해제·정직(停職) 및 복직에 관한 사항은 실장이 행한다. 〈개정 2013.3.23.〉

② 실장은 경호공무원 및 별정직 국가공무원에 대하여 제1항 외의 모든 임용권을 가진다.

③ 삭제 〈2013.3.23.〉

④ 고위공무원단에 속하는 별정직공무원의 신규채용에 관하여는 「국가공무원법」 제28조의6제3항을 준용한다.

[전문개정 2011.4.28.]

제8조(직원의 임용 자격 및 결격사유) ① 경호실 직원은 신체 건강하고 사상이 건전하며 품행이 바른 사람 중에서 임용한다. 〈개정 2013.3.23.〉

② 다음 각 호의 어느 하나에 해당하는 사람은 직원으로 임용될 수 없다.

1. 대한민국의 국적을 가지지 아니한 사람
2. 「국가공무원법」 제33조 각 호의 어느 하나에 해당하는 사람

③ 제2항 각 호(「국가공무원법」 제33조제5호는 제외한다)의 어느 하나에 해당하는 직원은 당연히 퇴직한다.

[전문개정 2011.4.28.]

제9조(비밀의 엄수) ① 소속공무원[퇴직한 사람과 원(原) 소속 기관에 복귀한 사람을 포함한다. 이하 이 조에서 같다]은 직무상 알게 된 비밀을 누설하여서는 아니 된다.

② 소속공무원은 경호실의 직무와 관련된 사항을 발간하거나 그 밖의 방법으로 공표하려면 미리 실장의 허가를 받아야 한다. 〈개정 2013.3.23.〉

[전문개정 2011.4.28.]

제10조(직권면직) ① 임용권자는 직원(별정직 국가공무원은 제외한다. 이하 이 조에서 같다)이 다음 각 호의 어느 하나에 해당하면 직권으로 면직할 수 있다.

1. 신체적 · 정신적 이상으로 6개월 이상 직무를 수행하지 못할 만한 지장이 있을 때
2. 직무 수행 능력이 현저하게 부족하거나 근무태도가 극히 불량하여 직원으로서 부적합하다고 인정될 때
3. 직제와 정원의 개폐(改廢) 또는 예산의 감소 등에 의하여 폐직(廢職) 또는 과원(過員)이 된 때
4. 휴직 기간이 끝나거나 휴직 사유가 소멸된 후에도 정당한 이유 없이 직무에 복귀하지 아니하거나 직무를 수행할 수 없을 때
5. 직무 수행 능력이 부족하거나 근무성적이 극히 불량하여 대통령령으로 정하는 바에 따라 대기 명령을 받은 사람이 그 기간 중 능력 또는 근무성적의 향상을 기대하기 어렵다고 인정될 때
6. 해당 직급에서 직무를 수행하는 데에 필요한 자격증의 효력이 상실되거나 면허가 취소되어 담당 직무를 수행할 수 없게 되었을 때

② 제1항제2호 · 제5호에 해당하여 면직하는 경우에는 대통령령으로 정하는 바에 따라 고등징계위원회의 동의를 받아야 한다.

③ 제1항제3호에 해당하여 면직하는 경우에는 임용 형태, 업무실적, 직무 수행 능력, 징계처분 사실 등을 고려하여 면직 기준을 정하여야 한다. 이 경우 면직된 직원은 결원이 생기면 우선하여 재임용할 수 있다.

④ 제3항의 면직 기준을 정하거나 제1항제3호에 따라 면직 대상자를 결정할 때에는 대통령령으로 정하는 바에 따라 인사위원회의 심의 · 의결을 거쳐야 한다.

[전문개정 2011.4.28.]

제11조(정년) ① 경호공무원의 정년은 다음의 구분에 따른다. 〈개정 2013.8.13.〉

1. 연령정년
   가. 5급 이상: 58세
   나. 6급 이하: 55세
2. 계급정년
   가. 2급: 4년
   나. 3급: 7년
   다. 4급: 12년
   라. 5급: 16년

② 경호공무원이 강임(降任)된 경우에는 제1항제2호에 따른 계급정년의 경력을 산정할 때에 강임되기 전의 상위계급으로 근무한 경력은 강임된 계급으로 근무한 경력에 포함한다.

③ 경호공무원은 그 정년이 된 날이 1월부터 6월 사이에 있는 경우에는 6월 30일에, 7월부터 12월 사이에 있는 경우에는 12월 31일에 각각 당연히 퇴직한다.

④ 삭제 〈2013.8.13.〉

⑤ 삭제 〈2013.8.13.〉

[전문개정 2011.4.28.]

제12조(징계) ① 직원의 징계에 관한 사항을 심사·의결하기 위하여 경호실에 고등징계위원회와 보통징계위원회를 둔다. 〈개정 2013.3.23.〉

② 각 징계위원회는 위원장 1명과 4명 이상 6명 이하의 위원으로 구성한다.

③ 직원의 징계는 징계위원회의 의결을 거쳐 실장이 한다. 다만, 5급 이상 직원의 파면 및 해임은 고등징계위원회의 의결을 거쳐 실장의 제청으로 대통령이 한다.

④ 징계위원회의 구성 및 운영 등에 필요한 사항은 대통령령으로 정한다.

[전문개정 2011.4.28.]

제13조(보상) 직원으로서 제4조제1항 각 호의 경호대상에 대한 경호업무 수행 또는 그와 관련하여 상이(傷痍)를 입고 퇴직한 사람과 그 가족 및 사망(상이로 인하여 사망한 경우를 포함한다)한 사람의 유족에 대하여는 대통령령으로 정하는 바에 따라 「국가유공자 등 예우 및 지원에 관한 법률」 또는 「보훈보상대상자 지원에 관한 법률」에 따른 보상을 한다. 〈개정 2011.9.15.〉

[전문개정 2011.4.28.]

제14조(「국가공무원법」과의 관계 등) ① 직원의 신규채용, 시험의 실시, 승진, 근무성적평정, 보수 및 교육훈련에 관한 사항은 대통령령으로 정한다.

② 직원에 대하여는 이 법에 특별한 규정이 있는 경우를 제외하고는 「국가공무원법」을 준용한다.

③ 직원에 대하여는 「국가공무원법」 제17조 및 제18조를 적용하지 아니한다.

[전문개정 2011.4.28.]

제15조(국가기관 등에 대한 협조 요청) 실장은 직무상 필요하다고 인정할 때에는 국가기관, 지방자치단체, 그 밖의 공공단체의 장에게 그 공무원 또는 직원의 파견이나 그 밖에 필요한 협조를 요청할 수 있다. 〈개정 2012.2.2., 2013.3.23.〉

[전문개정 2011.4.28.]

第16條(대통령경호안전대책위원회) ① 제4조제1항 각 호의 경호대상에 대한 경호업무를 수행할 때에는 관계기관의 책임을 명확하게 하고, 협조를 원활하게 하기 위하여 경호실에 대통령경호안전대책위원회(이하 "위원회"라 한다)를 둔다. 〈개정 2012.2.2., 2013.3.23.〉

② 위원회는 위원장과 부위원장 각 1명을 포함한 20명 이내의 위원으로 구성한다.

③ 위원장은 실장이 되고, 부위원장은 차장이 되며, 위원은 대통령령으로 정하는 관계기관의 공무원이 된다. 〈개정 2012.2.2., 2013.3.23.〉

④ 위원회는 다음 각 호의 사항을 관장한다.

1. 대통령 경호에 필요한 안전대책과 관련된 업무의 협의
2. 대통령 경호와 관련된 첩보·정보의 교환 및 분석
3. 그 밖에 제4조제1항 각 호의 경호대상에 대한 경호에 필요하다고 인정되는 업무

⑤ 위원회의 구성 및 운영에 필요한 사항은 대통령령으로 정한다.

[전문개정 2011.4.28.]

第17條(경호공무원의 사법경찰권) ① 경호공무원(실장의 제청으로 서울중앙지방검찰청 검사장이 지명한 경호공무원을 말한다. 이하 이 조에서 같다)은 제4조제1항 각 호의 경호대상에 대한 경호업무 수행 중 인지한 그 소관에 속하는 범죄에 대하여 직무상 또는 수사상 긴급을 요하는 한도 내에서 사법경찰관리(司法警察官吏)의 직무를 수행할 수 있다. 〈개정 2013.3.23.〉

② 제1항의 경우 7급 이상 경호공무원은 사법경찰관의 직무를 수행하고, 8급 이하 경호공무원은 사법경찰리(司法警察吏)의 직무를 수행한다.

[전문개정 2011.4.28.]

第18條(직권 남용 금지 등) ① 소속공무원은 직권을 남용하여서는 아니 된다.

② 경호실에 파견된 경찰공무원은 이 법에 규정된 임무 외의 경찰공무원의 직무를 수행할 수 없다. 〈개정 2013.3.23.〉

[전문개정 2011.4.28.]

第19條(무기의 휴대 및 사용) ① 실장은 직무를 수행하기 위하여 필요하다고 인정할 때에는 소속공무원에게 무기를 휴대하게 할 수 있다. 〈개정 2013.3.23.〉

② 제1항에 따라 무기를 휴대하는 사람은 그 직무를 수행할 때 필요하다고 인정하는 상당한 이유가 있을 경우 그 사태에 대응하여 부득이하다고 판단되는 한도 내에서 무기를 사용할 수 있다. 다만, 다음 각 호의 어느 하나에 해당할 때를 제외하고는 사람에게 위해를 끼쳐서는 아니 된다.

1. 「형법」 제21조 및 제22조에 따른 정당방위와 긴급피난에 해당할 때
2. 제4조제1항 각 호의 경호대상에 대한 경호업무 수행 중 인지한 그 소관에 속하는 범죄로 사형, 무기 또는 장기 3년 이상의 징역 또는 금고에 해당하는 죄를 범하거나 범하였다고 의심할 만한 충분한 이유가 있는 사람이 소속공무원의 직무집행에 대하여 항거하거나 도피하려고 할 때 또는 제3자가 그를 도피시키려고 소속공무원에게 항거할 때에 이를 방지하거나 체포하기 위하여 무기를 사용하지 아니하고는 다른 수단이 없다고 인정되는 상당한 이유가 있을 때
3. 야간이나 집단을 이루거나 흉기나 그 밖의 위험한 물건을 휴대하여 경호업무를 방해하기 위하여 소속공무원에게 항거할 경우에 이를 방지하거나 체포하기 위하여 무기를 사용하지 아니하고는 다른 수단이 없다고 인정되는 상당한 이유가 있을 때

[전문개정 2011.4.28.]

제20조 삭제 〈2011.4.28.〉

제21조(벌칙) ① 제9조제1항, 제18조 또는 제19조제2항을 위반한 사람은 5년 이하의 징역이나 금고 또는 1천만원 이하의 벌금에 처한다.

② 제9조제2항을 위반한 사람은 2년 이하의 징역·금고 또는 500만원 이하의 벌금에 처한다.

[전문개정 2011.4.28.]

부칙 <제12044호, 2013.8.13.>

제1조(시행일) 이 법은 공포한 날부터 시행한다.

제2조(경호공무원의 연령정년에 관한 경과조치) 5급 이상 경호공무원의 연령정년은 제11조제1항제1호의 개정규정에도 불구하고 종전규정에 따라 2013년부터 2014년까지 연령정년에 도달한 경호공무원은 56세로, 2015년부터 2016년까지 연령정년에 도달한 경호공무원은 57세로, 2017년부터 연령정년에 도달한 경호공무원은 58세로 한다.

제3조(경호공무원의 계급정년에 관한 경과조치) 이 법 시행 당시 2급 또는 3급인 경호공무원과 이 법 시행연도에 퇴직이 예정되어 있는 5급 이상 경호공무원에 대하여는 제11조제1항제2호의 개정규정에도 불구하고 종전의 계급정년을 적용한다.

대통령 등의 경호에 관한 법률 시행령

[시행 2014.12.8.] [대통령령 제25816호, 2014.12.8., 일부개정]

대통령경호실(기획관리실) 02-770-5540

제1조(목적) 이 영은 「대통령 등의 경호에 관한 법률」에서 위임된 사항과 그 시행에 필요한 사항을 규정함을 목적으로 한다.
[전문개정 2013.3.23.]

제2조(가족의 범위) 「대통령 등의 경호에 관한 법률」(이하 "법"이라 한다) 제4조제1항 제1호 및 제2호에 따른 가족은 대통령 및 대통령당선인의 배우자와 직계존비속으로 한다.
[전문개정 2013.8.20.]

제3조(전직대통령 등의 경호) 법 제4조제1항제3호에 따라 전직대통령과 그 배우자의 경호에는 다음 각호의 조치를 포함한다. 〈개정 2012.5.1., 2013.3.23., 2013.8.20.〉

1. 경호안전상 별도주거지 제공(별도주거지는 본인이 마련할 수 있다)
2. 현거주지 및 별도주거지에 경호를 위한 인원의 배치, 필요한 경호의 담당
3. 요청이 있는 경우 대통령전용기, 헬리콥터 및 차량 등 기동수단의 지원
4. 그 밖에 대통령경호실장(이하 "실장"이라 한다)이 관계기관과 협의하여 정한 사항

[본조신설 1984.2.7.]
[제2조의2에서 이동, 종전 제3조는 제4조로 이동 〈2005.6.30.〉]
[제목개정 2005.6.30.]

제3조의2(경호등급) ① 실장은 법 제4조제1항제5호 및 제6호에 따른 경호대상자의 경호임무를 수행하기 위하여 해당 경호대상자의 지위와 경호위해요소, 해당 국가의 정치상황, 국제적 상징성, 상호주의 측면, 적대국가 유무 등 국제적 관계를 고려하여 경호등급을 구분하여 운영할 수 있다. 〈개정 2013.3.23.〉
② 제1항에 따라 경호등급을 구분하여 운영하는 경우에는 외교부장관, 국가정보원장 및 경찰청장과 미리 협의하여야 한다. 〈개정 2013.3.23.〉
③ 제1항의 경호등급과 관련하여 필요한 사항은 실장이 따로 정한다. 〈개정 2013.3.23.〉
[본조신설 2008.2.29.]

제3조의3(경호업무 수행 관련 관계기관 간의 협조 등) ① 실장은 법 제4조에 규정된 경호대상에 대한 경호를 위하여 필요한 경우 대통령비서실, 국가안보실 및 경호·안전관리 업무를 지원하는 관계기관에 근무할 예정인 사람에게 신원진술서 및 「가족관계의 등록 등에 관한 법률」에서 정하는 증명서와 그 밖에 필요한 자료의 제출을 요구할 수 있다. 이 경우 실장은 제출된 자료의 내용을 확인하기 위하여 관계기관에 조회 또는 그 밖에 필요한 협조를 요청할 수 있다.

② 실장은 법 제5조제3항에 따른 안전 활동 등 경호업무를 효율적으로 수행하기 위하여 필요한 경우에는 관계기관에 대하여 경호구역에 출입하려는 사람의 범죄경력 조회 또는 사실 증명 등 필요한 협조를 요청할 수 있다.

[본조신설 2014.12.8.]

제4조(경호구역) ① 법 제5조제1항에 따른 대통령경호실(이하 "경호실"이라 한다)의 경호구역 중 대통령집무실·대통령관저 등은 내곽구역과 외곽구역으로 나누며, 그 범위는 부도(附圖)와 같다. 〈개정 2013.8.20.〉

② 제1항에 따른 대통령집무실·대통령관저 등을 제외한 각종 행사장·유숙지 등에 대한 경호구역은 행사의 성격, 경호위해요소 등을 고려하여 실장이 지정한다. 〈개정 2012.2.2., 2013.3.23.〉

[전문개정 2008.2.29.]

제4조의2(경호·안전 대책기구의 구성시기 및 운영기간) ① 법 제5조의2제1항에 따른 경호·안전 대책기구(이하 "경호·안전 대책기구"라 한다)의 구성시기 및 운영기간은 다자간 정상회의의 규모·성격, 경호 환경 등을 고려하여 실장이 정한다. 〈개정 2013.3.23.〉

② 경호·안전 대책기구의 운영기간은 다자간 정상회의별로 1년 6개월을 초과할 수 없다.

[본조신설 2012.2.2.]

제4조의3(경호·안전 대책기구의 구성 및 운영 등) ① 경호·안전 대책기구의 장은 다자간 정상회의의 경호 및 안전관리 활동에 관한 업무를 총괄한다.

② 경호·안전 대책기구는 소속공무원과 관계기관에서 파견된 공무원으로 구성한다.

③ 제1항 및 제2항에서 규정한 사항 외에 경호·안전 대책기구의 구성 및 운영에 필요한 사항은 경호·안전 대책기구의 장이 관계기관의 장과 협의하여 정한다.

[본조신설 2012.2.2.]

제4조의4(국가중요시설 등에 대한 인력 배치 등) ① 법 제5조의2제5항에 따른 인력 배치 및 장비 운용은 같은 항에 따른 협의를 거친 후 경호구역 내에서는 경호·안전 대책기구의 장이, 경호구역 외의 지역에서는 해당 국가중요시설 또는 불특정 다수인이 이용하는 시설의 안전관리를 담당하는 관계기관의 장이 각각 주관하여 실시한다.

② 법 제5조의2제5항에 따른 인력 배치 및 장비 운용 기간은 다자간 정상회의별로 6개월을 초과할 수 없다.

[본조신설 2012.2.2.]

제5조(직급) 경호공무원의 계급별 직급의 명칭은 별표 1과 같다.

[본조신설 1999.12.31.]

[제4조의2에서 이동, 종전 제5조는 제6조로 이동 〈2005.6.30.〉]

제6조 삭제 〈2008.2.29.〉

제6조의2 삭제 〈2008.2.29.〉

제7조(인사위원회의 설치) ① 경호실 직원의 인사에 관한 정책 및 그 운용에 관한 중요사항을 심의하기 위하여 인사위원회 및 인사실무위원회를 둔다. 〈개정 2008.2.29., 2013.3.23.〉

② 인사위원회는 위원장 1인과 5인 이상 7인 이하의 위원으로 구성하며, 위원장은 2급 이상 직원 중에서, 위원은 3급 이상 직원 중에서 각각 실장이 임명한다. 〈개정 2005.6.30., 2008.2.29., 2013.3.23.〉

③ 인사실무위원회는 위원장 1인과 5인 이상 7인 이하의 위원으로 구성하며, 위원장은 3급 이상 직원 중에서, 위원은 4급 이상 직원 중에서 각각 실장이 임명한다. 〈개정 2005.6.30., 2008.2.29., 2013.3.23.〉

④ 인사위원회 및 인사실무위원회의 회의 기타 운영에 관하여 필요한 사항은 실장이 정한다.

[전문개정 1999.12.31.]

[제6조에서 이동, 종전 제7조는 제9조로 이동〈2005.6.30.〉]

제8조(인사위원회의 직무 등) 인사위원회는 인사에 관하여 인사실무위원회와 관계부서에서 제안한 인사정책 및 그 운용에 관한 사항등을 심의하여 실장에게 건의한다.

[본조신설 1999.12.31.]

[제6조의2에서 이동, 종전 제8조는 삭제〈2005.6.30.〉]

제9조(임용) 경호실 직원의 임용은 학력·자격·경력을 기초로 하며, 시험성적·근무성적, 그 밖의 능력의 실증에 의하여 행한다. 〈개정 1999.12.31., 2013.11.20., 2014.12.8.〉

[제7조에서 이동, 종전 제9조는 제20조로 이동 〈2005.6.30.〉]

제9조의2(임용 직원의 임용 자격 확인 등) ① 실장은 법 제8조제1항에 따라 직원을 임용할 때에는 임용 대상자의 건강 상태, 사상의 건전성, 품행 및 제9조의 학력·자격·경력을 확인하기 위하여 임용 대상자에게 신원진술서, 학력증명서, 경력증명서, 건강진단서, 「가족관계의 등록 등에 관한 법률」에서 정하는 증명서와 그 밖에 필요한 자료의 제출을 요구할 수 있다.

② 실장은 제1항의 자료의 내용을 확인하기 위하여 관계기관에 조회 또는 그 밖에 필요한 협조를 요청할 수 있다.

③ 제1항 및 제2항에서 규정한 사항 외에 임용 직원의 임용 자격 확인 등에 필요한 사항은 실장이 정한다.

[본조신설 2014.12.8.]

제10조(신규채용) ① 경호공무원 및 일반직공무원의 신규채용은 공개경쟁시험에 의하여 행한다. 〈개정 2013.11.20.〉

② 다음 각호의 1에 해당하는 경우에는 경력경쟁채용시험에 의하여 신규채용할 수 있다. 〈개정 2003.6.30., 2005.6.30., 2012.5.1.〉

1. 공개경쟁시험에 의한 채용이 곤란한 임용예정직에 관련된 자격증 소지자를 임용하는 경우
2. 임용예정직에 상응하는 근무실적 또는 연구실적이 3년 이상인 자를 임용하는 경우
3. 임용예정직에 상응하는 전문지식·경험·기술이 있는 자를 1급 또는 2급의 경호공무원으로 임용하는 경우
4. 외국어에 능통하고 국제적 소양과 전문지식을 지닌 자를 임용하는 경우
5. 법 제10조제1항제3호의 사유로 퇴직하거나 「국가공무원법」 제71조제1항제1호의 휴직기간만료로 인하여 퇴직한 경호공무원 또는 기능직공무원을 퇴직한 날부터 3년 이내에 퇴직시에 재직한 직급의 직원으로 재임용하는 경우

③ 별정직공무원의 신규채용은 비서·공보·의무·운전·사범·교관·사진 등의 특수분야를 대상으로 한다. 〈신설 2005.6.30.〉

[본조신설 1999.12.31.]

[제7조의2에서 이동, 종전 제10조는 제21조로 이동 〈2005.6.30.〉]

제11조(시보임용) ① 5급 이하 경호공무원 또는 일반직공무원을 신규채용하는 경우에는 1년 이내의 기간동안 시보로 임용하고 그 기간중에 근무성적과 교육훈련성적이 양호한 경우에 정규직원으로 임용한다. 〈개정 2013.11.20.〉

② 휴직기간, 직위해제기간 및 징계에 의하여 정직처분을 받은 기간은 제1항의 규정에 의한 시보임용기간에 산입하지 아니한다.

[본조신설 1999.12.31.]

[제7조의3에서 이동, 종전 제11조는 제25조로 이동 〈2005.6.30.〉]

제12조(시험) ① 직원의 임용을 위한 시험은 이를 직급별로 실시한다.

② 시험은 공개경쟁채용시험·경력경쟁채용시험·승진시험으로 구분하여 실장이 실시하며, 경호공무원의 필기시험과목은 별표 2와 같다. 〈개정 2012.5.1.〉

③ 별정직·일반직공무원에 대하여는 신규채용의 경우를 제외하고는 시험을 과하지 아니한다. 〈개정 2013.11.20.〉

④ 실장은 시험에 관한 출제·채점·면접시험·실기시험 및 기타 시험에 필요한 사항을 담당하게 하기 위하여 시험위원을 임명 또는 위촉할 수 있다.

⑤ 필기시험의 출제 및 채점에 있어서는 과목당 2인 이상의 시험위원이 임명 또는 위촉되어야 하며, 면접시험에 있어서는 3인 이상의 시험위원이 임명 또는 위촉되어야 한다.

⑥이 영에 규정된 사항외에 시험에 관하여 필요한 사항은 실장이 정한다.

[본조신설 1999.12.31.]

[제7조의4에서 이동, 종전 제12조는 제27조로 이동 〈2005.6.30.〉]

제13조(공개경쟁채용시험) ① 공개경쟁채용시험은 필기시험·면접시험·신체검사 및 체력검정에 의하여 실시한다. 다만, 실장이 필요하다고 인정하는 때에는 실기시험·지능검사·인성검사 및 적성검사의 전부 또는 일부를 병과하여 실시할 수 있다. 〈개정 2005.6.30.〉

② 경호공무원의 공개경쟁채용시험의 대상이 되는 계급은 5급·7급 및 9급으로 하고, 일반직공무원의 공개경쟁채용시험의 대상이 되는 계급은 9급으로 한다. 〈신설 2005.6.30., 2007.11.30., 2011.7.4., 2013.11.20.〉

[본조신설 1999.12.31.]

[제7조의5에서 이동, 종전 제13조는 제33조로 이동 〈2005.6.30.〉]

제14조(경력경쟁채용시험) ① 경력경쟁채용시험은 필기시험·면접시험 및 신체검사에

의하여 실시하며, 실기시험·체력검정·지능검사·인성검사 및 적성검사의 전부 또는 일부를 병과하여 실시할 수 있다. 〈개정 2012.5.1.〉

② 제1항의 시험에 있어 실장이 필요하다고 인정하는 자에 대하여는 필기시험의 전부 또는 일부를 면제할 수 있다.

[본조신설 1999.12.31.]

[제목개정 2012.5.1.]

[제7조의6에서 이동, 종전 제14조는 제36조로 이동 〈2005.6.30.〉]

제15조(승진시험) ① 6급 경호공무원을 5급 경호공무원으로 승진임용하고자 하는 때에는 승진시험을 병행할 수 있다.

② 제1항의 규정에 의한 승진시험은 필기시험에 의하여 실시하되, 실기시험을 병과할 수 있다.

[본조신설 1999.12.31.]

[제7조의7에서 이동 〈2005.6.30.〉]

제16조(근무성적평정 및 경력평정의 실시) 직원의 복무능률의 증진과 인사관리의 적정을 기하기 위하여 근무성적평정과 경력평정을 한다. 다만, 별정직공무원에 대하여는 경력평정을 하지 아니한다.

[본조신설 1999.12.31.]

[제7조의8에서 이동 〈2005.6.30.〉]

제17조(평정기준) ① 근무성적평정은 일정한 기간중 당해 직원의 직무수행의 성과·능력·태도, 청렴도 및 직무에의 적합성 기타 직무수행에 필요한 사항에 관하여 행한다.

② 경력평정은 당해 직원의 경력이 직급별로 그 담당직무수행과 관련되는 정도를 기준으로 행하여야 한다.

[본조신설 1999.12.31.]

[제7조의9에서 이동 〈2005.6.23.〉]

제18조(근무성적평정) ① 근무성적평정은 3급 이하의 직원을 대상으로 하여 정기평정과 수시평정으로 나누어 실시하되, 정기평정은 연 1회 실시한다. 〈개정 2005.6.30.〉

② 근무성적평정의 방법·시기·절차 등에 관하여 필요한 사항은 실장이 정한다.

[본조신설 1999.12.31.]

[제7조의10에서 이동 〈2005.6.30.〉]

제19조(경력평정) ① 제21조제1항의 승진소요최저연수에 도달한 5급 이하 경호공무원과 일반직공무원에 대하여는 그 경력을 평정하여 승진임용에 반영하여야 한다. 〈개정 2005.6.30., 2013.11.20.〉

② 경력평정은 해당 직급, 하위직급 및 차하위직급의 재직기간을 평정기간으로 한다.

③ 경력평정대상기간에는 휴직기간 및 정직기간은 이를 산입하지 아니한다. 다만, 법률의 규정에 의한 의무수행을 위하여 휴직한 자의 휴직기간과 공무로 인한 질병 또는 부상에 의한 휴직기간은 이를 산입한다.

④ 경력평정의 시기·방법·절차 등에 관하여 필요한 사항은 실장이 정한다.

[본조신설 1999.12.31.]

[제7조의11에서 이동 〈2005.6.30.〉]

제20조(승진임용 방법) ① 경호공무원 및 일반직공무원의 승진은 근무성적 및 경력평정 기타 능력의 실증에 의하여 행한다. 〈개정 2013.11.20.〉

② 실장은 승진임용에 필요한 요건을 구비한 5급 이하 경호공무원 및 일반직공무원에 대하여 근무성적평정 5할, 경력평정 1.5할, 교육훈련성적 3할, 상훈 및 신체검사 0.5할의 비율에 따라 승진심사자명부를 작성하여야 한다. 〈개정 2013.11.20., 2014.12.8.〉

③ 제2항의 승진심사자명부에 등재하는 대상은 승진심사일이 속하는 달의 다음달 말일까지 승진소요최저연수를 충족하는 자를 포함한다. 〈신설 2005.6.30.〉

④ 승진심사는 승진심사자명부에 등재되어 있는 자를 대상으로 하고, 승진이 결정된 자는 승진일에 승진소요최저연수를 충족하여야 한다. 〈신설 2005.6.30.〉

⑤ 이 영에 규정된 사항외에 승진임용에 관하여 필요한 사항은 실장이 정한다.

[전문개정 1999.12.31.]

[제9조에서 이동 〈2005.6.30.〉]

제20조의2(승진선발위원회 등) ① 실장은 승진대상자의 추천, 심사 및 선발을 위하여 다음 각 호의 위원회를 각각 구성·운영할 수 있다.

1. 2개 이상의 승진후보추천위원회
2. 승진선발위원회

② 제1항제1호에 따른 2개 이상의 승진후보추천위원회는 상호 차단된 상태의 동일한 심사조건에서 동시에 심사한다.

③ 승진선발위원회는 승진후보추천위원회가 추천한 후보자 중에서 승진대상자를 선발한다.

④ 제1항 각 호의 위원회의 구성에 관하여는 「공무원임용령」 제34조의3제2항 및 제3항을 준용한다.

⑤ 제1항부터 제4항까지에서 규정한 사항 외에 승진후보추천위원회 및 승진선발위원회의 구성 및 운영에 필요한 사항은 실장이 정한다.

[본조신설 2014.12.8.]

제21조(승진소요최저연수) ① 경호공무원이 승진하려면 다음 각 호의 기간 동안 해당 계급에 재직하여야 한다. 〈개정 2013.11.20.〉

1. 3급: 2년 이상
2. 4급: 4년 이상
3. 5급: 5년 이상
4. 6급: 4년 이상
5. 7급 및 8급: 3년 이상
6. 9급: 2년 이상

② 삭제 〈2014.12.8.〉

[전문개정 1999.12.31.]

[제10조에서 이동 〈2005.6.30.〉]

제22조(특별승진) ① 경호공무원 및 일반직공무원이 다음 각 호의 어느 하나에 해당하는 때에는 제20조 및 제21조의 규정에 불구하고 특별승진 임용할 수 있다. 다만, 제1호 내지 제3호는 3급 이하 경호공무원 및 일반직공무원에게만 적용한다. 〈개정 2003.6.30., 2005.6.30., 2007.6.28., 2013.11.20.〉

1. 경호위해요소를 사전에 발견·제거하여 경호안전에 특별한 공을 세운 자
2. 경호위급사태 발생시 경호대상자의 생명을 구하는데 공이 현저한 자
3. 헌신적인 직무수행으로 업무발전에 기여한 공이 현저하여 모든 직원의 귀감이 되는 자
4. 재직중 공적이 특히 현저한 자가 제26조의 규정에 의하여 공로퇴직하는 때
5. 재직중 공적이 특히 현저한 자가 공무로 인하여 사망한 때

② 제1항의 규정에 의하여 특별승진임용하는 경우에는 공무원임용령 제32조제1항의 규정에 의한 승진임용의 제한을 받지 아니한다. 〈개정 2003.6.30.〉

③ 제1항제1호 내지 제3호의 규정에 의하여 특별승진임용하는 경우에는 제21조의 규정에 의한 승진소요최저연수를 1년 단축할 수 있고, 동항제4호의 규정에 의하여 특별승진임용하는 경우에는 공로퇴직일 전일까지 당해 계급에서 1년 이상 재직하

여야 하며, 동항제5호의 규정에 의하여 특별승진임용하는 경우에는 승진소요최저 연수의 적용을 받지 아니한다. 〈개정 2005.6.30.〉

④ 직원을 특별승진임용하고자 하는 때에는 인사위원회의 심의를 거쳐야 한다.

[본조신설 1999.12.31.]

[제10조의2에서 이동 〈2005.6.30.〉]

第23조(별정직국가공무원의 근무상한연령) 별정직국가공무원의 근무상한연령은 경호공무원의 정년과 균형을 유지하는 범위안에서 실장이 정한다.

[본조신설 1999.12.31.]

[제10조의3에서 이동 〈2005.6.30.〉]

第24조(교육훈련 등) ① 실장은 직원에 대하여 직무의 능률증진을 위한 교육훈련을 실시한다.

② 실장은 필요하다고 인정하는 때에는 직원을 국내외의 교육기관 또는 연구기관에 위탁하여 교육훈련을 받게 할 수 있다.

③ 실장은 교육훈련의 성과측정을 위하여 정기 또는 수시로 평가를 실시하고 그 결과를 인사관리에 반영하여야 한다.

④ 제2항의 규정에 의하여 6월 이상 국외에서 교육훈련을 받은 직원에 대하여는 6년의 범위안에서 교육훈련기간의 2배에 상당하는 기간, 6월 이상 국내에서 교육훈련을 받은 직원에 대하여는 6년의 범위안에서 교육훈련기간과 동일한 기간(일과후에만 실시하는 국내훈련의 경우에는 훈련기간의 5할에 해당하는 기간)을 복무하도록 하여야 한다. 다만, 복무의무를 부과하기 곤란하거나 복무의무를 부과한 후 이를 이행할 수 없는 특별한 사유가 있어 실장이 복무의무를 면제한 경우에는 그러하지 아니하다.

⑤ 제4항의 규정에 의한 의무복무를 이행하지 아니한 자는 교육훈련을 위하여 소요된 경비의 전액 또는 일부를 반납하여야 한다.

⑥ 실장은 경호공무원으로 20년 이상 근무한 후 퇴직하고자 하는 자에 대하여 퇴직후 사회적응능력의 배양을 위하여 1년 이내의 범위에서 연수를 실시할 수 있다. 이 경우 실장은 연수기간중 당해 연수자의 직급에 해당하는 정원이 따로 있는 것으로 보고 결원을 보충할 수 있다. 〈신설 2003.6.30.〉

[본조신설 1999.12.31.]

[제10조의4에서 이동 〈2005.6.30.〉]

[제목개정 2003.6.30.]

제25조(보수) ① 실장의 보수는 「공무원보수규정」에 따른 장관 또는 차관의 보수와 같은 금액으로 한다. 〈개정 2008.2.29., 2013.3.23.〉

② 기타 직원의 보수에 관하여는 「공무원보수규정」에 따른다. 〈개정 1981.3.2., 1999.12.31., 2005.6.30.〉

[전문개정 1979.12.27.]

[제11조에서 이동 〈2005.6.30.〉]

제26조(공로퇴직) ① 경호공무원으로 10년 이상 성실하게 근무한 후 퇴직하는 자에 대하여는 예산의 범위안에서 공로퇴직수당(이하 "수당"이라 한다)을 지급할 수 있다. 〈개정 1999.12.31.〉

② 제1항의 수당지급액은 다음의 산식에 의하여 산출한 금액의 범위안으로 한다.

퇴직당시 봉급월액×{36+(33−근속연수)×2/3}

③ 수당의 지급절차 기타 수당지급에 관하여 필요한 사항은 기획재정부장관 및 인사혁신처장과 협의하여 실장이 정한다. 〈개정 1999.5.24., 2007.6.28., 2008.2.29., 2013.3.23., 2014.11.19.〉

[본조신설 1995.12.30.]

[제11조의2에서 이동 〈2005.6.30.〉]

제27조(직권면직) ① 법 제10조제1항제2호 · 제5호 및 동조제2항의 규정에 의하여 직권면직시키고자 하는 경우에는 제30조의 규정에 의한 관할 징계위원회의 동의를 얻어야 한다. 〈개정 2005.6.30.〉

② 삭제 〈2005.6.30.〉

[전문개정 1999.12.31.]

[제12조에서 이동 〈2005.6.30.〉]

제27조의2 삭제 〈2013.8.20.〉

제27조의3 삭제 〈2013.8.20.〉

제28조(징계의결의 요구) ① 실장은 소속 직원에게 징계사유가 있다고 인정되는 때에는 관할징계위원회에 징계의결을 요구하여야 한다. 〈개정 2013.3.23.〉

② 실장은 경호실에 파견되어 근무중인 직원에 대하여 징계사유가 있다고 인정되는 때에는 파견직원의 원소속기관의 장에게 그 사유를 통보하여야 한다. 〈개정 2008.2.29., 2013.3.23.〉

③ 제1항의 규정에 의하여 징계의결을 요구하는 때에는 미리 당해 직원의 징계사유에

대하여 충분히 조사하고 입증자료를 첨부하여 징계의결요구서에 의하여 이를 행하여야 한다.

[본조신설 1999.12.31.]

[제12조의2에서 이동 〈2005.6.30.〉]

第29조(징계위원회의 구성) ① 고등징계위원회위원장은 차장이 되고, 위원은 3급 이상의 직원중에서 실장이 임명한다. 〈개정 2004.7.24., 2008.2.29., 2013.3.23.〉

② 보통징계위원회위원장은 기획실장이 되고, 위원은 4급 이상의 직원중에서 실장이 임명한다. 〈개정 2006.1.2., 2008.2.29., 2013.3.23.〉

[본조신설 1999.12.31.]

[제12조의3에서 이동 〈2005.6.30.〉]

第30조(징계위원회의 관할·운영 등) ① 고등징계위원회는 1급 내지 5급 직원에 대한 징계사건 및 6급 이하 직원에 대한 중징계 사건을 심사·의결한다. 〈개정 2013.11.20.〉

② 보통징계위원회는 6급 이하 직원에 대한 경징계 사건을 심사·의결한다. 〈개정 2013.11.20.〉

③ 징계위원회의 관할이 다른 상하직위자가 관련된 징계사건은 제1항 및 제2항의 규정에 불구하고 고등징계위원회에서 심사·의결한다. 다만, 하위직위자에 대한 징계를 분리하여 심사·의결하는 것이 타당하다고 인정되는 때에는 고등징계위원회의 의결로써 하위직위자에 대한 징계사건을 보통징계위원회에 이송할 수 있다.

[본조신설 1999.12.31.]

[제12조의4에서 이동 〈2005.6.30.〉]

第31조(「공무원 징계령」의 준용) 직원의 징계에 관하여 이 영에 특별한 규정이 있는 경우를 제외하고는 「공무원 징계령」 제9조 내지 제15조, 제17조 내지 제25조를 준용한다.

[본조신설 1999.12.31.]

[제12조의5에서 이동 〈2005.6.30.〉]

[제목개정 2009.3.18.]

第32조(보상) ① 법 제13조에 따른 상이(傷痍)를 입고 퇴직한 사람과 그 가족은 「국가유공자 등 예우 및 지원에 관한 법률」 제6조의4 또는 「보훈보상대상자 지원에 관한 법률」 제6조에 따른 상이등급에 해당하는 신체의 상이를 입고 퇴직한 사람과 그 가족으로 한다.

② 법 제13조에 따른 사망(상이로 인하여 사망한 경우를 포함한다)한 사람의 유족은 직원의 사망 당시「국가유공자 등 예우 및 지원에 관한 법률」제5조 또는「보훈보상대상자 지원에 관한 법률」 제3조에 해당하는 사람으로 한다.

③ 제1항에 해당하는 사람은「국가유공자 등 예우 및 지원에 관한 법률」제4조제1항제4호·제6호 또는「보훈보상대상자 지원에 관한 법률」제2조제1항제2호에 따른 전상군경(戰傷軍警), 공상군경(公傷軍警) 또는 재해부상군경과 그 가족으로 보고, 제2항에 해당하는 사람은「국가유공자 등 예우 및 지원에 관한 법률」제4조제1항제3호·제5호 또는「보훈보상대상자 지원에 관한 법률」제2조제1항제1호에 따른 전몰군경(戰歿軍警), 순직군경(殉職軍警) 또는 재해사망군경의 유족으로 보아 「국가유공자 등 예우 및 지원에 관한 법률」 또는「보훈보상대상자 지원에 관한 법률」에 따른 보상을 실시한다.

④ 제3항에 따른 보상을 받으려는 사람은「국가유공자 등 예우 및 지원에 관한 법률」제6조 또는「보훈보상대상자 지원에 관한 법률」제4조에 따라 국가보훈처장에게 등록을 신청하여야 한다. 이 경우 등록신청서에는 실장이 발급한 상이확인증명서 또는 사망확인증명서를 첨부하여야 한다.

⑤ 실장은「국가유공자 등 예우 및 지원에 관한 법률 시행령」제9조제2항 또는「보훈보상대상자 지원에 관한 법률 시행령」제6조제2항에 따라 국가보훈처장으로부터 국가유공자 또는 보훈보상대상자 요건과 관련된 사실의 확인에 대한 요청을 받으면 그 요건과 관련된 사실을 확인하여 국가보훈처장에게 통보하여야 한다.

[전문개정 2014.12.8.]

제33조 삭제 〈2008.2.29.〉

제34조(복제) ① 실장은 필요하다고 인정하는 경우 직원에게 제복을 지급할 수 있다. 〈개정 1999.12.31., 2012.5.1., 2013.3.23.〉

② 직원의 복제에 관하여 필요한 사항은 실장이 정한다. 〈개정 1999.5.24., 1999.12.31., 2007.6.28., 2012.5.1., 2013.3.23.〉

[본조신설 1995.12.30.]

[제13조의2에서 이동 〈2005.6.30.〉]

제35조(준용) 경호실의 직원에 관하여 이 영에 특별한 규정이 있는 경우를 제외하고는 「공무원임용령」 및 「국가공무원 복무규정」을 준용한다. 〈개정 2008.2.29., 2013.3.23.〉

[본조신설 1999.12.31.]
[제13조의3에서 이동 〈2005.6.30.〉]

제35조의2(민감정보 및 고유식별정보의 처리) ① 실장은 다음 각 호의 업무를 수행하기 위하여 불가피한 경우 「개인정보 보호법 시행령」 제18조제2호에 따른 범죄경력자료에 해당하는 정보나 같은 영 제19조에 따른 주민등록번호, 여권번호, 운전면허의 면허번호 또는 외국인등록번호가 포함된 자료를 처리할 수 있다.

1. 법 및 이 영에 따른 경호업무
2. 법 제8조 및 이 영 제9조·제9조의2에 따른 임용 직원의 임용 자격 확인 등에 관한 업무

② 다음 각 호의 조회 또는 협조 요청을 받은 관계기관의 장은 그 조회 또는 협조 업무를 수행하기 위하여 불가피한 경우 「개인정보 보호법 시행령」 제18조제2호에 따른 범죄경력자료에 해당하는 정보나 같은 영 제19조에 따른 주민등록번호, 여권번호, 운전면허의 면허번호 또는 외국인등록번호가 포함된 자료를 처리할 수 있다.

1. 제3조의3에 따른 경호업무 수행과 관련한 조회 또는 협조
2. 제9조의2에 따른 임용 직원의 임용 자격 확인 등과 관련한 조회 또는 협조

[본조신설 2014.12.8.]

제36조(위임사항) 이 영의 시행에 관하여 필요한 사항은 실장이 정한다. 〈개정 2006.11.15.〉
[제14조에서 이동 〈2005.6.30.〉]

부칙<제25816호, 2014.12.8.>

이 영은 공포한 날부터 시행한다.

참고문헌

〈국내문헌〉

길병옥, "미국의 한반도전략과 북핵위기 대응책, " 한국동북아학회, 『한국동북아논총』제27집, 2003.6.

김두현『경호학 개론』(서울: 엑스퍼트, 2015.4).

김성한, "21세기 한미관계: 포괄적 인간안보동맹으로 발전시켜야," 한국자유총연맹, 『자유공론』, 2004년 9월호.

김순규『현대국제정치학』(서울: 박영사, 1997.4).

노시중, "신문고: 김선일씨 죽음과 테러리스트," 『호주동아닷컴』, 2004년 7월9일자.

운평어문연구소, 『국어사전』(서울: 금성교과서,1994.1).

윤우주, "한국의 대테러 대비태세와 발전방향," 「테러리즘과 문명공존」(한국국방연구테러관련 학술회의 보고서, 2002).

이두석 『경호학 개론』(서울: 진영사, 2013.4).

이성진 『경호학 개론』(서울: 교학연구사, 2003.3).

이대우, "한반도 테러위협의 특성과 현실적 대응방안," 국무총리비상기획위원회, 『비상기획보』, 2005년 1월호, 통권 제71호.

이만종, "A Study of the Prevention of Hijacking Related Crimes," 한국테러학회, 『한국테러학회보』, 제2권 제1호, 2009.3.

이만종, "테러리즘의 전망과 대응에 관한 고찰," 원광대경찰학연구소, 『경찰학논총』, 제5월 제1호, 2010. 6.

이만종 · 김강녕, "북한의 테러가능성과 대비전략," 한국테러학회, 『한국테러학회보』, 제3권 제1호, 2010.6.

이서항, "해적문제의 국제정치: 소말리아 해적의 국제적 영향과 대응 동향," 해군대학, 『신국제안보환경과 해군력 발전』(해군대학-해로연구원-연세대 동서연구원 공동학술세미나 발표논문집), 2009.4.27.

이선기, “뉴테러리즘 위협에 대한 정책적 대응방안,”『한국스포츠리서치』, 제18권 4호, 통권 제103호.

정인홍.김성희.강주진 편,『정치학대사전』(서울: 박영사, 1980).

조성권, “불법 NGO의 변화하는 속성: 국제테러 및 국제범죄를 중심으로,” 한국정치학회 편,『21세기 국제관계연구 쟁점과 과제』(서울: 박영사, 2000).

조순구,『국제문제의 이해: 지구촌의 쟁점들』(서울: 범문사, 2007.3).

조영갑,『테러와 전쟁』(서울: 북코리아, 2004).

최진태, “북한의 테러리즘에 관한 고찰,”『국방논집』, 제29호, 1995년 봄호.

프리드리히 J. 해커(Friedrich T. Hacker),『우리시대의 테러리즘』(『월간 중앙』, 1977년 6월호, 별책부록, 1977).

권영성, (2003)「헌법학원론」, 법문사.

국회정보위원회, (2009)「수석전문위원 검토보고서」.

윤태영, (2010) “영국의 대테러리즘 위기관리 체계와 전략: 실제, 문제점 및 정책적 함의”,「한국위기관리논집」제6권 제1호.

윤해성, (2011) “대테러 활동에 관한 수사시스템 정비방안”,「연구총서 11-04」, 한국형사정책연구원.

이철호, (2011)「경찰행정법」, 대영문화사.

표명환, (2004.) “경찰행정법상의 개괄적 수권조항에 관한 헌법적 고찰”,「공법학연구」제5권 제3호.

〈국외문헌〉

Blij, Harm de, Why Geography Matters: Three Challenges Facing America: Climate Change, The Rise of China, and Global Terrorism(Oxford: Oxford University Press, 2005).

Choi, Jin Tai, Aviation Terrorism(London: Macmillan, 1994).

Clutterbuck, Richard, Kidnap, Hijacking and Extortion(London: Macmillan, 1987).

Kegly Jr.,Charles W. & Eugene R. Wittkopf, World Politics, 9th. ed.(Belmont. CA: Wadsworth Publishers, 2004).

Ranney, Austin, Governing: An Introduction to Political Science, 6th edition(Englewood Cliffs, New Jersey: Prentice-Hall, 1993).

Schmid, Allex P. and Albert J. Jongaman, Political Terrorism: A New Guide to Actors, Authors, Concepts, Data Bases, Theories and Literature(Amsterdam: AWIDOC, 1988).

Toft, Ivan Arreguin, "How the Weak Win Wars: A Theory of Asymmetric Conflict," International Security, Vol. 26, No.1(2001 Summer).

United States Department of State(Office of the Coordinator for Counterterrorism), Country Reports on Terrorism 2008, April 2008.

U.S. Central Intelligence Agency, Patterns of International Terrorism, 1980.

Wehmeier, Sally (ed.), Oxford Advanced Learner's Dictionary(Oxord: Oxford University, 2000).

Wilkinson, Paul, Terrorism and the Liberal State, 2nd edition(London: Macmillian Press Ltd., 1987).

Blij, Harm de, Why Geography Matters: Three Challenges Facing America: Climate Change, The Rise of China, and Global Terrorism(Oxford: Oxford University Press, 2005).

Choi, Jin Tai, Aviation Terrorism(London: Macmillan, 1994).

Clutterbuck, Richard, Kidnap, Hijacking and Extortion(London: Macmillan, 1987).

Kegly Jr.,Charles W. & Eugene R. Wittkopf, World Politics, 9th. ed.(Belmont. CA: Wadsworth Publishers, 2004).

Ranney, Austin, Governing: An Introduction to Political Science, 6th edition(Englewood Cliffs, New Jersey: Prentice-Hall, 1993).

Schmid, Allex P. and Albert J. Jongaman, Political Terrorism: A New Guide to Actors, Authors, Concepts, Data Bases, Theories and Literature(Amsterdam: AWIDOC, 1988).

Toft, Ivan Arreguin, "How the Weak Win Wars: A Theory of Asymmetric Conflict," International Security, Vol. 26, No.1(2001 Summer).

United States Department of State(Office of the Coordinator for Counterterrorism), Country Reports on Terrorism 2008, April 2008.

U.S. Central Intelligence Agency, Patterns of International Terrorism, 1980.

Wehmeier, Sally (ed.), Oxford Advanced Learner's Dictionary(Oxord: Oxford University, 2000).

Wilkinson, Paul, Terrorism and the Liberal State, 2nd edition(London: Macmillian Press Ltd., 1987).

ACPO, *Practice Advice Introduction to Intelligence-Led Policing*, 2007.

Bureau of Justice Assistance, *Intelligence-led Policing and the Bureau of Justice*, Washing, D.C.: Author, 2007.

Carter, L. David, & Carter, G. Jeremy, "Intelligence-Led Policing: Conceptual and Functional Considerations for Public Policy", *Criminal Justice Policy Review* 20, 2009.

Clarke, C. "Proactive Policing: Standing on the Shoulder of Community-Based Policing", *Police Practice and Research* Vol. 7, No. 1, 2006.

Colonel, J. R, New *Jersey State Police Practical Guide to Intelligence led Policing*, 2006.

DNI, An *Overview of the United States Intelligence Community for the 111th Congress*, 2009.

Fagin, J. A., *CJ 2011*, Prentice Hall, 2012.

Gonzales, A. R., Schofield, R. B., & Herraiz, D. S. *Intelligence-Led Policing: The New Intelligence Architecture*, U.S. Department of Justice, 2006.

Ratcliffe, J. H, "The effectiveness of police intelligence management: A New Zealand case study", *Police Practice and Research* 6, 2005.

National Commission on Terrorist Attacks Upon the United States, *The 9/11 Commission Report*. Washington, DC: U.S. Government Printing Office, 2004.

NCTC, *Mission Justification Fact Sheet*, 2013.

NSS, *The National Security Strategy of the United States*, Washington, D.C.: The White House, 2006.

Office of the Director of National Intelligence, *ODNI Fact Sheet*, 2011.

Omand, D. "Creating Intelligence Community", *Public Policy and Administration*, Vol. 25, No. 1, 2010.

〈기타〉

이인식, "대량살상무기와 테러," http://www.chosun.com/premium/news/200410/200410160060.html(검색일: 2010.2.15). 『Encyber 두산백과사전』, "테러리즘."

Encyclopedia Britanna Online Korea, http://preview.britannica.co.kr/bol/topic.asp?art icle_id=b22t2556a(검색일: 2010.1.10), "테러리즘"

국가정보원 대테러종합정보센터, "테러상식: 테러리즘," http://service3.nis.go.kr/service/data/etc.do(검색일: 2010.2.12).

"사이버 테러리즘," 『Daum 백과사전』, http://enc.daum.net/dic100/contents.do?query1=rkb03b305(검색일: 2020.2.15).

"사이버테러리즘," 『위키백과』, ttp://ko.wikipedia.org/wiki/h%EC%82%AC%EC%9D%B4%EB%B2%84_%ED%85%8C%EB%9F%AC(검색일: 2010.2.15).

이춘근, "미국의 힘, 중국의 도전, 테러리즘 세 가지를 알면 21세기가 보인다," http://blog.daum.net/mongolboy/4278029?srchid=BR1http%3A%2F%2Fblog.daum.net%2Fmongolboy%2F4278029(검색일: 2010.2.12).

"슈퍼테러리즘," http://www.x-file21.com/ref/new_data_view.asp?branch=51&m_num=282&page=3(검색일: 2010.2.15).

"테러의 역사," http://k.daum.net/qna/view.html?category_id=QFD&qid=0D1AD&q=%C5%D7%B7%AF%C0%C7+%BF%AA%BB%E7&srchid=NKS0D1AD(검색일: 2010.2.15).

http://inreality.tistory.com/14?srchid=BR1http%3A%2F%2Finreality.tistory.com%2F14(검색일: 2010.2. 12).

『한국일보』, 2010년 9월 15일자.

『한국경제』, 2010년 5월 26일자.

국회의안정보시스템(http://likms.assembly.go.kr/bill)

세계법제정보센터(http://world.moleg.go.kr/)

영국 수도경찰청(www.met.police.uk/)

일본전자정부 정보창구(www.law.e-gov.go.jp/)

퀸즈랜드 주경찰(www.police.qld.gov.au)

헌재 1992.2.25. 89헌가104.

헌재 1996.12.26. 96헌가18.

저자소개

이 명 찬

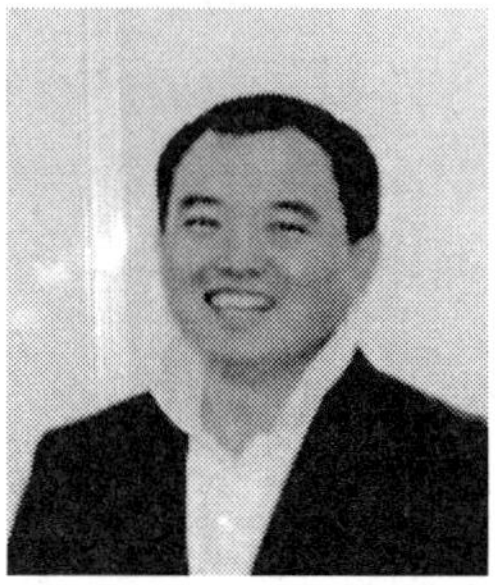

- ❖ 명지대학교 대학원 이학박사
- ❖ 사)경찰경호무도협회 부총재
- ❖ 한국테러학회 이사
- ❖ 호원대학교 무도경호학부장